敦煌から奈良・京都へ

Mamoru Tonami
礪波 護

法藏館

目次

第Ⅱ部　大谷の響流

第Ⅳ部　先学の顕彰

敦煌から奈良・京都へ

第I部

敦煌から奈良へ

◉二〇〇五年秋に創刊された、朝日新聞社刊の『週刊朝日百科　シルクロード紀行』全五〇冊は、No.1敦煌①からNo.50奈良に至る。そのうち著者は二〇篇を寄稿した。ここには、そのすべての文章を「歴史」「人物伝」「民族と宗教」のテーマで収録する。「歴史」の「青海の道」と「「安史の乱」前後の唐」は会心の作である。巻頭には、『平凡社大百科事典』に寄稿した「敦煌」と「トゥルファン」の二篇を冠する。

敦煌【Dunhuang】

中国、甘粛省北西部の酒泉《しゅせん》地区（現・酒泉市）に属する県。河西《かせい》通廊あるいは河西走廊とよばれる地帯の西端に位置するオアシスの町で、シルクロードの中国側の出入口に当たる最重要の地であった。一九八四年になって近郊に飛行場が完成したが、それまでは鉄道が通っていないため、およそ二〇〇キロメートルはなれた蘭新線（蘭州～ウルムチ）の柳園《りゅうえん》駅から車で行くか、幹線自動車道路の甘新公路上の安西《あんせい》県（現・瓜州《かしゅう》県）から分岐する安敦公路で西に一二〇キロメートルの行程を踏んだ。

北側はクルック・ターク（乾いた山）であるが、南側には祁連《きれん》山系の支脈が伸びてきて、そこから流れ込む党河《とうが》の水を縦横にひいたオアシスの上に成り立つ。このオアシスの西側に、党河が作った表面がゴビ、つまり礫石まじりの荒地の大扇状地が横たわり、その大扇状地の北西瑞と南端とに、すなわち敦煌県の北西およそ一〇〇キロメートルの地と南西およそ七〇キロメートルの地とに、前漢時代に玉門関と陽関が設けられていた。それぞれ北西のハミ（哈密）やトゥルファン（吐魯番）へ通ずる西域北道、ホータン（和田）へ通ずる西域南道の門戸となっていたが、清代以後ハミ、トゥルファンへは安西から交通する。冬はきわめて寒く、夏は酷熱の地で、しばしば強風の吹き荒れることでも知られる。住民は漢人系、イラン系、トルコ系、インド系といったさまざまな種族からなる。敦煌県の人口は約九万、そのうち約一万二〇〇〇人が県城に住み、残りの大多数は農村部に住んでいる。特産品としては綿花があげられる。唐以後しばしば沙州《さしゅう》の治所であったために、沙州とよばれることも多かっ

莫高窟第96窟の九層楼　©Dunhuang Academy

た。ちなみに、現在の県城は一七二五（雍正三）年にできたもので、それ以前の町は三キロメートル南西の地点にあり、今では周囲をポプラにかこまれた土の城壁の一部を残しているだけである。

敦煌の名がとくに有名になったのは、県城の南東一七キロメートルにある鳴《めい》沙《さ》山《ざん》東麓に仏教の大石窟群、敦煌莫高窟があり、今世紀の初頭に、その第一七窟、蔵経洞とよばれる仏洞から大量の経巻や古文書、書画の類が発見され、世界の東洋学および仏教美術の研究に寄与したためであった。一九〇七（光緒三三）年以来、イギリスの探検家M・A・スタインとフランスの東洋学者P・ペリオ、日本の大谷探検隊などがもたらした古文献や書画が、南北朝・隋・唐時代の中国の社会経済史や古文書学、仏教あるいは美術や俗文学（変文）といった研究に刺激を与え、活発ならしめた貢献は、確かに特筆に値する。それとともに、スタインが、一九〇六年から〇八年にいたる第二次中央アジア探検において、敦煌付近の長城の遺跡から辺境守備隊関係の漢代木簡七〇五点を発見し、一三年から一五年にいたる第三次探検において同じく敦煌付近で一六六点の漢代木簡を発見したことの学術史上の功績を看過してはならない。第二次探検による漢代木簡の発見は、一九〇一年にS・A・ヘディンとスタイン自身によって発見されていた晋代木簡を別にすると、近代における漢簡出土の最初であったので大いに注目を集め、その釈文と研究があいついで発表された。まずフランスの東洋学者E・シャヴァンヌが一九一三年に全簡の釈文と訳注とを五八八簡の写真を付して出版し、ついで翌年に京都に亡命中であった羅振玉と王国維による『流沙墜簡《りゅうさついかん》』が日本で刊行され、精緻な考証が加えられたのである。なお、第三次探検収集の木簡についてはフランスの東洋学者H・マスペロによって研究された。その後、四四年にスタインの探検した長城遺跡を再調査した夏鼐《かだい》らによって四八点の木簡と竹簡が採集され、七九年には敦煌県の北西九五キロメートルの馬圏湾で一二一七点もの少数の竹簡を含む木簡が発掘されている。

班固《はんこ》の『漢書』によれば、漢代に中国領となる以前の敦煌は、月氏《げっし》ついで匈奴の支配下にあって東西貿易の中継を営んでいた。漢の武帝によってその西域経営の最先端の基地として敦煌郡が設けられ、河西四郡の一つに数えられ、オアシスの北縁には匈奴の攻撃から守るために長城が築かれ、玉門関と陽関が設けられたことになっていたが、これら敦煌漢簡という第一次史料の発見によって、長城の守りの実態が判明したのである。敦煌が中国より西域に通ずる門戸であるという体制は、このように前漢時代にすでに整い、以後その役割をつとめつづけ、西方の世界にもシルクロード上にある都市の名として敦煌の名が伝えられた。漢民族以外の人々による敦煌に関する記録として最も古いのは、二世紀のアレクサンドリアの学者プトレマイオスの『地理書』で、その第一六章にセリカの都市として挙げたThroanaが敦煌のことであるとみなされている。

敦煌は、何といっても河西通廊の最西端にあり、中原《ちゅうげん》から遠く離れているので、中央政府が弱体化すると、しばしば独立ないし半独立し、ときには近傍のオアシス都市と連合して小国家をつくった。中央政府の支配下に入らなくても、東西貿易の中継の重要度は減らなかったし、内地が乱れてもここは平和であったため、大量の移住者が内地から流れ込むこともあった。一世紀初め、竇融《とうゆう》が河西五郡大将軍として敦煌地方に独立したのはその最初の例である。三世紀になると、敦煌は仏教の東漸ルートの陸港ともいうべき位置にあったため、インドや西域からきた僧侶がいったんはここに落ち着くようになった。訳経僧で「敦煌菩薩」と称された竺法護《じくほうご》のように、敦煌生まれの僧侶もでてきたのである。四世紀初めから五世紀半ばにかけての五胡十六国時代には、河西の通廊地帯に小政権がつぎつぎに興亡した。一六国のうち、実に五国はこの地帯で興亡を繰り返したのである。敦煌は、まず武威に拠った張氏の前涼国に属し鳴沙山の名にちなんで沙州がおかれ、まもなく敦煌郡とよばれた。やがて前秦国ついで北涼国に属したが、敦煌太守李暠《りこう》が西涼国（四〇〇〜四二一年）を建てた際には、初期の国都となった。西涼が滅んで、また北涼国の領土となったが、四三九年に北涼も北魏に併合された。北魏は初めここを敦煌鎮とし、のちに瓜州と改めた。

莫高窟は、前秦領であった三六六（建元二）年に僧の楽僔《がくそん》が最初の洞窟を掘り、六世紀の前半、北魏の末期に瓜州刺史となった東陽王の元太栄らが拡張したと伝えられ、それ以後一〇〇〇年ごろまで開掘と補修がつづけられ、仏教の聖地となった。北魏の都、平城の近くに四六〇年以後、曇曜《どんよう》の発案で開掘される雲岡《うんこう》の大石窟は、明らかに敦煌莫高窟の造営を模範としていた。ただし、同じく仏教の大石窟寺院といいながら、莫高窟がいずれも塑像の仏・菩薩像と四囲の壁画群からなるのに対し、岩壁を切り開いた雲岡石窟の各洞は巨大な石仏の周囲を石の浮彫群が取り巻いているのであって、日本の法隆寺の塑像や壁画の源流は、雲岡ではなくて敦煌ということになる。

六世紀の末に二七〇年ぶりに中国本土の南北統一を実現した隋朝は、第二代の煬帝《ようだい》の治世になると積極的に西域への進出をはかり、敦煌郡がおかれた。この煬帝の西域経営は、張掖《ちょうえき》や敦煌に派遣されて西域各国の商人から風土や地理について聞き書きし、『西域図記』を著した裴矩《はいく》の献策に負うところが多い。隋末の混乱期には、敦煌は涼州に拠った李軌《りき》の支配下に入ったが、唐朝が成立した翌年の六一九（武徳二）年に唐の支配がおよんで瓜州となり、まもなく沙州と改称された。唐も積極的に西域への進出をはかり、今のトゥルファンに漢人の植民王国を建てていた高昌国を滅ぼして西州を設置したり、さらに西なるタリム（塔里木）盆地のオアシス諸国を平定して羈縻州《きびしゅう》を置いたりした（羈縻政策）。こうした西域経営の結果、敦煌は西方への重要な根拠地となり、同時にイラン系商人の蝟集《いしゅう》する町となった。八世紀初めには城内に豆盧《どうろ》軍という守備隊の軍鎮が置かれ、まもなく最初の節度使として設置された河西節度使の管轄下に入ることになった。玄宗治世の開元・天宝年間（七一三〜七五五）の敦煌は、最も華やかな時代を迎えたのであり、莫高窟にも盛唐様式の華麗な浄土窟が数多く造営された。

ところが、七五五（天宝一四）年に安禄山の反乱が起こって唐の支配力が弱まると、河西の通廊地帯には南から吐蕃《とばん》すなわちチベット人が侵入してきた。沙州つまり敦煌は執拗な抵抗をつづけたが、国都の長安にさえ長駆して一時は占領するほどの力量をもった吐蕃の軍事力によって、七八一（建中二）

年には沙州の一角の寿昌県が破られ、七八七(貞元三)年に至ってついに全面的に降伏した。これ以後、八四八(大中二)年に漢人の張議潮によって追い出されるまでの約六〇年間は、敦煌はまったくチベット人によって統治されたのであって、この時期を吐蕃支配期ないし吐蕃期とよんでいる。この時期の敦煌では、生活や文化のあらゆる面に吐蕃の影響がみられる。ただし、異民族とはいえ仏教国家ともいえる吐蕃王国の支配下に入ったことにより、莫高窟が破壊されるという悲劇は生まれず、造営は絶えまなく続けられたのである。

九世紀の半ばになると、吐蕃の河西・中央アジア支配は動揺し始めた。吐蕃側の内紛につけこみ、土豪の張議潮を指導者とする敦煌の漢人たちは、八四八年に吐蕃人を追い払うのに成功した。張議潮が唐朝より帰義軍節度使《きぎぐんせつどし》に任命されたのは八五一年、張氏の帰義軍節度使による敦煌オアシスの支配が三代五〇余年つづいた時点で、頼りとする唐朝が滅んだので、張氏が独立して西漢金山白衣皇帝と称した。この金山国も一〇年つづいただけで、曹氏が代わって支配者となり、ひきつづき中国側から帰義軍節度使に任じられたが、これはまったくの名目だけで、実際は外国の朝貢という扱いであり、やがてタングート(党項)族の西夏の圧迫をうけてしだいに弱っていき、一一世紀前半に征服されてしまう。帰義軍時代の敦煌は、ウイグル人やイラン人、チベット人の国々に取り囲まれて、ただ一つの漢人オアシス国というかっこうで、前後二〇〇年近くも存続した。帰義軍時代の莫高窟では格段に大きな仏教石窟が造営されたのであった。西夏は一三世紀モンゴル帝国に併合されるが、敦煌はさびれた町となってしまっていたらしい。明朝は粛州の西にある嘉峪関《かよくかん》を西の国境の関門として、かつての玉門関の役割を果たさせていたが、トゥルファンの侵入が相次いだため、一五二四(嘉靖三)年に嘉峪関を閉鎖して東西交通を遮断し、敦煌を放棄してしまった。再び敦煌に漢人が住みついたのは一八世紀になってのことで、一七二五年に現在の敦煌県城が構築されたのである。

●――『平凡社大百科事典』平凡社、一九八八年

トゥルファン【Turfan｜吐魯番】

中国、新疆《しんきょう》ウイグル（維吾爾）自治区の東部、かつての西域北道沿いにあるオアシスの町。Turpanとも表記する。ウルムチ（烏魯木斉）の南東およそ一一〇キロメートル、トゥルファン盆地の北縁に位置する。天山山脈の東側にすり鉢状に落ちこんだ南北六〇キロメートル、東西一二〇キロメートルのトゥルファン盆地は、中国の最低地として知られ、盆地の底にある艾丁《がいてい》湖の湖面は標高マイナス一五四メートル、その深さはマイナス三九九メートルの死海についで世界でも二番目である。『西遊記』で有名な火焔山《かえんざん》の地であり、元代に火州とよばれたことが象徴するように、夏の暑さが厳しく、最高気温が四〇度をこえる日が一年に四〇日近くある。また降雨量も少なく風の強い場所としても有名である。降雨量が極端に少ないので、天山山脈の雪どけ水を引いてくる水利工事が古くから行なわれた。漢字で「坎児井」と書かれる、カナート（カレーズ）という地下灌漑水路が三〇〇あまりも掘られ、近年では一五年の歳月をかけて延々と掘られた「人民大渠《だいきょ》」とよばれる運河が雪どけ水をたたえている。ま

た激しい熱風を防ぐために道路の両側などに三重四重に植林した防風林の並木が美しい。トゥルファン県の人口は一七万で、ほぼ七割を占めるウイグル人は、多くがイスラーム教徒である。住民のうち八〇パーセント以上が農業人口で、特産品としては綿花とブドウとハミ（哈密）ウリが挙げられ、とくに種なし白ブドウは干しブドウにされて外国にも輸出されている。

トゥルファンの周辺には、歴史的な各時代の都城址や、古墓群が散在し、この地がシルクロード上の要地であったことから、東洋史研究の一宝庫と目されている。都城址としては、トゥルファン県の西およそ一〇キロメートルの地にある交河《こうが》古城址と、南東およそ四五キロメートルの火焔山の南麓にある高昌古城が双璧であり、石窟としては県城の北東四五キロメートルの火焔山北麓に沿ったムルトゥク峡谷にあるベゼクリク石窟と、東四〇キロメートルの地にあるセンギム・アギヌ石窟など、古墓群としては高昌古城の北一キロメートルの地にあるアスターナとカラホージョ、それに交河古城周辺の古墓群がある。これらのうち、ヤルホトともよばれる交河古城は、その名のごとく、城の東西を二つの河川によって取り巻くように挟まれた台地の上にある山城で、天然の要塞になっているために城壁のないのが珍しい。南北の長さ一六五〇メートル、東西の幅は最も広い所で三〇〇メートルあり、荒野に浮かぶ航空母艦の印象を与える。漢代に車師前《しゃしせん》王国がここに都をおいて以来、トゥルファン盆地の政治の中心地であり、高昌国が興って政治の中心は高昌城に移りはしたが、交河郡あるいは交河県の治所としての地位を保ち、元代末期に廃城となった。交河城の建築遺構は、この島形台地の南端から北に向かって一キロメートルの範囲内にあり、城内中央部を南北に幅一〇メートル、長さ三五〇メートルの大道が走り、その北端に大寺院があり、大道の西部に規模の小さい寺院が、東部に庶民の住宅地があった。この古城の最大の特徴は、大地を下に掘って建物を建造したことであって、壁には地層の縞がはっきり見える。

カラホージョともよばれる高昌古城は、五世紀から七世紀にかけて漢人による独立の仏教王国を建てた高昌国の都城で、周囲五キロメートル余の方形の外城は、高さ一一・五メートルに及ぶ城壁もよく保存され、シルクロードに残る最大規模の遺跡として知られる。宮城が外城の最北部に位置し、内城が外城の中心部にある。玄奘《げんじょう》がインドへの求法の旅の途中に約一カ月滞在した寺院跡は南西の隅にある。都城址や石窟などの考古学ないし美術史の宝庫は、一九世紀にロシアの学者や探検家によって紹介されたが、二〇世紀に入ると、ドイツのグリュンウェーデル、ル・コックによる本格的な調査と発掘が行なわれ、またイギリスのスタイン、日本の大谷探検隊などが、古墓などからの出土品をそれぞれの国に将来して、敦煌につぐ西域文化および美術資料の豊富さを世界に示すことになった。ドイツの探検隊によって紹介されたベゼクリク石窟などの仏誓願図の壁画は、今も美術史や仏教史の研究者たちの関心をひいている。とくに古墓群出土の文書に関しては、すでに大谷探検隊やドイツの探検隊によって一部が発掘され、多数の古文書の断片が発見されていたが、

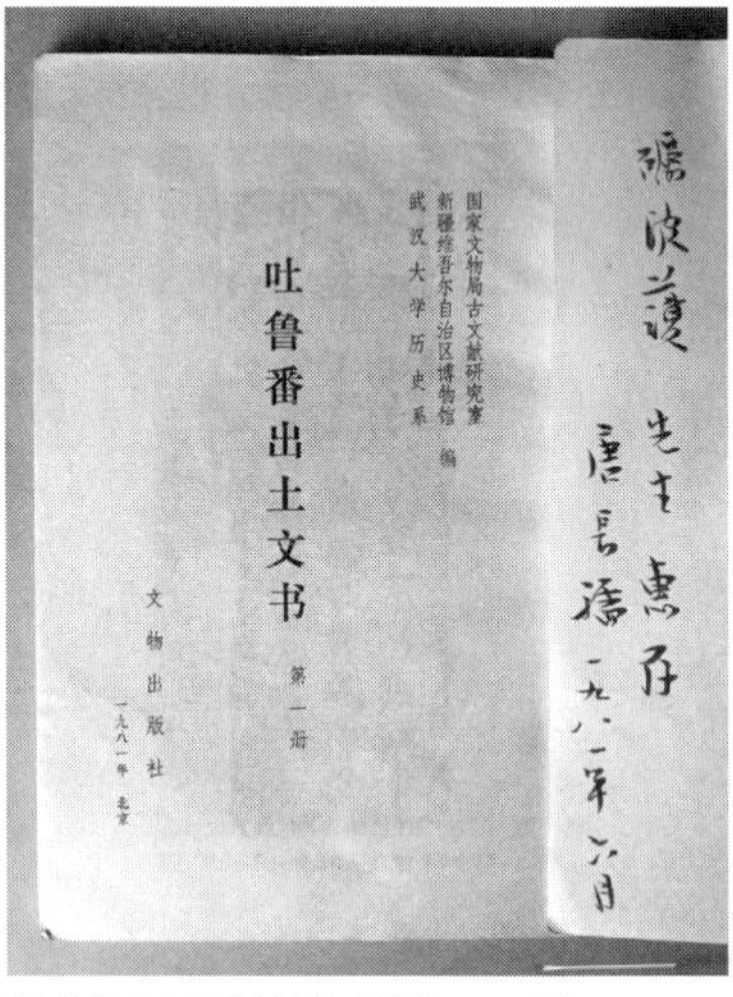

『吐魯番出土文書』（文物出版社、1981年）

中華人民共和国は一九五九年から七五年にかけて、アスターナとカラホージョを中心に一三回にわたる大規模な発掘工作を行ない、四五六座の古墓のうち合わせて一一八座の古墓から、漢文文書およそ一六〇〇点を発掘した。それらの文書は、整理されて『吐魯番出土文書』と題して刊行されている。これら古墓から発掘されたトゥルファン文書は、随葬衣物疏や告身《こくしん》の写しといった埋納文書のほかは、被葬者の冠帯や靴などにはられた、裁断された官文書などの廃紙の多いのが特徴的である。隋唐時代の中国社会の実態を究明する上で重視されてきた敦煌文書の場合は、偶然に石室に残っていたもので、今後の新発見が望み薄なのに対して、トゥルファン文書の方は、今後も古墓や寺院址の発掘にともない増加が大いに期待されている。

●——『平凡社大百科事典』平凡社、一九八八年

1990年、藤井有隣館(京都)にてトルファン文書を観覧。
左より、著者、藤枝晃、栄新江

シルクロード紀行

シルクロードの歴史

前漢・武帝の時代

敦煌は、西域に通じる門戸だった

前漢の武帝。
『集古像賛』より

漢の武帝（前一五六～前八七年。在位、前一四一～前八七年）は、高祖劉邦（在位、前二〇二～前一九五年）を初代とする前漢王朝（前二〇二～後八年）の第七代皇帝で、第六代の景帝（在位、前一五七～前一四一年）の第二子。姓名は劉徹、廟号は世宗である。武帝とは生前に使われた称号ではなく、死後に贈られた諡号《しごう》で、武と称されたのは、「武」という文字にイメージされる治世に君臨した皇帝とされたからである。

武帝は一六歳で即位し、その後、五五年の長きにわたって在位した。国内では封建諸侯を取り潰し、儒教によって思想を統一。初めて年号と暦法を制定し、塩と鉄を政府の専売として、全国を直接に支配する中央集権国家を確立するなど、前漢の全盛時代を現出させた。

対外的にも、高祖以来の消極策外交を転じて積極策をとっている。東西南北の四方に版図を拡大し、西方には張騫《ちょうけん》を何度も西域に派遣し、シルクロードを開拓することに成功した。

◎——歴史に躍り出た「敦煌」の名

シルクロードを代表するオアシス都市・敦煌の名が、敦煌県など六県を属県とする敦煌郡として史上に姿を現すのは、武帝治世の末年に近い紀元前九三、九二年にかけてのことだ。盛唐詩人の王維が「君に勧む更に尽くせ一杯の酒、西のかた陽関を出ずれば故人なからん」(『王維詩集』岩波文庫)と詠った敦煌の西の関所・陽関が開かれたのも、敦煌郡が成立した前後の時期なのである。

武帝時代の政治は、中国を統一してまさに初めての皇帝となり、東アジア史上初の大帝国を建設した秦の始皇帝(在位、前二四七〜前二一〇年)の政治を再現するかのようであった。

始皇帝は国内の政治体制として、六国を平定して、編入した新領土をすべて皇帝の直轄下におくという中央集権体制をしいた。全国を三六の郡に分かち、それぞれの郡の下にいくつかの県を置き、郡の長官の「郡守」と県の長官の「県令」を、すべて中央政府から任命した。これが秦の郡県制である。

それに対して漢の高祖は、秦が短命だった原因が秦以前の封建制を廃止したことにあると考え、何よりも社会を安定させることを優先し、郡県制と封建制とを併用するという妥協的な政策、いわゆる郡国制を採用した。半独立の観があった諸侯王の封国は、中国全土の三分の二におよんだが、封建する人物を他の氏族ではなく劉氏一族に振り替えて、皇室の藩屏《はんぺい》(守護者)とすることに努めたのである。

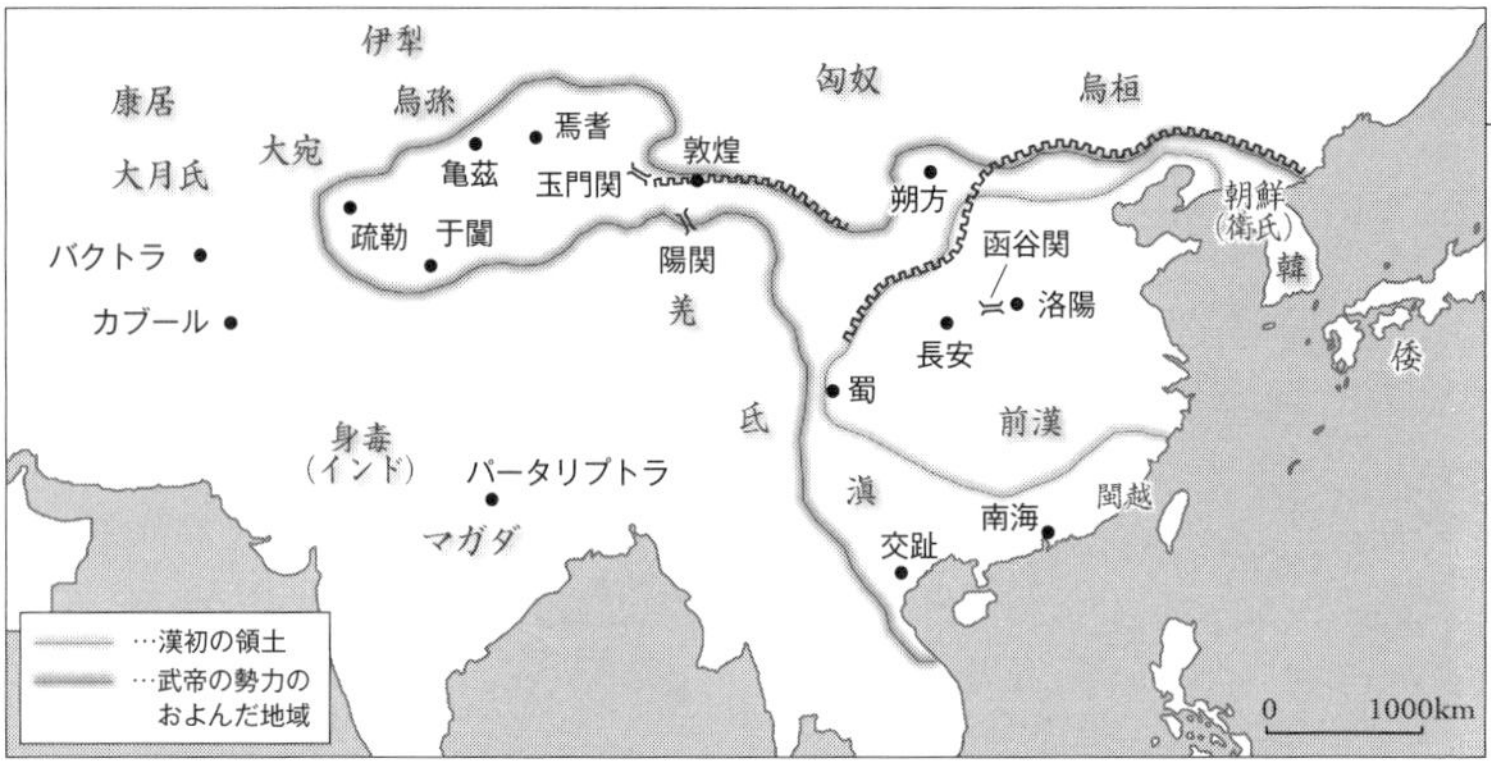

紀元前2世紀後半　武帝時代のアジア

景帝治世の紀元前一五四年に、七つの劉氏王国が反乱を起こした。世にいう「呉楚七国の乱」で、これはわずか三カ月で平定されたが、武帝はこのことから諸侯王の強大化を防ぐために、従来は嫡子のみに相続させていた封国の領土を、ほかの子弟にも分割することを許す「推恩《すいおん》の令」を行なった。分割された地域は、封国から分かれて郡県に属することになり、漢の地方制度は郡国制とは名のみで、実体は郡県制となって中央集権体制が確立した。武帝は新領土となった地域にも郡県制をしいた。

◎——儒教国家への道開く

現在の中国の地方行政区画は、省—州—県の三段階が基本である。中大行政区画の「省」は、後の元王朝の行中書省《こうちゅうしょしょう》に起源をもつ。中行政区画の「州」は、もともとは夏王朝の禹王の時に天下を九州に分けたことに遡る。だが、武帝時代の紀元前一〇六（元封五）年に、「益《えき》」「幽《ゆう》」「交趾《こうし》」「朔方《さくほう》」を加えて国内の郡国制を一三の州部に区分し、各州に刺史を派遣して管内を巡察し、郡の太守以下の官吏を監察させ、ここに十三州部が創設される。だが、設立当初の州は純然たる監察区分であった。後漢（二五〜二二〇年）になると、刺史の治所《ちしょ》が一定し、その権力も増大して「州」は五ないし一二の郡国を支配する地方最高の行政区画となる。時代が下ると、「州」の数はすこぶる増加し、隋の時代には二四一州に達するのである。

武帝は国内における思想の統一を進めた。この点でも始皇帝の後継者ではある。始皇帝は李斯《りし》の建議に従って焚書坑儒《ふんしょこうじゅ》を行ない、秦の史官が記したもの以外の書などを焼却し、儒家などの各学派内の反抗学者を殺し法家の学を学ばせた。しかし、武帝は法家に頼らず、儒教によって政治を指導すべしと主張する儒家の董仲舒《とうちゅうじょ》（前一七九頃〜前一〇四年頃）を重用したのである。董仲舒の進言により、紀元前一三六（建元五）年に儒家の五経、すなわち易、書、詩、礼、春秋の一つずつを専門家が教授する「五経博士」を設けて、太学の教官とし、太学を卒業した学生は官吏となった。儒教は、この頃から官学の地位を獲得して国学のようになり、後漢の時代には儒教国家が誕生する。

◎――「時間」と「経済」を支配

始皇帝は度量衡と文字を統一したが、武帝は初めて年号制と暦法を制定した。それ以前の紀年法は、殷、周以降、王あるいは皇帝の即位年数で年を数えていた。武帝は即位後、六年を一区切りとして、七年目になると元年に改元していたが、紀元前一一〇年に泰山へ行って封禅した際、元封元年という年号を制定するとともに、即位の年に遡って、最初から建元、元光、元朔、元狩、元鼎と、六年ずつひとまとめにして年号を追名した。

年号を創始した武帝は、六年後の紀元前一〇四（太初元）年に、暦法を制定して「太初暦」と名付けた。太陰太陽暦である。漢の武帝による元号と暦法の制定は、東アジア諸国の歴史に影響を与えた。

日本では六四五年に大化の元号が採用され、六九〇年に中国の暦法が採用される。

財政経済に関して武帝は、紀元前一一九（元狩四）年に二つの画期的な政策を行なった。一つは「五《ご》銖銭《しゅせん》」と呼ばれる銅銭を鋳造し、通貨として発行したのである。銖というのは一両の二四分の一に当たる重さの単位で、五銖銭は額面と重量が一致する。これにより従来一定していなかった銅銭の形状が統一され、この形が標準となり、唐の開元通宝に取って代わられるまで続く。

二つ目は塩と鉄の専売であって、これは張湯《ちょうとう》の提言にもとづく。武帝によるたび重なる外征や土木工事によって国家財政が窮乏したため、新たな財源を確保する目的があった。実施に当たっては、製鉄業者の孔僅《こうきん》と塩商の東郭咸陽《とうかくかんよう》を大官に任用した。北中国の各地に、塩官と鉄官をおいて管轄させたが、とくに黄河の上流地域に多くの塩官を置いたのは、この地域に塩池があったためだ。これ以後、塩池の確保を巡って中国の王朝と遊牧諸国の間で争奪戦が展開されることになる。

今から二一〇〇年も前の武帝時代の政治経済や学術について、このように詳しく説明できるのは、同時代の司馬遷《しばせん》（前一四五頃～前八六年頃）が撰した『史記』と後漢の班固《はんこ》（三二～九二年）が著した『漢《かん》書《じょ》』とが、詳細かつ厳密な史料と、時には正反対の評価を提供してくれたおかげである。

匈奴に遠征軍を派遣

武帝が即位した頃、長城の南にまで匈奴の強大な勢力がおよんでいた。武帝は張騫を月氏《げっし》に派遣し、匈奴への攻守同盟を結ぼうとした。しかし張騫一行は、匈奴に抑留されて十余年を過ごす。匈奴の政変に紛れて脱走した張騫は、シル河畔にあった大宛《だいえん》国などの事情を調査して、一三年後の紀元前一二

敦煌・莫高窟第323窟の『張騫西域出使図』(模写)。下部に、西域への使節を見送る馬上の武帝と、ひざまずいて礼拝する張騫が描かれている

六年に帰国し、旅行中の見聞を武帝に報告した。張騫の帰国報告によって、西アジア地方には中国とは別種の文明国があり、珍しい物産が多いことを知った。武帝は紀元前一二九年以後、衛《えい》青《せい》と霍去病《かくきょへい》を将軍に任命し、匈奴に遠征軍を派遣して大打撃を与え、ゴビ砂漠の北に追い払うことに成功する。

　武帝は東西貿易の安全を確保するため、長城の西端を北に押し上げた。紀元前一一五年に、まず河西郡を置き、紀元前一一一年に酒泉郡を設置、内地から数十万人の屯田兵が派遣されて、本格的な開発がなされた。ついで河西郡は張掖郡と改名し、やがて敦煌郡を設置。敦煌の近くに玉門関と陽関が開かれる。なお武威郡が張掖郡から分かれて、河西四郡が成立するのは、武帝没後のことである。

　敦煌の北縁の長城と玉門関、陽関については、スタインによる敦煌漢簡の発見によって、護りの実態が判明した。敦煌が中国から西域に通ずる門戸であるという体制は、このように前漢の武帝の時代に整ったのである。

武帝は南方と東方にも軍事行動をとった。南方では紀元前一一一年に南越《なんえつ》国を滅ぼし南海九郡を置いたが、南端の日南郡は今のベトナム中部フエ付近に当たる。東方では紀元前一〇八年に衛氏《えいし》朝鮮を滅ぼし、朝鮮に楽浪《らくろう》、真番《しんばん》、玄菟《げんと》、臨屯《りんとん》の四郡を置き、直接統治をはじめた。四郡のうち今の平壌《ピョンヤン》に置かれた楽浪郡だけは長く続く。『漢書』地理志には「楽浪の海中に倭人あり、分かれて百余国となり、歳時をもって来り謁見すと云う」とある。日本の古名である倭の名前が、確実な史書に見えるもっとも古い記録である。

西夏とモンゴルの時代……莫高窟が有終の輝きを見せる

○——最古の石窟寺院「莫高窟」

今ではシルクロードのオアシス都市を代表する名前となった「敦煌」だが、この名が郡と県の名称として初めて史書に現れるのは、紀元前一世紀の初頭、前漢・武帝の時代の末年である。敦煌とは、後漢の学者応劭《おうしょう》が「敦は大なり、煌は盛なり」と述べたように、大きく盛んな都市という意味である。

敦煌の名がとくに有名になったのは、二〇世紀初頭に敦煌県城（現・敦煌市）の東南二五キロメートル、鳴沙山東麓の断崖にある仏教の大石窟群の第一七窟（蔵経洞とよばれる仏洞）から、大量の仏典や古文書、書画の類が発見されたためであった。仏典や古文書などはまずオーレル・スタイン（一八六二～一九四三年）によってイギリスに、ついでポール・ペリオ（一八七八～一九四五年）によってフランスに、大谷光瑞《こうずい》（一八七六～一九四八年）の大谷探検隊によって日本に運び出され、世界の東洋学および仏教美術の研究に寄与したのである。敦煌から将来された文物の素晴らしさを、日本の読書人に紹介したのは、『法城を護る人々』の著作で知られる松岡譲の小説『敦煌物語』（一九四三年刊）であった。

敦煌は、仏教が中国へ東漸するシルクロードの陸の港ともいうべき位置にあった。中国で創建された最も古い石窟寺院である敦煌の莫高窟は、三六六年頃に最初の石窟が掘られた。大半の石窟が造られた隋と唐における最盛期、五代と宋代に並行する張氏・曹氏政権における旧窟の補修期を経て、タングート政権の西夏国とモンゴル政権の元王朝が、この地域を支配した一四世紀まで、およそ一〇〇〇年間に大小約五〇〇の石窟が、開掘され補修されて仏教の聖地となった。タングートの西夏国とモンゴル王朝の時代は、莫高窟の歴史においては、まさに最末期なのである。

◎──法隆寺壁画の源流は莫高窟

鮮卑《せんぴ》族の拓跋《たくばつ》部が王室となっていた北魏が、華北を再統一した後の四五四年頃から、国都平城（現・大同市）の西郊で造営が始まった雲岡《うんこう》の大石窟は、明らかに敦煌の莫高窟がモデルだった。同じく仏教の石窟寺院といいながら、岩壁が脆いために壁面への彫刻がなされなかった莫高窟の各洞は、塑像の

莫高窟第275窟の西壁の塑像、交脚菩薩像（北涼時代）　Photo: Wu Jian ©Dunhuang Academy

仏・菩薩像と四囲の壁画群からなる。それに対して、堅い岩壁を切り開いた雲岡石窟の各洞と、四九三年に北魏が洛陽に遷都するに伴って南郊に開掘が始まった龍門《りゅうもん》石窟の各洞は、いずれも巨大な石仏の周囲を岩石の浮彫群が取り巻いている。日本の法隆寺の塑像と壁画の源流は、雲岡や龍門ではなくて、敦煌石窟の塑像と壁画なのである。

敦煌は北魏末に瓜州の管轄に入り、隋代には敦煌郡が置かれた。文帝は直前に北周の武帝によってなされた宗教廃毀政策を撤回し、大々的な仏教復興政策をおしすすめ、莫高窟にも勅使を送って仏窟を造らせた。漢人王朝と称する隋の文帝と煬帝の治世はわずか三八年間なのに、九五窟もの石窟が掘られ、壁画の主題は、仏伝図がなくなって、樹下説法図が減少し、単独の菩薩像が増加した。

唐代でも敦煌を瓜州と呼び、また沙州（現・敦煌）を置くなど、名称と管轄区域はめまぐるしく変わる。景教などの西方の宗教が相次いで中国に伝来し、唐は積極的に西域への進出をはかり、敦煌地方は西方への交通の重要な根拠地となった。玄宗治世は華やかな時代を迎え、莫高窟にも華麗な浄土窟が数多く造営された。八世紀中葉に安史の乱が起こると、節度使（地方の軍団の長官）などの藩鎮《はんちん》（観察使をかねて半独立した軍閥。方鎮ともいう）が各地に割拠するようになる。

◎――唐代以降、異民族が侵入

安史の乱後、河西回廊には南からチベット族の吐蕃《とばん》が侵入し、沙州はやがて吐蕃によって統治された。ただし、異民族とはいえ仏教王国ともいえる吐蕃に支配されたことにより、莫高窟は破壊されなかった。九世紀中葉に唐は河西回廊の東部を奪回し、張議潮と張氏一族が帰義軍節度使につぎつぎと任命されて、沙州を統治する。

一〇世紀前半の五代十国の時期、中原地帯は乱世であったが、河西地方は平穏であった。九二四年以降、沙州の帰義軍節度使のポストは張氏一族から曹氏一族に移され、九六〇年に宋が中原を統一しても、辺境の沙州にまでは手が回らなかったので、曹氏による半独立政権が維持された。曹氏政権はタングート族が一〇三六年頃に沙州を占領するまでの一一〇余年間、中原の伝統的文化を守りとおし莫高窟に大型の石窟を開いた。張氏一族と曹氏一族が帰義軍節度使に任じられた時代の敦煌には、十七大寺と呼ばれる多くの寺院があり、多数の僧侶がいた。

河西回廊の東端の夏州を中心に、唐・五代から宋初期にかけて、チベット系タングート族が発展を重ねた。その族長の李元昊《りげんこう》（一〇〇三～四八年）は、一〇三二年に父の徳明が死ぬと、興州を興慶府（現・

銀川市）と定め、国定文字の西夏文字を公布して西夏語表記に用い、独立の体制を整えた。李元昊は西方に勢力を拡大し、一〇三六年に瓜州と沙州、粛州を占領した。三八年に皇帝を称し、国を大夏と号して宋に対して独立を宣言した。宋の北西に当たるため、宋では西夏と呼んだ。西夏は小国ではあったが、モンゴル軍によって滅ぼされるまでの一九〇年間、東の遼《りょう》（後には金）、東南の宋とともに三国鼎立の状態を維持したのである。

一三世紀初めモンゴル高原の遊牧民の統一を達成したチンギス・カン（一一六二？～一二二七年）は、ひたすら外征に明け暮れた。モンゴル軍は西夏国に対しては、一二〇五年以降、五回にわたる遠征を敢行し、第五次遠征中の一二二七年三月に沙州を破った。『元史』によると、その六月に西夏国王が降伏し、七月（『集史』では八月一五日）、チンギスは落馬による負傷を癒すために避暑中の六盤山南麓の野営地で死去する。

沙州はチンギスの長子ジョチの次男バトゥの領地となった。まもなくバトゥは西征してキプチャク・カン国を創始し、やがてクビライ・カァン（一二一五～九四年）が草原と中華をつなぐ、港のある首都の大都（現・北京市）を建設して、一二七一年に大元王朝の初代皇帝、世祖となる。クビライはふたたび沙州をたて、一二八〇年に昇格して沙州路総管府とし、瓜州を隷属させ甘粛等処行中書省に属させた。そして瓜州と沙州に大規模な軍屯田を経営する。

マルコ・ポーロ『東方見聞録』によると、往路の一二七四年頃、マルコ一行はパミールを越えて西域南道をとり、サチュー（沙州）を経てスチュー（粛州）地方に向かう。このサチュー地方はタングートと称される住民のほとんどが、偶像教徒つまり仏教徒で、多くの寺院・僧院があって、そこにはあ

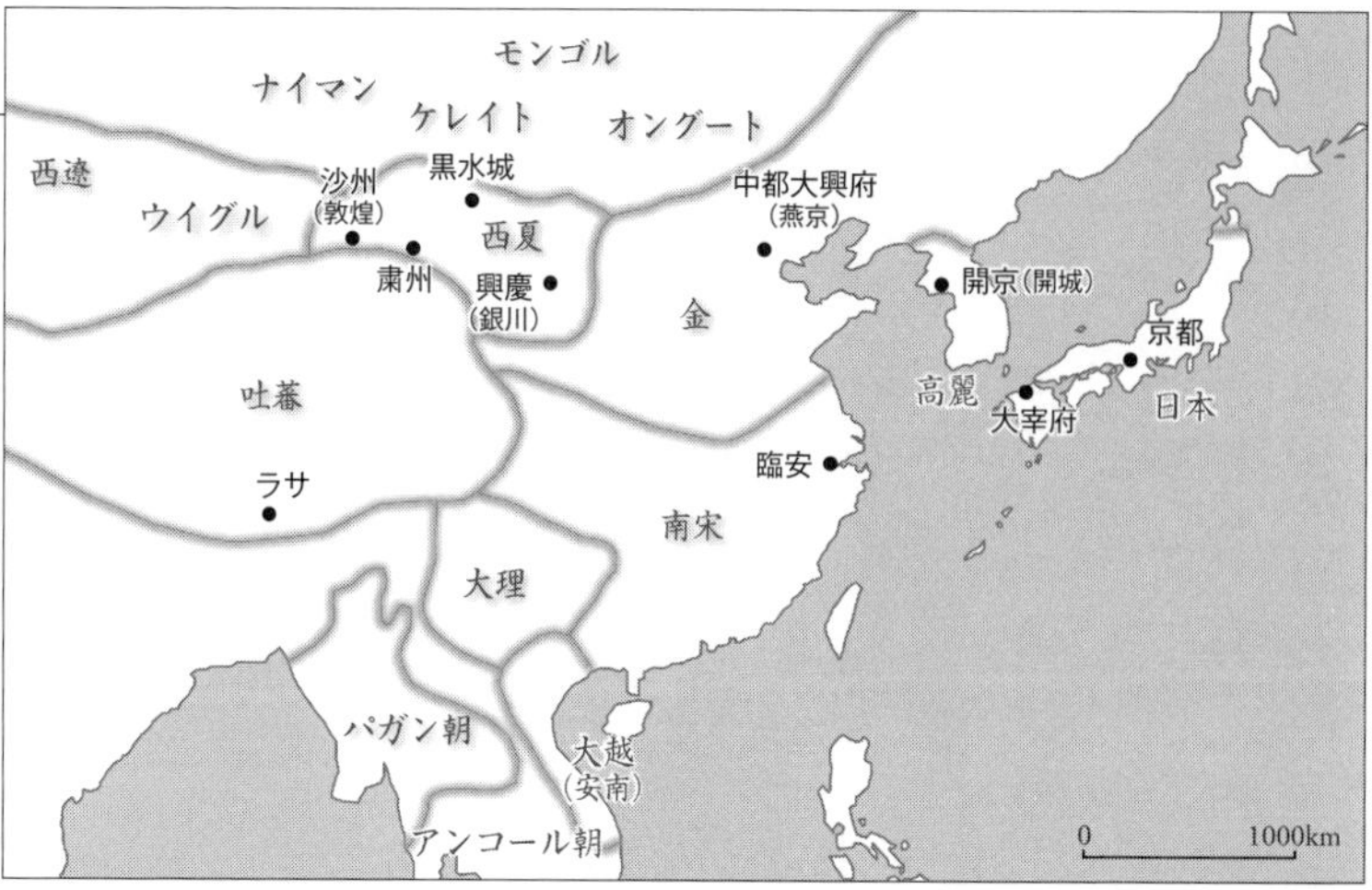

西夏が栄えた時代　12世紀末のアジア

りとあらゆる偶像が所狭しと安置されており、人々は多量の犠牲を捧げてこれを信仰し、崇拝していた。

敦煌における西夏とモンゴルの宗教について述べておこう。西夏は文字どおりの仏教王国で、西夏語に訳された大量の仏典が残され、西夏大蔵経を目指して訳語の統一が行なわれている。また、モンゴルは征服地の宗教に対して寛容そのもので、敦煌を支配下において後は、莫高窟の修復にも尽力した。その点で、イスラームが征服地の住人にイスラーム教への改宗を強制したのとはまったく異なる。

◎——幹線から外れる敦煌

敦煌石窟をはじめとする中国石窟の研究は、一九八〇年に至って、日本と中国の学界の協力体制が整い、画期的な成果が挙がった。日本の長廣敏雄、岡崎敬らと中国の夏鼐《かだい》、宿白《しゅくはく》らを編集委員とする『中国石窟シリーズ』全一七巻の日本語版と中国語版を出版する企画がなされ、一〇年がかりで完結した。このシリーズのうち、『敦煌莫高窟』（一九八〇～八二年刊）は全五巻からなり、その第五巻には五代、宋、西夏、元の諸窟を収める。また『安西楡林窟《あんせいゆりんくつ》』の巻には楡林窟の唐に始まる一九四の図版が載っているが、そのうち西夏の図版が七二、元の図版が一七で、西夏と元の図版がほぼ半分を占めている。

井上靖の小説『敦煌』では、西夏の若い女から貰った布片に書きつけられた西夏文字に魅入られた主人公が、李元昊の部隊の沙州入城を目前にして、千仏洞のある石窟に夥《おびただ》しい経巻や反古《ほご》類を運び込んで、塗り籠めた話を興味深く描ききっている。井上がその単行本を一九五九年に上梓した時、題簽と装丁を担当したのは、シルクロード学に造詣の深い藤枝晃で、藤枝は箱に西夏経の一部、表紙に西夏文字で沙州を表記するとともに、扉に莫高窟の元代の「六体文字碑」を選んだ。

「莫高窟造像記」拓本（京都大学文学部蔵）

この碑は敦煌に現存する「莫高窟造像記」とよばれる石碑であって、サンスクリット、チベット、漢、西夏、パスパ（モンゴル新字）、ウイグルの六体文字で「ああ蓮華の上の宝珠」という意味の「オン・マ・ニ・パド・メイ・ウン」という六字陀羅尼《だらに》と、周囲に寄進者の名前が刻されていて、チャガタイ家チュベイ一門の傍流である西寧王スレイマンが一三四八年五月一五日に建てたことが分かる。また一三五一年八月、敦煌の地

に「重修皇慶寺記」を建てた西寧王ヤガン・シャーは、スレイマンの子であって、一四世紀中葉の敦煌はスレイマン父子二代にわたり西寧王の支配下にあった。

莫高窟にある元代の「六体文字碑」は、北京北郊の居庸関に交通安全を祈って、一三四三年に建造された過街塔《かがいとう》の台座に六体文字で陀羅尼と建立の由来が刻まれていたのと同じ体裁である。二つの六体文字碑はクビライが創始した大元王朝がいかに国際的な帝国であったかを如実に示す文物である。敦煌には「莫高窟造像記」と「重修皇慶寺記」を最後にして、元代の資料はない。

陸と海の巨大帝国と化したモンゴル大元王朝の後半期になると、敦煌は東西交通の幹線から外れる。漢の武帝以後、一四〇〇年余にわたって東西交通の要衝であり続けた敦煌は、忘れ去られ、莫高窟の補修もされなくなる。明代には敦煌の玉門関に代わって酒泉に嘉峪関が置かれることになるのである。

青海の道

「西域南道」のバイパスの古墓から大量の絹織物

◎——複数存在したシルクロード

現在の日本では、シルクロードは中国と西方の諸地域とを結ぶ、陸上と海上のあらゆる経路を指して用いる場合が多い。だがもともとは、中国の洛陽や長安（現・西安）などの諸都市と西方のシリアや

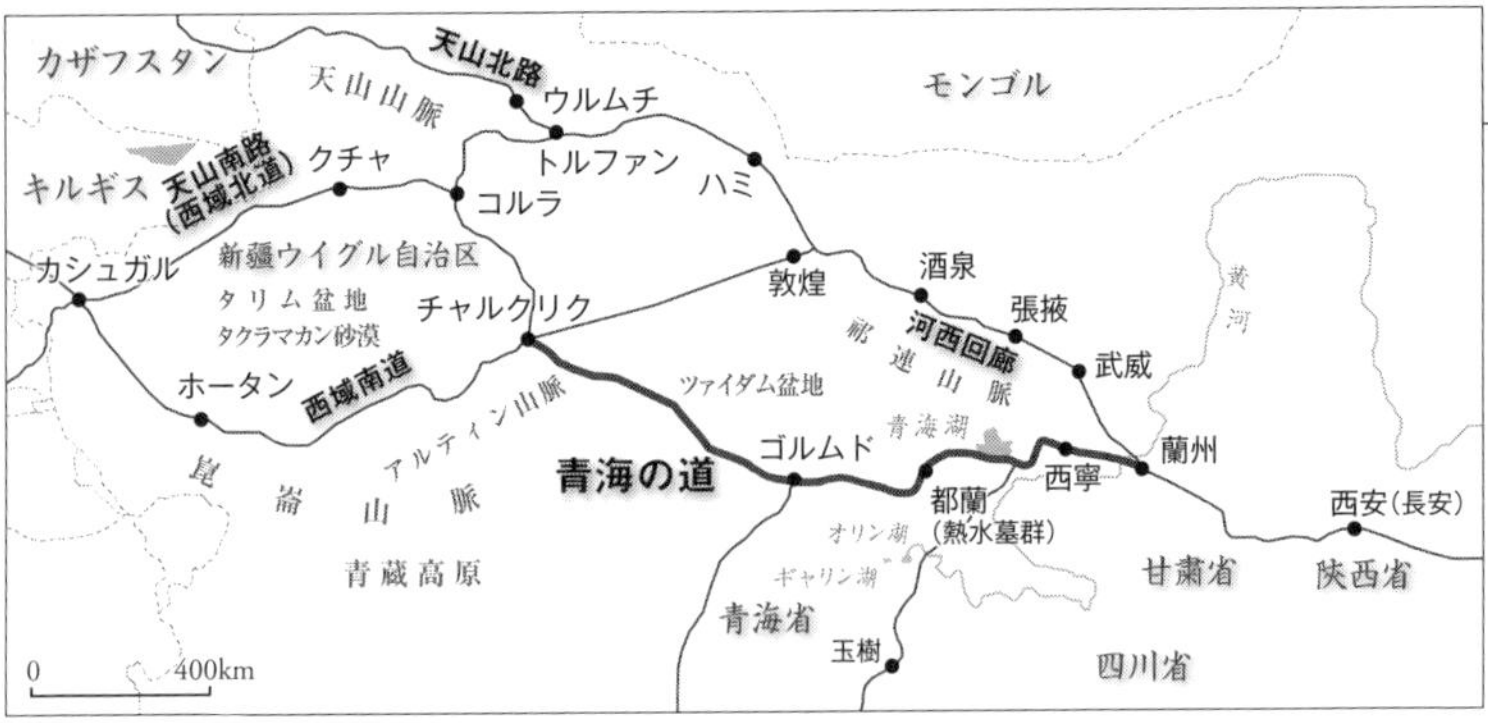

青海の道

ローマなどの諸地域とを結んだ、中央アジア経由の陸上東西交通路の総称であった。中国特産の「絹」が運ばれた道筋ということで命名され、現代の中国では「絲《し》綢《ちゅう》之《の》路《みち》」と訳される。

陸上のシルクロードの幹線は二つあった。長安からまず蘭州に入り、武威、張掖、酒泉を経て敦煌に至る「河西回廊」を通過するまでは同じ経路だが、敦煌からは南北の二幹線に分かれて西行した。

第一は、天山山脈の北を通って、トルファン、ウルムチ、タラス河畔を経てカスピ海に至る「天山北路」。草原地帯を横切ることから「草原の道」「ステップルート」とも呼ばれる。

第二は洛陽、長安から敦煌を経て、タリム盆地のオアシス諸都市をつないでいく狭義のシルクロード、「オアシスの道」である。天山山脈の南、崑崙《こんろん》山脈の北にあり、「アジアの心臓」とも称されるタリム盆地を行く「オアシスの道」は、二つに分かれた。盆地の北のクチャなどを通る「天山南路」すなわち「西域北道」と、崑崙山脈の北のホータンなどを通る「西域南道」で、西はカシュガルで再び合流した。

この「西域南道」へは、「河西回廊」の蘭州からの〝バイパス〟があった。西寧、青海湖のほとりを経てツァイダム盆地に入り、アルティン山脈を越えて「西域南道」のチャルクリクに至る「青海の道」である。現在、この「青海の道」上にある吐谷渾《とよくこん》の古墓群から、厖大な絹織物が続々と出土し、たいへんな脚光を浴びている。

まず六世紀初頭以降の中国の史書から「青海の道」一帯の歴史をたどり、「青海の道」の歴史的役割について、従来の通念を変える画期的な考古学の大発見を見てみよう。

◎――青海を占拠した吐谷渾と吐蕃

青海省は、ほぼ全域が世界最大の高原である青蔵高原の東部にあり、平均標高およそ四〇〇〇メートル。省の北西部に広がるツァイダム盆地は、二七〇〇メートルである。ほぼ中央部には、塩水湖で中国最大の湖、青海湖がある。

省都の西寧は、省の東端に位置し、黄河の支流、湟水《こうすい》の中流にあるため、湟中とも呼ばれる。明清時代は陝西省、中華民国（一九一二年）になってからは甘粛省に属し、一九二八年の青海省の成立とともに省政府が置かれた。

歴史時代に入った頃の青海地域は、漢族からはチベット系の羌《きょう》族の住む地とされ、漢代には「西羌」と呼ばれた。その後、四世紀前半から七世紀後半まで、モンゴリアから流入した鮮卑系の遊牧民族が、吐谷渾という王国を建てて占拠した。

吐谷渾は六世紀半ばに勢力を拡大し、西はツァイダム盆地を経てタリム盆地南縁のオアシス都市を押さえ、首長の夸呂《こりょ》（五四〇～五九一年）が初めて「可汗《かがん》」と称した。七世紀初頭の一時期、隋の煬帝《ようだい》（在位六〇四～六一八年）に征討されたが、隋末の混乱に乗じて故地を奪回した。

唐の太宗（在位六二六～六四九年）も煬帝の政策を継承し、六三五年に西域に進出する布石として吐谷渾を打倒して傀儡政権を作った。だが、ラサの南東に現れたソンツェンガンポ（?～六四九年）が、チベットの諸部族を併合して、吐蕃《とばん》と呼ばれる王国を建設。東の吐谷渾を撃破して青海地域を占領し、唐の領域にまで侵入した。唐の太宗は娘の文成公主《ぶんせいこうしゅ》（六二五頃～六八〇年）を降嫁させて吐蕃を懐柔し、ソンツェンガンポの在世中は親交関係が続いた。

吐蕃は唐の玄宗（在位七一二～七五六年）治世の七四八年には、完全に青蔵高原に閉じ込められた。しかし、七五五年に安禄山（七〇五頃～七五七年）らによる内乱「安史の乱」が起こるや、唐の西北辺境の軍隊は急いで東方に移動。その間隙をついて、吐蕃の第五代チソンデツェン王（在位七五四～七九七年）は、大軍を出して唐の都の長安を攻撃して占領した（七六三年）。吐蕃軍は二週間で引き揚げたが、「河西回廊」一帯は吐蕃が占領したままであった。

唐と吐蕃は戦闘状態の連続であったが、やがて両国の間にあったウイグル王国と雲南の南詔《なんしょう》（チベット・ビルマ語族の王国）が唐に服属したため、吐蕃は孤立するようになる。かくて八二〇年代初頭に、「河西回廊」一帯が吐蕃に占領されている事実を認めたうえでの和平条約が、唐と吐蕃の間で締結され、「唐蕃会盟碑《とうばんかいめいひ》」が、両国の都である長安とラサ、ならびに国境の赤嶺《せきれい》に建てられた。

◎――〝官吏は平和を守るべし〟

「唐蕃会盟碑」は、唐の穆宗《ぼくそう》（在位八二〇～八二四年）と吐蕃のチックデツェン王（在位八一五～八四一年）との間で、八二一年には長安、翌八二二年にラサで和平条約が結ばれたのを記念して建てた石碑である。だが、現存するのは、チベット仏教第一の聖地であるラサのジョカン（大昭寺）の門前にある碑だけで、塀に囲まれて一部しか見えない。長安に建てられた碑は壊されたに違いないが、赤嶺に建てられた碑は、将来発見されるかもしれない。

碑の西面（正面）には漢文とチベット文が掲げられ、「清水県を国境とし、ここで駅馬を交換し、両国辺境の官吏は平和を守るべし」といった条約の内容が刻まれている。

東面（裏面）はチベット文のみで、会盟にいたる歴史的経緯を述べている。南面には会盟に参加した唐側の人物の官職名と姓名が漢文とチベット訳文で、北面には吐蕃側の参加者がチベット文と漢訳で示されており、歴史ばかりでなく、当時のチベット語と漢語の音韻を知るうえからも、貴重な資料である。

碑の拓本は清代にすでに流布していたが、四面の拓本全部を紹介したのは東洋史学者の内藤湖南で、仏教学者の寺本婉雅《えんが》の協力を得て一九二八年に『拉薩《ラサ》の唐蕃会盟碑』を発表した。完璧な研究は、佐藤長《ひさし》『古代チベット史研究』（東洋史研究会、一九五九年）に含まれている。

「唐蕃会盟碑」を建てたとされる赤嶺は、すでに六世紀初頭における中国と吐谷渾国との国境であった。五一八年一一月、北魏の胡太后が使者の宋雲と比丘の恵生を派遣し、西域に行って仏典を求めさせた。彼らは「青海の道」を通ってガンダーラ国に到着して、五二二年二月に帰還した。洛陽の仏教隆盛を綴った、六世紀半ばの『洛陽伽藍記』巻五に収録された宋雲と恵生の紀行『宋雲行紀』によると、都の洛陽を出発してから西行すること四〇日（『資治通鑑』巻一四九によると四〇〇〇里）で国境の赤嶺に至り、さらに西行すること二三日、流沙を渡って吐谷渾国に至ったという。

赤嶺は古くから中国の西界と考えられてきた地で、古来この地は、草原と農業区の分水嶺でもあった。現在は、西寧から西方の青海湖に向かう途中にある日月山という標高三五二〇メートルの峠あたりを指すようだ。この日月山の峠には、「唐蕃古道」を通ってラサに向かった文成公主の像が立っている。

◎――一三〇余種の絹織物が出土

西域南道のバイパス「青海の道」が歴史上注目されたのは、遊牧民族の吐谷渾国がこの地帯に勢力を拡大した六世紀半ばのことであった。当時、北中国では鮮卑族拓跋部の北魏（三八六～五三四年）が東魏と西魏の二政権に分裂し、やがて高氏の北斉（五五〇～五七七年）と宇文《うぶん》氏の北周（五五七～五八一年）が成立する。だが、まもなく楊氏の隋（五八一～六一九年）によって、どちらも滅ぼされる。

青海地方に盤踞した吐谷渾は、黄河中下流域を占めていた北魏との国際貿易を活発に進めていたが、夸呂可汗は西魏と公的貿易をしつつ、辺境地域では略奪を繰り返していた。

『北周書』巻五〇・吐谷渾の条によると、西魏廃帝二（五五三）年、夸呂は西魏に使者を派遣して宝物を貢《みつぎ》する一方、東魏を乗っ取って黄河下流に成立したばかりの北斉にも使者を派遣。それを察知した西魏の涼州刺史史寧は、吐谷渾の使者を襲撃して、その僕射（大臣）の乞伏触状《きっぷくしょくじょう》らと、商胡《しょうこ》二四〇人・駝騾《だら》六〇〇頭と、万を以て数える雑綵絲絹《ざっさいしけん》すなわちさまざまな絹織物を略奪した。商胡とはソグド商人を指す。なんと一時に、二四〇人のソグド商人と、六〇〇頭のラクダやラバ、そして数万疋《ひき》もの絹織物を差し押さえた、と伝えていたのである。

話は現代に飛ぶ。中国で文化大革命が終息した一九八〇年代になって、『北周書』吐谷渾伝の記事を彷彿とさせる精緻な絹織物や錦が、盗掘されて欧米の骨董商のもとに持ち込まれた。それらは、青海湖から南西にある都蘭県の古墓から出土したものらしいということで、正式な発掘を開始することになった。

熱水大墓　Photo: 岩尾一史

都蘭県の郊外には三〇〇〇もの古墓があるという。考古学の成果については、文物出版社から毎年刊行されている四〇〇ページ前後の『中国考古学年鑑』で、確認してみよう。

それによれば、青海湖の西約三〇〇キロメートル、ツァイダム盆地の東南部に位置するオアシス都市の都蘭県郊外の熱水公社（熱水郷）古墓群は、一九八二年から発掘調査が開始され、発掘に従事する青海省の文物考古隊を文物考古研究所に格上げして、作業が続けられた。とりわけ学界の関心を呼んだのは、一九九六年に熱水大墓から金銀器などのほか、三五〇余点、一三〇余種類の見事な絹織物が出土したことである。そのうち一八種が中央アジアと西アジアで織られたもので、ソグド錦が最も多く、それ以外は中原（黄河中流域）の漢地からの輸入品であった。

熱水公社古墓群は、唐代に吐蕃が統治していた地域のものであることから、吐谷渾人の遺跡であって、〈九六年全国十大考古新発見〉の一つに列せられた。大部分が未発掘の古墓群から、今後の発掘で、どのようなシルク織物が出現するのか、おおいに楽しみである。

唐・玄宗の時代

唐の最盛期——開元・天宝時代の光と影

唐の玄宗。『歴代古人像讃』より

日本から十数回も遣唐使を派遣された唐王朝（六一八〜九〇七年）は、日本にとって法令の整った模範国で、憧れの的であった。なかでも、太宗李世民（在位六二六〜六四九年）と玄宗李隆基（六八五〜七六二年。在位七一二〜七五六年）の二人は、理想的な皇帝とされてきた。

玄宗は高祖李淵（五六五〜六三五年。在位六一八〜六二六年）を初代とする唐の第六代皇帝で、第五代睿宗（六六二〜七一六年。在位六八四〜六九〇年、七一〇〜七一二年）の第三子であった。高祖、睿宗、玄宗の没年が、それぞれ最終在位年と一致しないのは、三人とも譲位を余儀なくされた太上皇（譲位後の称号）

として崩御し、帝位の継承がただならなかったことを示している。

◎――玄宗が憧れた太宗の治世

唐の皇位継承に注目すると、高祖と玄宗の晩年には、いずれもクーデタまがいの政変が断行されている。高祖は、次男の秦王李世民が長男の皇太子らを宮城の北門・玄武門において弓で射殺した「玄武門の変」によって、その二カ月後、李世民（太宗）に譲位せざるをえなかった。一方、玄宗は「安史の乱」が勃発した際に蜀（現・四川省）へ逃れたため、別行動をとって北上した皇太子が、万里の長城に近い霊武（現・寧夏回族自治区霊武市）で即位した。これが粛宗（在位七五六〜七六二年）で、玄宗は心ならずも太上皇に祭り上げられたのである。

二八歳で帝位につき、革新の意気に燃えた若き玄宗が憧れたのは、太宗であった。太宗治世の年号は貞観、玄宗治世の前半は開元、後半は天宝である。太宗の政治は「貞観の治」と称され、玄宗前半の「開元の治」ともども、儒教的な道徳政治の面からみて理想的な時代とされてきた。

唐の名宰相として、太宗朝の房玄齢《ぼうげんれい》（五七八〜六四八年）と杜如晦《とじょかい》（五八五〜六三〇年）、玄宗朝の姚崇《ようすう》（六五〇〜七二一年）と宋璟《そうえい》（六六三〜七三七年）があげられる。しかし、貞観年間に太宗が魏徴、房玄齢、杜如晦らの群臣と交わした政治上の得失の問答を分類編纂した『貞観政要』（呉兢撰）が、中国のみならず日本でも和刻本によって為政者たちに広く読まれたのに対し、開元の治を顕彰する書は現れなかった。だが、開元・天宝年間の宮中のエピソード、風俗や習慣、玄宗と楊貴妃や王侯貴族たちの奢靡《しゃび》の風を、民間の伝聞にもとづいて書いた五代十国時代の『開元天宝遺事』（王仁裕撰）は、和刻本が現れ、小説家たちに広く読まれた。

◎──「僧尼は父母を拝すべし」の勅

第三代高宗の皇后武氏《ぶし》（則天武后）と第四代中宗の皇后韋氏《いし》が権力を掌握した七〇〇年前後の時期は、女性が政治を乱した女禍《じょか》とみなされ、のちに「武《ぶ》韋《い》の禍《か》」と非難された。武韋の時期を経過した時点で、隋以来の律令体制の矛盾が露呈してきた。しかし実は、「武韋の禍」と目された時期は、新興の地主層や商人層が経済力を背景に官界に進出し、社会は活気に満ちていた。

武后は定員外の官職を設置し、そのポストを貴族層に対抗する新興地主層や商人層たちに売りつける濫官政策を推進し、韋后は売官の制を始めた。富商や大地主たちの中には、金銭を出して官吏となったり、僧侶の免状である「度牒《ごちょう》」を買って僧になったことにし、国家の兵役や賦役を逃れる者も多かった。こうした偽濫僧は、数十万人に達した。この社会変動の時期は、本籍地から離脱する「逃戸《とうこ》」を大量に生んだ格差社会でもあり、新たな社会矛盾を形成していた。

8世紀の唐周辺

このような政治の混乱を正して「貞観の治」を再現しようと、父の睿宗をかついでクーデタを起こしたのちの玄宗は、睿宗から譲位されて帝位につくや、綱紀粛正に乗りだす。玄宗がもっとも頼りにしたのは、姚崇と宋璟であった。宰相となった姚崇は、七一四（開元二）年に次々と綱紀粛正策を打ちだし、偽濫僧の還俗や豪奢な造寺造仏の規制といった仏教教団への抑圧策は、重要な綱目となった。

とくに閏二月に道士・女冠（女道士）と僧・尼は父母を拝すべしとする勅が出された点は、注目に値する。道士・女冠は初めから皇帝と父母を拝していたから問題はないが、出家した僧尼は皇帝や父母を拝さないというのが、中国での伝統であった。かつて唐の太宗朝と高宗朝の二回にわたって発布された拝父母詔は、ともに間もなく撤回を余儀なくされたが、今回は一連の仏道両教団粛正の一環として発布されたためか、仏教教団側も大した抵抗もできないままに過ごさざるをえなかったようである。

矢継ぎ早に出された詔勅によって、武韋の時期にみられた偽濫僧の横溢と節度なき造寺造仏は、厳しい制限を受けることになった。しかし、廃仏の色彩を帯びてはいなかったため、唐初以来めざましく発展してきた仏教教団の基盤をおびやかしはせず、仏教が左道《さどう》（道教の呪術）と結びつくのが警戒されただけであった。

◎──儒教・道教・仏教の三教調和

七二一（開元九）年九月に姚崇が死んだ際、家族に遺令が残されていた。そこには、子女が写経や造像に精を出しすぎて破産しないように戒めるとともに、とくに道士は僧以上に注意を要するので、決して家に引き入れてはならない旨が記されていた。この年、玄宗は天台山にいた道士の司馬承禎《しばしょうてい》を宮中に迎え、これ以後、次第に道教に心を傾けていった。翌年には、長安（現・西安市）と洛陽の両京および諸州に、老子廟である玄元皇帝廟を置いた。また、道教経典の研究をする崇玄学を設けて『老子』と『荘子』などを学ばせ、三年後には道教の聖地、泰山に行って昊天上帝《こうてんじょうてい》（天の神）を祀った。

そして七三二（開元二〇）年、自ら注を付した『御注道徳経』を完成させ、翌年正月には、全国の各家に『老子道徳経』を一本ずつ所蔵するよう命じるとともに、「尚書・論語策」に代えて「老子策」を科挙の試験科目に加えることも定めた。

玄宗（唐王室）はますます道教に傾倒し、七三三（開元二一）年の一〇月にいたっては、僧と尼に拝君を命じ、併せて拝父母の再確認を求める詔を発した。東晋の僧・慧遠《えおん》（三三四～四一六年）の『沙門不敬王者論』以来、断続的に続いてきた仏教教団と国家との主導権争い、仏法と王法との優先権をめぐる争いは、玄宗の開元年間にいたってついに王法の勝利、仏法の屈服という形で、一応の決着をみた。

だが玄宗は、仏教教団に対して必ずしも強圧的な態度を示し続けたのではない。道教を尊崇するあまり、仏教をことさら抑制しようとはしなかった。開元二〇年代に入ってから、儒教・仏教・道教の三教を調和させることに熱意を示し始める。

七三五（開元二三）年一〇月五日、玄宗は自らの誕生日である千秋節の日、諸学士と道僧に命じて、三教の同異を議論させた。そして、先に頒示していた『御注孝経』と『御注道徳経』に三幅対とするべく、『金剛経』の御注を書き上げたのは、その前月の九月のことであった。

この『御注金剛経』の完成にあたって、宰相の張九齢が「三教並列し、万姓《ばんせい》帰するを知る」などと上言したのに対する玄宗の御批《ぎょひ》に「かの孝経・道経とともに、三教欠くるなし」の文章がみえる。

ちなみに、中国で天子の誕生日を祝うようになったのは、玄宗の七二九（開元一七）年八月五日に千秋節と名付けたのを始まりとするのは俗説で、すでに北魏の太武帝の四二五（始光二）年から行なわれていた。

玄宗は『孝経』『道徳経』『金剛経』の三経に親しく注を施し、儒道仏三教の調和を期したが、「三教並列し」「三教欠くるなし」といった言葉のもとに推進されたのが、実は鎮護国家仏教の育成であった。七三八（開元二六）年六月には、年号を冠した開元寺と開元観（道教の寺院）が全国各州に設置され、七四四（天宝三）年には、今上（当代の皇帝）等身の天尊像と仏像を、それぞれ開元観と開元寺に祀らせた。鎮護国家の色彩を強めた仏教教団は、もはや禁圧をこうむる何らの理由もなくなり、長安の貴族階層を中心に、いよいよ栄えていった。七四六（天宝五）年、玄宗は密教僧の不空から灌頂を受けさえしている。

◎――律令体制の崩壊

律令体制の一環である徴兵制の府兵の義務は、折衝府（軍府）の設けられている州民にのみ課せられた。そのため、軍府の置かれた州から置かれていない州へ逃亡する者が後を絶たなかった。七二一（開元九）年正月から始まった宇文融《うぶんゆう》の括戸《かっこ》政策は、このような事態に対処するため、「逃戸」を本籍地に送還しようとしたものである。同時に、徴兵制による府兵の維持をあきらめ、兵士を募集する詔勅を出した。しかし、逃戸を本籍地に送還する方針を貫徹できず、「客戸《かくこ》」として現住地で耕作することを容認せざるをえなかった。こうして、徴兵制は挫折して募兵制が採用され、その軍団の最高指揮官と

して、厖大な兵力を擁する節度使が辺境の要地一〇地点に配置された。

辺境に常駐する大軍を手中に収める節度使の出現は、中央政府に甚大な影響を与えた。異民族出身で、六カ国語に通じた安禄山（七〇五頃〜七五七年）が平盧節度使になったのが、年号が開元から天宝に代わった七四二年。平盧・范陽・河東の三節度使を兼任したのが七五一年で、楊貴妃の又いとこである楊国忠の誅除を標榜して反乱に立ち上がったのは、七五五（天宝一四）年一一月である。

反乱を起こすや、安禄山は一挙に洛陽と長安を目指して南下した。彼の部下は、西方イラン系や北方遊牧民出身の者が多数を占めていた。たちまちに洛陽を占領して大燕皇帝と称し、聖武《せいぶ》という年号を建てた。反乱軍が長安に迫ると、あわてた玄宗は、蜀を目指して都落ちする途中、兵士の要求に屈して、寵愛する楊貴妃と楊国忠を殺さざるをえなかった。

安禄山の死後、部下の史思明が指導したために「安史の乱」と呼ばれるこの反乱を契機として、律令体制は一気に崩壊。節度使などの「藩鎮」と呼ばれる軍閥が割拠する藩鎮体制が成立する。皇太子が即位して粛宗となり、玄宗は太上皇に祭り上げられた。都の長安に帰って以後も国政への介入はできないまま、太上皇が寂しく崩御するのは七六二年。その翌春に、安史の乱が平定された。

社会の安定度は、登録人口の多少で示される。玄宗が憧れた太宗の貞観年間には三〇〇万戸に満たなかったのに、玄宗治世の末年、七五四年には九〇七万戸、五二八八万人に達していた。しかし、安史の乱によって盛唐の繁栄は一挙に奪い去られ、反乱が終わった翌年の登録戸口数は、わずか二九三万戸、一六九二万人と三分の一に減少していた。

後漢・光武帝の時代

漢王朝を再興し中国全土を再統一
洛陽に都した儒教国家

◎――短期で瓦解した王莽の新政権

漢の高祖劉邦が開いた漢王朝（前二〇二～後八年）の末年、平帝の後二（元始二）年に、中国史上で初めての全国戸口《ここう》（戸数と人口）調査が行なわれ、『漢書』地理志に「民戸は千二百二十三万三千六十二、口は五千九百五十九万四千九百七十八。漢の極盛なり」と記録されている。

この六年後、漢王室の外戚であった王莽（前四五～後二三年）が、古代儒教の理想政治を実現させようと、政権奪取に向けて派手な言行を積み重ね、漢を簒奪して即位し、国号を新《しん》（八～二三年）と称した。

王莽はあまりにも時代を先取りした革新政策を断行しようとしたために、各地に農民の反乱と豪族の反乱が相次ぎ、わずか一五年で殺され、新王朝は終末を迎えた。

王莽の新王朝に代わって中国全土を統一するのが、河南省南西部の南陽郡で挙兵した漢王室の末裔、劉秀（前六～後五七年）であり、かれこそ後漢王朝（二五～二二〇年）の初代皇帝の光武帝（在位二五～五七年）で、朝貢してきた倭奴国の使者に印綬を与えた人物である。

◎――進歩的すぎた王莽の諸政策

儒家の理想とする周公旦《しゅうこうたん》の政治の再来を意図した王莽は、革新の手初めとして、大臣・官僚の名称を改め、整然たる官制を作りあげた。三公の下に九卿、九卿にはそれぞれ大夫三人、元士九人が属する。地方制度の場合、常安と改名された長安の郊外は六郷に、その外側の三輔は六尉郡に分けた。また天下は九州、一二五郡、二二〇三県に分けた。整然と形は整ったが、現実からの乖離があまりにもひどく、行政機構を混乱におとしいれざるをえなかった。

王莽はまた大胆な貨幣政策を断行した。まず黄金の私有を禁じて政府に拠出させ、次には漢の武帝が鋳造した五銖銭などを廃止して、「大泉五十《たいせんごじゅう》」と「小泉直一《しょうせんちょくいつ》」の二種の銭貨のみを通行させ、その翌年には五物・六名・二十八品という多種目の新貨幣を制定し、やがては大銭・小銭をやめて新たに貨布・貨泉の二品を鋳造する、といった目まぐるしい改革を行ない、盗鋳する者には厳罰をもって臨んだので、人心を失わせることになった。

王莽は漢の武帝が始めた塩・鉄・酒などの専売、均輸平準法《きんゆへいじゅんほう》の系譜をひく物価安定策を施行して、大商人の活動を抑制した。また豪族の土地兼併をやめさせるために、天下の土地を王田、奴婢を私属と称して、ともに売買を禁じ、土地公有にもとづく周の井田制《せいでんせい》の復活を宣言したのである。

王莽のこれらの新政策は、趣旨はきわめて進歩的な社会政策であったが、もっぱら儒教の復古主義的な思想にもとづいて、半ば思いつくままに改革を推進したために、大商人や豪族のみでなく、官僚・民間の双方から大抵抗をうけ、後世になんらの痕跡を残さずに瓦解してしまったのである。

◎――山東の赤眉集団と南陽の豪族劉氏

王莽の新王朝の末期、各地に勃発した諸反乱のうち、農民反乱を代表するのが山東の琅邪《ろうや》郡から起こった赤眉《せきび》の集団であり、豪族反乱を代表するのが河南の南陽郡で挙兵した劉氏一族の集団であった。樊崇《はんすう》を首領とし、赤が漢王朝の色だったので、眉を朱で染めて集団の目じるしとした「赤眉の乱」(一八~二七年)は、同じ琅邪郡の地で呂母《りょぼ》という女性が起こした反乱に誘発されたもので、一〇〇人ばかりの小集団であったのに、王莽が差し向けた討伐軍と戦っているうちに、窮民を吸収しつつ膨張して数万人の大集団に成長した。同じように南陽郡の豪族たちを糾合した漢王室の一族、劉縯《りゅうえん》(?~二三年)・劉秀の兄弟や族兄の劉玄(?~二五年)らの南陽郡の宛《えん》や舂陵《しょうりょう》における挙兵は、南陽の南方にある緑林山に拠った農民反乱に誘発されたもので、各地を転戦する間に、大勢力を擁するにいたった。

これら各地で蜂起した群雄のうち、最初に関中《かんちゅう》の長安に進攻して王莽軍を撃破し、王莽を殺したのは劉玄で、更始帝《こうしてい》(在位二三~二五年)と称し、長安に都を定めた。劉縯は劉秀とともに更始帝の配下に入ったが、あまりに威名をとどろかせたため、更始帝に忌《い》まれて殺された。一方、山東から大勢力となって西に向かい、洛陽近辺までやってきた赤眉の集団は、はじめは王莽打倒を共通目的とする更始帝の集団に協力したが、更始帝が長安に向かうと袂を分かち、やはり漢王室の末裔という少年の劉盆子を天子に推戴した。

赤眉の集団は、やがて長安を目ざし、無血勝利を収めて長安に入城した。しかし、彼らは破壊略奪にはたけても、広大な全土を統治する能力はなかったのである。劉秀も、はじめは更始帝の下に属していたが、まもなく自立し、二五年六月の段階で皇帝に推戴された。これが後漢の光武帝であり、一〇月には洛陽を攻略して、ここに国都を奠《さだ》め、国都としての洛陽城の機構をととのえた。この時点では、劉盆子と劉秀は同時に皇帝を称していた。長安で劉盆子を戴いた赤眉の集団が光武帝に降伏するのは、二七年正月のことである。

◎——光武帝が中国全土を再統一

洛陽の真南にあたる南陽の豪族たちの強力な支持をうけて漢王朝を再興した劉秀（光武帝）は、かつての東周の王城の地、中原の洛陽を国都とすることによって、政治基盤の長期安定を期待した。「開中」の長安は、西方に位置する武力政権の地にふさわしかったのに対し、「中原」の洛陽は、中国文化の伝統を維持する黄河中流の中心であった。劉盆子を戴いた赤眉集団が全滅した後も、各地には群雄が独立政権として割拠して離合集散し、光武帝の地位は安定したとは言えなかった。更始帝によって梁王に封ぜられていた漢の一族の劉永が、更始帝の死後、皇帝と称し、山東から江蘇北部にまで地盤を拡張していた。

光武帝は群雄を破り続けたが、最後まで抵抗したのは、シルクロードの東端に近い天水郡（甘粛省）に拠る隗囂《かいごう》と、隴山《ろうざん》の西すなわち河西四郡を勢力範囲におく竇融《とうゆう》、蜀（四川省）で皇帝と称している公《こう》孫述《そんじゅつ》であった。このうち竇融はやがて光武帝に帰し、隗囂と公孫述だけが残った。光武帝が隗囂を攻撃するにあたって岑彭《しんほう》に与えた勅書に、「両城もし下らば、すなわち兵をひきいて南のかた蜀の虜を撃つべし。人は足るを知らざることに苦しむ。既に隴《ろう》を平らげ、復《ま》た蜀を望む。ひとたび兵を発するごとに、頭鬚《とうしゅ》はために白し」と書いたのは、「隴を得て蜀を望む」「望蜀の言」の出典として有名。隴は隗囂、蜀は公孫述の根拠地であった。

光武帝は三六年には蜀の公孫述政権を平定して、全国の再統一をなしとげた。周王朝が紀元前七七〇年に長安西郊から洛邑へ遷ったのと軌を一にして、漢王朝の国都は長安から洛陽へと移動したのである。前漢を西漢、後漢を東漢ともよぶ。

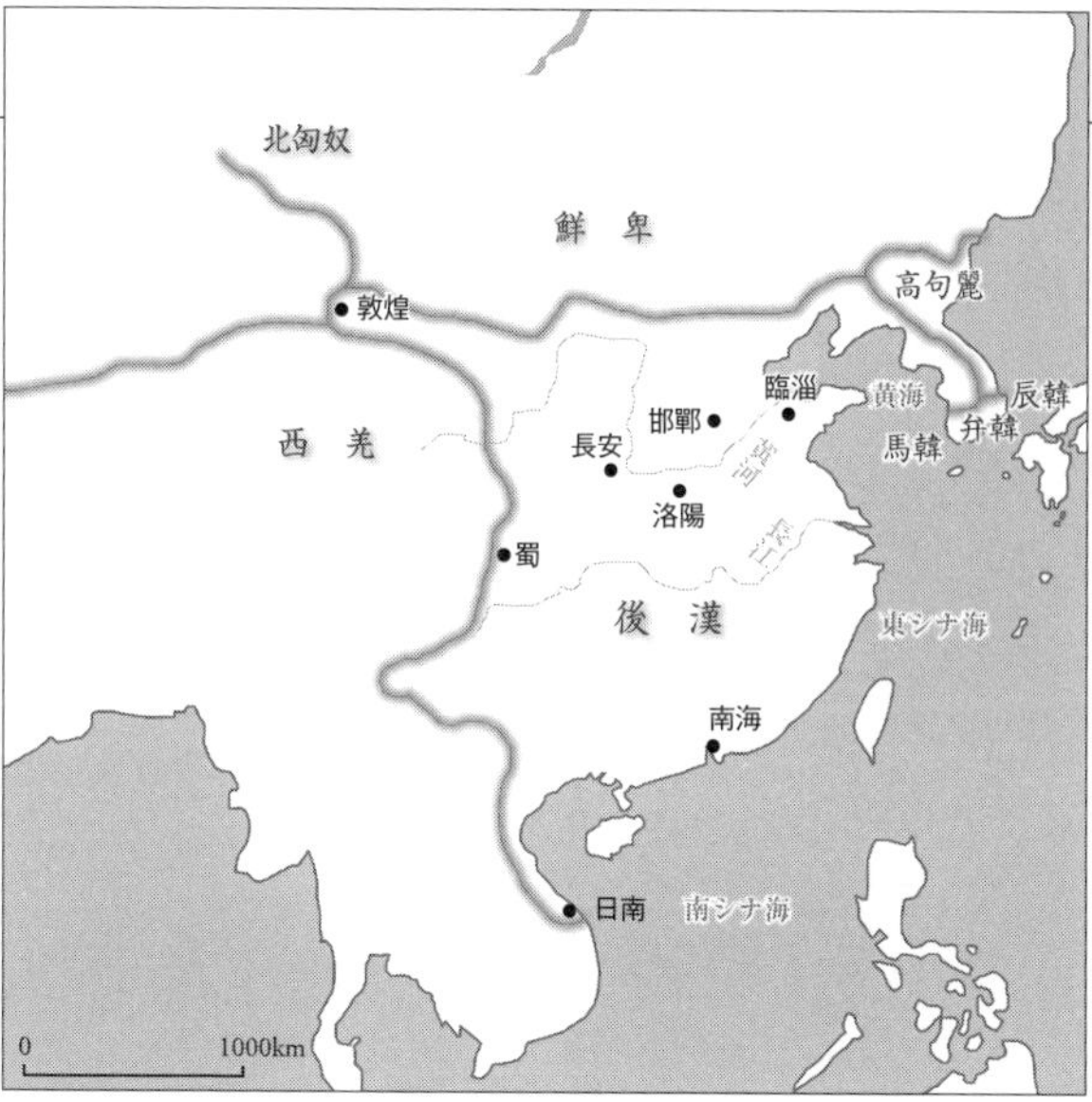

2世紀頃の後漢周辺

光武帝の遠祖は前漢の景帝であるが、紀元前四〇年頃に南陽郡に住み着いてからは、相当な地主であった。この地の劉氏は、多くの地方土着の豪族と幾多の親縁関係を結び、彼の妻樊《はん》氏も、豪族の出身であった。光武帝は青年時代には多くの豪族青年たちと同じように、長安に出て学問をした。しかし王莽末年の政治的動揺は、学問だけに没頭させておかず、ついに地方豪族軍を組織して群雄を平定、洛陽を都としたうえ、隴を得て蜀を望み、全国制覇を達成したのである。

倭国の使者に初めて印綬を賜う

光武帝は、王莽によってなされた新政をことごとく廃止して、前漢の政治制度を復活させた。王莽時代に法律に触れて賤民の奴婢にされていた者を解放して庶民とし、土地に対する課税率を軽減したりして、生産力の回復と民心の安定に力を注いだ。当時、地方における豪族勢力の台頭はめざましく、地方独立の気運が高まっていた。その事態に対応すべく、中央政府機構の強化を図った。一般農民の徴兵制を廃止し、兵士を郷里に帰して農耕に専心させるかたわら、職業軍人による近衛軍団を組織し、中央政府の軍事力を強固なものとしたのである。

光武帝は王莽政治の全否定をスローガンにしたにもかかわらず、儒学の尊重に関しては、儒教国家を夢見た王莽の政策を踏襲した。国都の洛陽に最高学府の太学を建てて多数の儒生を育成し、官吏の登用には、儒教倫理の実践者を推薦する孝廉制《こうれんせい》を重視したのである。次に即位する第二代の明帝（在位五七～七五年）も、この儒教尊重の方針を継承する。

光武帝は内政の充実に全力を注ぎ、国内では武力行使にかなりの年月を費やしたが、対外的には消極策に徹したため、西域経営すなわちシルクロード沿いの諸国への使節派遣もなかった。後漢が対外積極策に転じるのは、明帝治世の末年、七四（永平一七）年に西域都護と戊己校尉《ぼきこうい》を置いて西域支配を復活させるまで、待たねばならない。

倭国が中国の史書に登場するのは、王莽の時代が最初で、倭国の使者が楽浪郡まで貢物を持ってきた。『後漢書』東夷伝の倭の条に、五七（建武中元二）年、倭奴

後漢の光武帝。『歴代古人像讃』より

国が朝貢してきたので、光武帝は印綬を賜うたと記録されている。印綬を与えた光武帝は、三三年もの在位を終えて、その年二月に六二歳で亡くなる。

後漢王朝がある程度の太平の世を迎えるのは、光武帝の次の明帝の治世においてであった。儒学を奨励し名節を尊んで礼教主義を確立したとされる明帝が、夢に金人《きんじん》をみて仏のことだと知り、仏教を西域に求めたのが六七（永平一〇）年だとされる。その仏教が朝鮮半島を経て日本に公式に伝えられたのは、五三八年あるいは五五二年のこと。なんと五〇〇年近くも後のことになる。

「安史の乱」前後の唐

令外《りょうげ》の官「使職」が設置され、賄賂《わいろ》が横行する財政国家の出現

◎──「安史の乱」以前の律令体制

六世紀末から一〇世紀初頭にかけての隋唐時代の中国社会は、八世紀中頃に勃発した安禄山と史思明による反乱、いわゆる「安史の乱」（七五五〜七六三年）を契機として、大きく変貌した。安史の乱以前は、隋に引き続き律令体制の社会であった。律、令、格、式として公布された法体系を根幹とし、均田制とよばれる土地制度、租庸調制とよばれる課税体系、府兵制とよばれる軍事制度、郷《きょう》─里《り》と郷─村《そん》の二系統に組み直された集落制度の四つによって、人びとをもれなく把握し、支配しようとする体制であった。

この体制が基盤となって、政治権力を中央に集中させ、地方では州―県の行政制度がしかれ、それらの元締めとしての中央政府が三省六部を中核として存在した。行政機構の最末端が県であり、郷―里と郷―村は自治組織だった。人びとは本貫《ほんかん》ともよばれる本籍地に住み、そこの戸籍に登録されるものとした。律令体制のあらゆる前提に、本籍地主義が貫かれた。国家統治の基本台帳となるのが、本籍地で作成された戸籍で、県で三年ごとに作られた。律令体制の特色は治安を重視する社会であり、南北朝以来の貴族社会、身分社会が続いていたのである。

安史の乱以後になると、律令体制は崩壊し、身分社会は消滅し、治安を重視する社会から財政を重視する社会へと変貌し、財政国家が出現した。

◎――律令官制と令外の官

唐前期の律令体制における官僚機構は、中央官庁と地方官制ともに、玄宗治世の七三八（開元二六）年に完成した『大唐六典《だいとうりくてん》』全三〇巻に示されている。

中央官庁は、中書省、門下省、尚書省の三省が中核であった。中書省は天子に代わって政策を立案し、詔勅を起草した。門下省は内外の百官から奏上される文書を天子に取り次ぎ、中書省で起草された詔勅を慎重に審議し、もし不適当と認めると、「封駁《ふうばく》」という拒否権を行使した。尚書省は行政官庁で、門下省を無事に通過した政令を施行する機関である。

尚書省は、尚書都省と六部からなる。六部とは、百官の人事を扱う吏部、財務行政を担当する戸部、祭祀や儀礼を司る礼部、国防を担当する兵部、司法を司る刑部、土木事業などを扱う工部の六つである。六部はそれぞれ四つの曹（部局）に分かれ、たとえば財務行政担当の戸部は、戸部（全体の総括）、度支（財政、収入支出の会計全般を担当）、金部（庫蔵の出納、金宝財貨などを担当）、倉部（倉や租税の受納などを担当）という四曹から構成されていた。ちなみに「倉庫」という言葉の「倉」は穀物を搬入する施設で、「庫」は金銀や宝物を収める施設を指す。

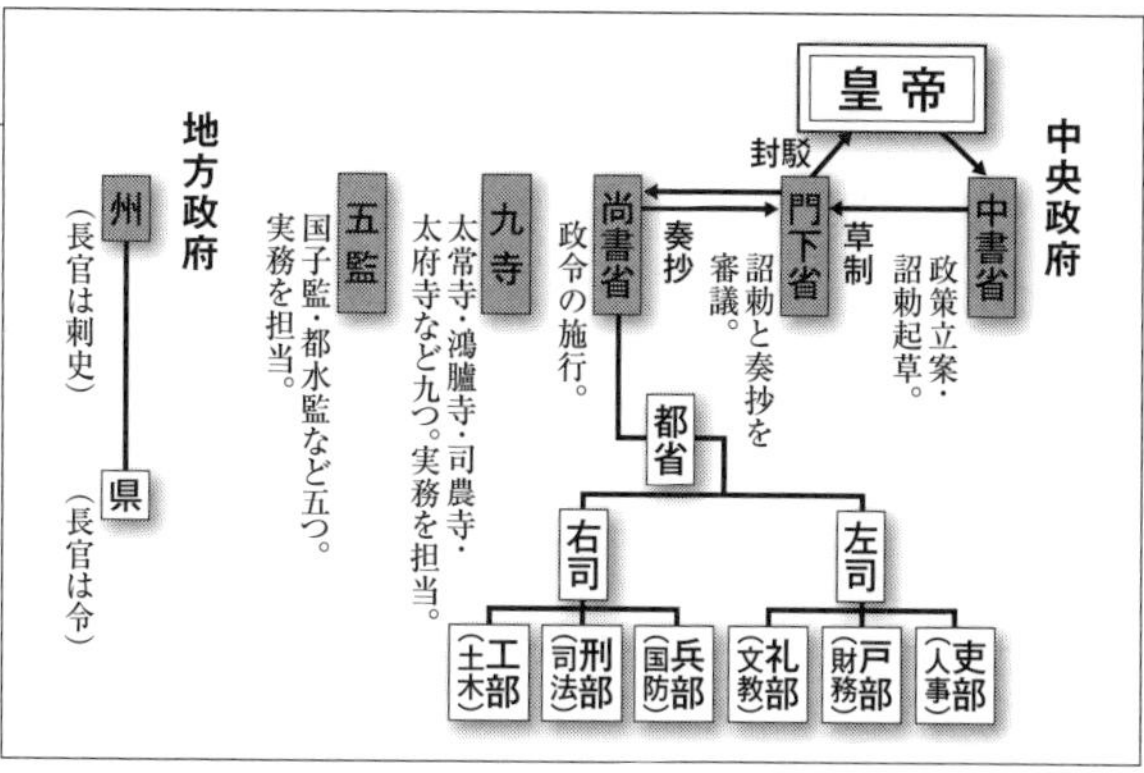

唐代の官僚機構

　ただし尚書省は文書行政の総元締めで、実務を担当したのは、秦漢以来の系譜を引く九寺（寺は役所）、五監などの官庁であった。たとえば財務行政の実務を担当したのは司農寺と太府寺で、それぞれ戸部の倉部曹と金部曹に対応していたのである。

　地方制度は、州県制であった。州はときに郡とよばれたが、一州は数県からなり、全国はおよそ三五〇の州と一五五〇の県に分かれていた。州の特別なものとして三府と都督府とがあった。三府とは、国都やそれに準ずる州で、京兆府、河南府、太原府を指し、長安、洛陽、太原に置かれた。都督府は、要地に置かれた州の大規模なものであった。また全国を一〇ないし一五の大行政区画としての道に分け、周辺の服属地域を治めるため、安西などの六都護府をシルクロード沿いに置き、羈縻州《きびしゅう》（異民族を間接統治する州）を統括して軍事、

行政の中心とした。
律令体制は、八世紀前半の玄宗朝に入ると、本籍地から逃亡する農民の増加や府兵制の崩壊をはじめとする社会変動により、あらゆる局面で変貌を余儀なくされた。中央官庁と地方制度も例外ではなく、天子直属の多数の使職が、律令制下に規定された正規の官職以外の令外の官として出現したのである。必要に迫られて新設された使職では、長官の使が下僚を自らの責任において私的に官僚経験者らを部下として選び任用する「辟召《へきしょう》」をすることができた。辟召によって有能な人材を抱えた使職は、既成の律令官制と並立しつつ、次第に実権を握り、それまでの律令官制を有名無実化し、やがて官よりも使の方が重視されるようになった。
これら使職の出現は、既存の官庁に影響を及ぼすが、もっとも目立ったのは八世紀前半の玄宗朝以後、とりわけ安史の乱以後に重要となり、複雑となる財務行政での転運使、塩鉄使、度支使などの諸使の活躍と、節度使、観察使に代表される藩鎮の跋扈《ばっこ》であった。令外の官たる軍事担当者の節度使や観察使は使院を設け、それらの下僚を自分の裁量で辟召した。玄宗朝以後、地方各地には、律令官制の一翼をになう州院と、令外の官たる使院とが併存していた。

◎——租庸調制から専売制、両税法へ

律令体制下の唐前半期に一般良民が課された納税義務は、『大唐六典』巻三・戸部の条にみえる。それによると、賦役には租、調、役、雑徭《ざつよう》の四つがあり、課税の単位は丁男《ていだん》（二一～五九歳の男子）で、歳ごとに租として粟《ぞく》（もみがらつきの米）二石《せき》、調として絹と紬《つむぎ》二丈および綿三両、役として年に二〇日を

原則とし、正役を課さない場合は、一日につき絹と紬ならば三尺を代納させて「庸」と名付ける。雑徭は地方官庁の管轄のもとに課される雑多な軽労働のことである。なお唐の租庸調制において、シルクロード沿いと長城地帯に内附してきた胡人たちは、銀銭で納税することが認められていた。

このような律令体制下の租庸調制とよぶ直接税の課税体系は、安史の乱を契機として破綻する。安史の乱を鎮圧するために、唐朝はウイグルの援軍を求め、長安と洛陽を奪回した。ウイグルに対して莫大な報酬を与えるため、また戦時体制下の国家財政をまかなうために苦しまぎれに考案されたのが、原価の数十倍もの税をかける塩の専売制であった。第五琦《だいごき》（生没年不詳）と劉晏《りゅうあん》（七一五頃〜七八〇年）の二人によって完成された。この超大型の間接税によって、国家財政は充実し、専売益金の収入が政府の全収入の半分を占めるまでになる。

直接税に関しても、七八〇年には楊炎《ようえん》（七二七〜七八一年）の提唱によって租庸調制は廃止され、夏と秋の二回に銅銭で納入する両税法が始められた。これは本籍地に居住するしないにかかわらず、現実に耕作している農民の土地所有を公認し、土地の面積や生産力に対応して納税させるという税法であった。安史の乱後における租庸調制から両税法への移行は、それまでの本籍地主義から現住地主義への画期的な政策転換であり、間接税の専売益金の導入とともに、宋以後の中国社会の課税体系に受け継がれるのである。

◎――「進奉」という賄賂の横行

中国の正史には、王朝の財政経済史を述べた「食貨志」という巻がある。唐の財政経済史を扱った

『旧唐書《くとうじょ》』食貨志の総序には、財務行政での使職の出現と財務官僚の活躍ぶりを次のように述べている。

唐の高祖は太原から蜂起し、長安を占拠したのちも、贅沢をせず、税役を軽くしたために、唐帝国を成立させることができた。玄宗の開元以前は、財務行政は尚書省が担当していたが、開元以後は、実権が他の官に移った。それらには転運使、租庸使、塩鉄使、度支塩鉄転運使、常平鋳銭塩鉄使などがあり、必要に応じて使職が立てられた。新たな官職を設立し、官僚を任命する際、「その人を得れば、すなわち国家に有益であるが、その才にあらざれば、すなわち患を万民に残すものである」と、『旧唐書』食貨志総序にある。裴耀卿《はいようけい》、劉晏、李巽《りそん》らは、国を富まし民を安んじる、世の模範とするのにふさわしい人物であった。

これらに対し、開元年間の括戸政策で数百万貫の銭を獲得した宇文融や、江南から租米を転運するといった改革によって国庫を豊かにした韋堅らは、玄宗からは有能とされたが、実際はけしからん人物であった。とくに楊国忠（?～七五六年）は楊貴妃の縁で玄宗の恩幸をうけ、四十余の使を帯び、詭計を設けて無茶な剥奪を行なった。

安禄山が反乱をおこした頃は社会全体が好景気だったので、各人がさまざまな税制度を作り理不尽な収入を得ることはあまり問題にはならなかった。その頃、官職を金で売買する風潮があった。楊国忠は国庫の物を消耗させてはいけないと称して、崔衆《さいしゅう》に河東地方で銭を納めて僧尼と道士を得度させて資格を与え、一〇日間で一〇〇万貫を得た。玄宗は四川へ逃れた際、江陵で塩と麻に税をかけて財源を確保するのに賛成した。

また徳宗が兵士の反乱に遭って一時的に長安を脱出した七八四年頃、中央の国庫が空っぽになったので、地方の軍閥である節度使や観察使が、「進奉」という名目で、金品を中央に一種の賄賂として送るようになった。反乱が平定されても、皇帝の恩沢を確かなものにしようとする進奉はなくならなかった。そのうちに、進奉は節度使にとどまらず、州の長官である刺史までが見習うようになる。州の刺史による進奉は、裴粛《はいしゅく》が最初だった。裴粛は常州刺史となると、消費税のような新しい名目を設けて財源を確保して進奉し、間もなく浙東観察使に抜擢された。

このように『旧唐書』食貨志の総序に、要注意人物として特筆されたのが、玄宗朝の楊国忠であり、徳宗朝の裴粛だ。

◎――史実を裏付ける出土品

安史の乱以後の唐社会において財務官僚が大活躍した状況を『旧唐書』食貨志の総序を要約しつつ紹介した。それらの史実を彷彿とさせる、安史の乱前後に節度使たちが進奉の際に用いた銀鋌《ぎんてい》（銀の延べ棒）や金銀器が、次々に出土している。

浙江西道観察使の任にあった崔慎由《さいしんゆう》が宣宗に進奉した銀鋌が、一九二九年に北平（北京）琉璃廠《るりしょう》の尊古斎で売りに出され、翌年に日本に舶来されて三井家の所蔵になっていたが、出土状態は不明であった。ところが、一九五六年末に西安の大明宮遺跡からの進奉銀四笏《こつ》をはじめとして、銘文のあるものだけでもかなりの数にのぼる銀鋌が出土している。鋌とは金銀の単位であり、一鋌は重さ五〇両、一両は四〇グラム強なので、銀鋌一笏は二キログラム強であった。

唐の大明宮遺跡から出土した進奉銀四笏のうちに、天宝一〇（七五一）載正月の紀年をもつ信安郡からの税山銀の背面に「専知諸道鋳銭使、兵部侍郎、兼御史中丞、臣楊国忠進」と刻されたものと、同年五月の紀年をもつ宣城郡からの和市銀の背面に「専知諸道鋳銭使、兵部侍郎、兼御史中丞、知度支事、臣楊国忠進」と刻されたものの二笏があった。信安郡（衢州）と宣城郡（宣州）はいずれも江南道に所属し、それら二郡から税として中央に送られたばかりの銀鋌を、専知諸道鋳銭使という使職を兼ねていた楊国忠によって玄宗に進奉され、恩寵を固める方便のほんの一部となっていたのである。

山西省平魯県出土の金鋌。左「歳僧銭両」、右「張通儒進」。『中国山西歴代貨幣』より

一九七〇年に西安南郊の何家村の穴蔵から、また一九八七年に西安の西一二〇キロメートルの法門寺の塔の地下宮殿から、厖大で見事な唐の金銀器が出土。安史の乱以後の中国文化の工芸品製作の高い水準を明示するものであった。中国各地から出土する金銀器のうちには、銘文の刻されたものも多い。一九六二年に唐の大明宮遺跡から出土した鍍金の双鳳文銀盤《そうほうもんぎんばん》は、裏面に刻まれた文面から、浙東観察使の裴粛が「進」すなわち進奉したことが判明した。ちなみに裴粛は中唐の文人政治家として有名な裴休《はいきゅう》（七九一～八六四年）の父である。

次に一九七九年に山西省北端の平魯県から出土した一九三点の金製品に注目したい。その総重量は三四・八一キログラム、純金にして三三キログラムであった。そのなかに銘文のある金鋌が五点、銘文のない金鋌が七七点あった。注目されるのは、銘文のある金鋌のうちに、「乾元元年歳僧銭両弐拾両」

という銘文と、「柱国魏国公臣張通儒進」という銘文があったことである。乾元元（七五八）年は、安史の乱の真っ最中であり、張通儒は安禄山の側近中の側近の人物である。ウイグルが唐朝に援軍を送って反乱鎮定をする際、勝利の暁には、金帛と子女を褒賞として欲しい、と要求していたことが史書に記録されていたが、この金鋌の出現によって、事実として裏付けられた。また「歳僧銭両」は『旧唐書』食貨志の総序に、「楊国忠が崔衆に河東地方で銭を納めて僧尼と道士を得度させた」と記していた史実を裏付けるもので、玄宗朝の楊国忠と徳宗朝の裴粛が進奉した銀鋌と鍍金銀盤ともども、考古学の発掘品として目の当たりにすることができたのである。

遣唐使の時代

遣唐使が持ち帰った国家制度と文物

◎——大化改新と帰国留学生

「大化改新」とは、六四五（大化元）年六月に、中大兄皇子が中臣鎌足らとともに蘇我蝦夷《えみし》・入鹿《いるか》父子を滅ぼして以降、七〇一年に大宝律令が制定、施行されるまでの、およそ半世紀にわたる中央集権的な国政改革の過程全体を指す。

二〇〇五年の正月番組として、ＮＨＫテレビは〈古代史ドラマスペシャル〉と銘打った『大化改新』

前後編を放映した。

鎌足と入鹿は、遣唐使の私塾に通っていた大親友で、立場は対照的だが、友情で結ばれていたことや、野に下った鎌足は唐からの帰国留学僧・南淵請安《みなぶちのしょうあん》と出会って心酔し、ともに救済活動にはげむ中で中大兄と巡り会う、という設定である。

倭王の使者が六〇〇年に、中国全土を再統一した隋の文帝（在位五八一～六〇四年）治下の長安宮廷に到着したという記事が、『隋書』倭国伝に見える。しかし、これに対応する日本側の史料はない。

六〇七年七月、推古朝の聖徳太子は小野妹子を大使とする第二次遣隋使を派遣した。この遣隋使は、翌年三月一九日、時あたかも洛陽に滞在していた煬帝（在位六〇四～六一八年）に謁見した。

六〇八年、小野妹子は、隋使の裴世清《はいせいせい》と随員一二人を伴い筑紫に帰着。裴一行は難波津に建造された迎賓館に滞在したのち、淀川と旧大和川をさかのぼり、飛鳥の朝廷で倭王に謁見した。

同年九月、裴の帰国に際して、再び小野妹子を大使として隋に派遣し、学生として福因《ふくいん》や高向玄理《たかむこのくろまろ》ら四人、学問僧として日文《にちぶん》や南淵請安ら四人を随伴させた。いずれも中国、あるいは朝鮮半島からの渡来人であった。

小野妹子は翌年九月に帰国するが、小野妹子とともに入隋した留学生や留学僧たちは、中国の典籍や仏典を読みふけること一〇年、六一八年に隋王朝に代わって唐王朝が成立する。

遣隋留学生は自動的に遣唐留学生となった。日文は二四年間在留して、六三二年の第一次遣唐使船で帰国し、高向玄理と南淵請安は、三二年間滞在して、六四〇年に新羅をへて帰国する。

彼らは帰国後に、唐の政治体制に関する知識などを中大兄や鎌足に伝授した。中大兄らがクーデタを起こし、大化改新の新政府を樹立するに際し、彼ら帰国留学生たちが、指導的な役割を演じたのである。

◎――「宝の国」への遣唐使

隋の煬帝は皇太子になる前、江南地方を統治する責任者となったとき、天台宗の開祖智顗《ちぎ》から菩薩戒を受けていた。そのせいか、父の文帝ほどには仏教に偏重した宗教政策を採らなかったものの、朝鮮三国と倭からの留学僧を指導し教授するために、特別の高僧を勅命で任用し、鴻臚館《こうろかん》に外国僧教習所ともいうべき施設を設けたのであった。

小野妹子らを送り出した当の聖徳太子は、六二二（推古天皇三〇）年二月に四九歳で亡くなった。その翌年の七月、新羅が飛鳥の朝廷に大使を派遣してきて、仏像一具と金塔、ならびに舎利と灌頂の幡《ばん》をたてまつった。

仏像は葛野《かどの》の秦寺《はたのでら》に安置し、金塔と舎利と灌頂の幡は難波の四天王寺に納められた。この仏像こそ、今も太秦《うずまさ》の広隆寺に安置される弥勒菩薩半跏像である。この時に、新羅の大使らに従って、唐に留学していた学問僧の恵斉・恵光と、医者の恵日・福因らが帰国したのである。

薬師《くすし》恵日らは口をそろえて、「唐国に留学した者たちは、皆すでに学業を達成しております。召喚すべきです。そのうえ、大唐国は、法式が備わり定まった珍国です。常に通交すべきです」と上奏した。珍国とは珍しい国というよりは、「宝の国」という意味である。

◎──「玄武門の変」と「貞観の治」

かくて、宝船ならぬ遣唐使船が建造され、六三〇年八月に第一次遣唐使が派遣され、このとき、犬《いぬ》上御田鍬《がみのみたすき》とともに薬師恵日も渡唐した。二年後に帰国した際には、日文も一緒に帰ってきて、僧旻《そうみん》と称することになる。

恵日が帰国してから、遣唐使として再び唐をめざす間の六二六（武徳九）年六月四日、唐では「玄武門の変」とよばれる血なまぐさいクーデタによって、初代高祖李淵（在位六一八〜六二六年）の次男の秦王李世民が、兄の皇太子李建成たちを襲殺して皇太子となり、八月に高祖から譲位されて即位した。

李世民、即位して太宗（在位六二六〜六四九年）こそ、古来、名君の誉れ高く、その治世である貞観年間は、「貞観の治」と称えられ、中国史上でも指折りの、理想的な政治体制が確立していく時代であった。

帰国留学生の僧旻と高向玄理らは、この「玄武門の変」を長安城の中央部、鴻臚客館あたりで目の当たりにし、律令体制が整備されていく状況を体験した。

中大兄と鎌足らがクーデタを起こして蘇我入鹿らを暗殺し、大化改新の新政府を樹立したのは、「玄武門の変」と「貞観の治」の再演であった。

六四五（大化元）年の年末に、新政府は唐を意識して、都を飛鳥から難波に移した。唐の制度文物を本格的に採り入れる必要を痛感し、六五三（白雉《はくち》四）年の第二次遣唐使に続いて、翌六五四年には第三次遣唐使を派遣するのである。

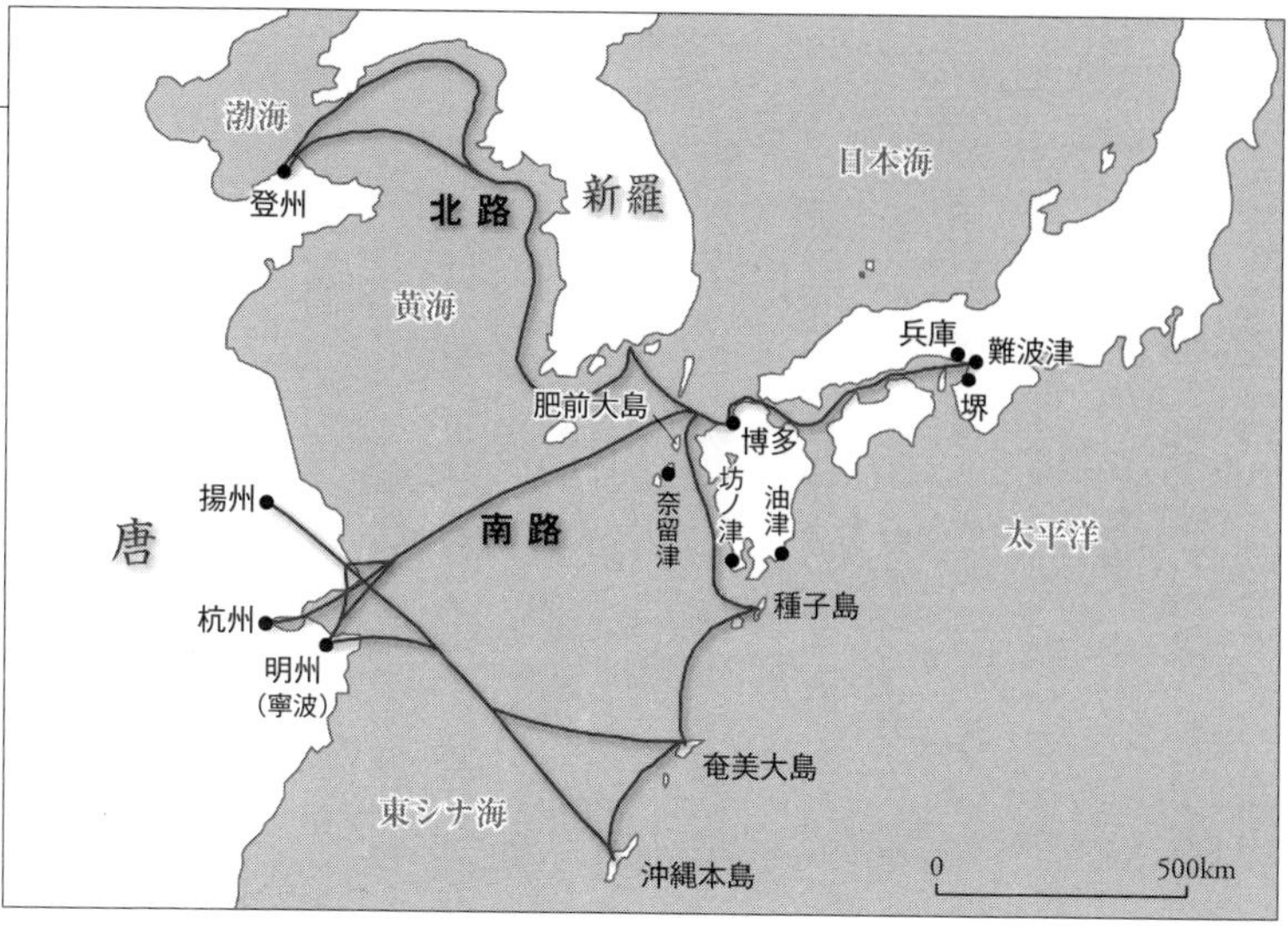

遣唐使船の主要航路

◎――相次ぐ遣唐使の派遣

六五三年の第二次遣唐使は、大使の吉士長丹《きしのながに》、副使の吉士駒《きしのこま》をはじめ、弁正《べんしょう》・定恵《じょうえ》（鎌足の長子）ら多くの学問僧を含んだ一行一二一人の第一船と、大使の高田《たかた》根麻呂《ねまろ》、副使の掃守小麻呂《かにもりのおまろ》をはじめ、学問僧を含んだ一二〇人の第二船によって編成された。

第二船は入唐の途中、薩摩国の竹島付近で遭難し、五人だけが救助されたが、第一船のほうは無事に入唐して、翌年七月に筑紫に帰着する。

それぞれ大使と副使が任命され、二団よりなる遣唐使は、この時だけである。海上遭難の場合に、一団だけでも無事に入唐したいという、必死の覚悟が読み取れる。しかも第一船が帰朝する前の六五四（白雉五）年二月（一説では五月）には第三次遣唐使が派遣された。その押使《おうし》は高向玄理、大使が河辺麻呂《かわべのまろ》で、副使は薬師恵日であった。

この六五四年は、唐の第三代高宗（在位六四九〜六八三年）の永徽五年に当たる。『唐会要』巻九九・倭国の条には、「永徽五年十二月に、倭国は使者を派遣して一斗大の琥珀と五升大の瑪瑙を献じ、高宗は璽書《じしょ》を降して慰撫するとともに、新羅が危急の際には兵を派遣して救うべしと命じた」とある。

第三次遣唐使は、押使の高向玄理は唐土で亡くなり、大使の河辺麻呂が六五五年八月に入唐僧の道昭をつれて帰国するが、その正月に、斉明天皇が難波ではなく、飛鳥で即位していた（皇極《こうぎょく》天皇の重祚）。しかも六六七年には都を近江に遷した。

これは朝鮮半島をめぐる国際関係が緊迫し、白村江の戦いで倭と百済の連合軍が唐と新羅の連合軍に敗北して、滅亡した百済からの亡命者が押し寄せるなど、その対応に、倭の政府が神経をとがらせ続けたからである。

◎――二〇次にわたる遣唐使の派遣

遣唐使の派遣は八三八年入唐の最後の使節まで、およそ二〇次を数える。だが、倭国を名乗り、二船からなって北路（新羅道）を取った第一次（六三〇年）から第七次（六六九年）までの前期遣唐使と、三二年間の空白をへた七〇二（大宝二）年入唐の第八次から、八三八年入唐の第二〇次までの、日本国を名乗り、四船からなって南路（大洋路）を取った後期遣唐使では、その目的・航路が大いに異なった。危険な航路への転換については、航海技術の進歩ということよりも、むしろ新羅との関係悪化という、半島情勢の変化に影響された点が多かった。

前期遣唐使には、政治折衝的な性格が強かった。それに対して、大宝律令を制定、施行して律令国家となった日本が派遣した第八次遣唐使が中国に到着した時期は、則天武后が君臨する周王朝（六九〇～七〇五年）の治下であった。この時に「倭国」という国名を「日本国」と改名したいという主張が、中国側から公認された。

これ以降、天皇一代につき一回の割合で朝貢品を献上した後期遣唐使では、政治折衝という性急な目的はなくなり、法典や文物の輸入といった性格が目立つ。

◎——遣唐使が運んだ典籍と文物

後期遣唐使の最初、粟田真人《あわたのまひと》を執節使《しっせつし》とし、山上憶良《やまのうえのおくら》を少録とする七〇二年の遣唐使は、真人が中国の古典を立派に読み書きできるばかりか、容姿が温雅だというので評判になり、則天武后は宮中で宴会を開き、名誉官職をあたえた。

万葉歌人の憶良は、そのころ張文成によって書かれた性愛小説『遊仙窟《ゆうせんくつ》』を持ち帰った。この小説は『万葉集』をはじめ、日本文学に影響を与え続けるが、きわどい性描写が多かったせいか、いつしか当の中国では散逸してしまった。

七一七（養老元）年に入唐した第九次遣唐使の一行に、留学生として二二歳の吉備真備《きびのまきび》と一九歳の阿《あ》倍仲麻呂《べのなかまろ》らが随行した。

二〇〇四年に、かつての唐都長安の東郊から出土した石造墓誌の主人公・井真成《せいしんせい》も一九歳で同行し、三六歳の若さで客死したと見られる。この墓誌に「日本」という国名が書かれていた。

そのころの唐は、「開元の治」とよばれる玄宗（在位七一二～七五六年）の盛世であった。真備や仲麻

井真成墓誌拓本（原石8世紀、西北大学蔵）

呂の要望がかない、鴻臚寺で特別に四門助教の趙玄黙《ちょうげんもく》から儒学を教わり、唐からの贈り物をすべて書籍にかえて船載して帰国したことが、唐で評判となった。

仲麻呂は玄宗に信頼されて大臣にさえなり、帰国の希望かなわず、在唐五十数年で、異国の土に骨を埋めるが、真備は在唐一九年、厖大な典籍と文物を持ち帰った。

ボストン美術館蔵の『吉備大臣入唐絵巻』は、奇想天外な絵巻である。しかし、このユーモラスな絵巻は、あくまでも説話絵で、史実ではない。史実としての真備の将来品は、皇円編『扶《ふ》桑略記《そうりゃっき》』などに列挙されていて、『唐礼』一三〇巻をはじめ、暦学の書物や楽器・弓矢、「種々書跡」など一四種の品目がみえる。

◎——以後も日唐間の交流は絶えず

一九七〇年に西安南郊の何家村から出土した見事な金銀器もさることながら、同時に唐の開元通宝の金銭三〇枚、銀銭四二〇枚のほか、日本の和同開珎《わどうかいちん》の銀銭が五枚、ビザンツの銀貨一枚、東ローマ帝国の金貨一枚が出土したことは、唐都長安が、東は奈良に及ぶ当時の国際交流の中心であったことを改めて証明した。

正倉院の宝物の中に、シルクロードを経由して齎《もたら》された文物がきわめて多いことと、八〇四（延暦二三）年入唐の第一八次遣唐使に、短期留学の還学僧最澄と長期留学の留学僧空海が乗船したことが、平安仏教の天台宗と真言宗を開創させる契機となったことについては、改めて述べるまでもあるまい。

菅原道真が、在唐僧の中瓘《ちゅうかん》からえた情報に基づき、唐朝は内乱のために凋弊したことや、従来の使節が途中に遭難して唐に達することの困難であることから、遣唐使派遣の可否を決めてほしいとの建議をしたことにより、八九四年、遣唐使の派遣が停止された。

しかし、国家規模の事業である遣唐使が廃止されただけで、以後も日唐間の交流が絶えなかったのは、唐商人の海外渡航が盛んであったからで、記録には残りにくかったのである。

オーレル・スタイン

初めて莫高窟に入った西洋人

オーレル・スタイン　Photo: Thompson, The Grosvenor Studios, 1909 ©Wellcome Library, London

スタインはアフガニスタンのカブール郊外にある外国人墓地で、十字架の下に眠っている。大理石の墓誌銘には「マルク・オーレル・スタイン。インド考古学調査局員。学者、探検家にして著作家。彼はインド、中国領トルキスタン、ペルシャおよびイラクへの困難な旅行により、知識の境域を拡大した。彼は一八六二年一一月二六日にブダペストで生まれ、一九〇四年にイギリス国籍を取得した。彼は一九四三年一〇月二六日、カブールで没した。人々にもっとも愛された人」と記されている。

一九世紀から始まった中央アジア探検隊の中で、スウェーデンのスヴェン・ヘディン（一八六五～一九五二年）と双璧をなすのが、イギリスのスタイン卿である。ホータン（和田、于闐）や敦煌などの中央アジアの遺跡を探検し、貴重な考古遺物や厖大な古文献を将来、精密な報告書を刊行したことで知られている。彼の探検領域は墓誌銘に記されているように、単に中央アジア（中国領トルキスタン）に限らず、インド、イラン（ペルシャ）とイラクにまでおよんだのである。

◎――三次にわたる中央アジア探検

スタインはハンガリーのブダペストにユダヤ人の父ナタンと母アンナの次男として生まれたが、マルク・オーレルというプロテスタントの洗礼を受けた。ドレスデン（ドイツ）で中等教育を受けた頃、アレクサンドロス大王の東方遠征の物語に大いに興味を抱いたという。ウィーンなどの大学でイラン学とインド学を学ぶ間に、敦煌の壁画や塑像の素晴らしさを知った。イギリスに渡ってオックスフォードとロンドンの大学や大英博物館で考古学と東洋の諸言語を学ぶうちに、マルコ・ポーロの研究で知られる歴史地理学者ヘンリー・ユールやアッシリア学者のローリンソンの知遇を得た。

一八八七年にスタインは、英領インド（現在はパキスタン）のラホールの東洋語学校校長として、初めてインドに赴任した。一〇年を超える公務員生活の余暇に、カシミール地方のスリナガルの山上で、資料整理と執筆に精を出した。

スタインは三次にわたって中央アジアを探検する。一九〇〇年五月から翌〇一年七月まで、第一次の新疆探検を行ない、ホータンなどのいわゆる西域南道の遺跡を調査し、個人的体験記『砂に埋もれたホータンの廃墟』と正式報告書『古代ホータン』を出版する。

第二次探検は一九〇六年四月に開始、ホータンからミーラン（米蘭）、楼蘭《ろうらん》を経て、翌〇七年二月に古代の国境である長城の西端に位置した玉門関の遺跡を確認。その後、三月に敦煌県城に到着した。到着の直後に莫高窟千仏洞のひとつに隠されていた厖大な量の古文献が、数年前に偶然発見されたという噂をイスラーム教徒の商人から聞く。漢文の読めないスタインは、中国人秘書の蔣四爺《しょうしや》と二人でそこを訪ねた。古文書の実見を期待したが、住持の王道士（王円籙）は托鉢に出ていて不在だった。

敦煌付近の漢の長城に引き返し、望楼の近くで発見したのが、紀元前後の日付をもつ辺境守備隊関係の漢代木簡七〇五点であった。これらの敦煌漢簡と紙文書の釈読は、フランスの東洋学者シャヴァンヌに託され、その結果はオックスフォード大学から出版される。

◎――「敦煌学」が起こるきっかけ

スタインは一九〇七年五月に再び莫高窟千仏洞を訪れ、王道士に会うことができた。スタインと王道士がともに玄奘に傾倒していたことと、秘書の蔣四爺の絶妙な通訳によって、数万点の仏典や文書が収蔵されていた洞窟から王道士が運び出してきた数千点の経巻や画巻、刺繡を購入して、大英博物館に送ることに成功した。スタインの成功を聞きつけたフランスのポール・ペリオが、翌年に敦煌へ来て洞窟に入って調査し、また数千点におよぶ古文献を国外に持ち出した。これが世界的に「敦煌学」が起こるきっかけとなったのである。スタインは一九〇八年一一月までの探検について個人的体験記『キャセイ砂漠の廃墟』と正式報告書『セリンディア』を出版している。

第三次の探検は一九一三年八月から開始、前二回と同じく天山南路を東進し、翌年にミーラン、楼蘭を経て、三月二四日に敦煌着。莫高窟千仏洞で王道士からさらに経典を得た後、敦煌近くの漢の長城を再調査して、荒廃した駐屯地の廃棄物の中から、またも夥しい木簡を発掘した。第一次世界大戦が勃発した頃、西夏の都城カラホトを経て、一〇月にトルファン着。周辺の諸遺跡を調査し、翌一五年一月にアスターナの七〜八世紀の古墓を発掘し、古文書や絹画などの夥しい考古学的収穫物を得た。ロシア領パミールを経てスリナガルに帰着したのは一九一六年のことであった。

敦煌漢簡とアスターナ出土文書の釈読は、フランスの東洋学者マスペロに託されて大英博物館から出版され、第三次探検の正式報告書『内奥アジア』は、オックスフォード大学から出版される。

◎――日本も訪れたスタイン

スタインは第四回目の中央アジア探検の費用を調達するためアメリカに渡る。ハーバード大学で講義をし、大学附属フォッグ美術館からの資金協力にめどをつけ、一九三〇年春に日本を経由して中国に向かった。日本では奈良、京都を巡り、京都大学において、当時、日本唯一の考古学講座を主宰する濱田耕作らと歓談、大学本部で新城《しんじょう》新蔵《しんぞう》総長が主催した歓迎午餐会で挨拶し、京都学派の東洋学への大きい寄与に賛辞を呈した。神戸から上海に向かったスタインは、中華民国の新首都・南京で新疆探検についての折衝を行なう。しかし、当時の中国における民族意識の高揚にも妨げられ、中国との共同調査に同意しなかったため、結局のところ探検を実現できなかった。

スタインによる中央アジア探検は、三次にわたる探検旅行を総括した『中央アジア踏査記』の執筆によって、終止符が打たれた。これ以後、七〇歳代のスタインは、四次にわたるイラン考古学調査旅行に情熱を注ぐのである。

寺本婉雅

日本とチベットの懸け橋となった探検家・仏教学者

禁域の東チベットに入る

〈秘密の国〉チベットに、日本人で初めて探検目的で入国したのは、『チベット旅行記』で知られる河口慧海《かわぐちえかい》（一八六六～一九四五年）だと思っている人が多いようだ。しかし、河口より二年早い一八九九年、初めてチベットの地に足を踏み入れた日本人は、東本願寺の二人の学僧、能海寛《のうみゆたか》（一八六八～一九〇一年）と寺本婉雅《てらもとえんが》（一八七二～一九四〇年）で、河口はその後に入国した日本人であった。ただし、能海と寺本が東チベットまでであったのに対し、河口は中央チベットのラサを一九〇一年に訪れた最初の日本人なのである。

寺本婉雅　Photo: 宗林寺（富山・城端）

寺本の探検については、自ら編集した『能海寛遺稿』（一九一七年）の刊行後、半世紀以上も経って刊行された寺本婉雅著・横地祥原編『蔵蒙旅日記』（芙蓉書房、一九七四年）で、全貌が明らかとなった。

寺本は一八七二年三月二一日に愛知県で生まれた。京都府立中学校を卒業し、発足間もない真宗大学（大谷大学の前身）第二部に入学したが、九八年六月に卒業を控えて退学。自費でチベット探検のために京都を発ち、神戸から乗船して北京に向かった。チベット探検を志したのは、日本のチベット学の最初の著作とされる小栗栖香頂《おぐるすこうちょう》（一八三一～一九〇五年）の労作『喇嘛《ラマ》教沿革』（一八七七年）の影響に違いない。寺本は半年間にわたり、北京最大のラマ教（チベット仏教）寺院である雍和宮《ようわきゅう》で、二人のラマ（師）からモンゴル語とチベット語を学び、また漢人から中国語と易学を学んだ。

寺本は一八九九年三月、上海から長江（揚子江）を遡って四川省の重慶・成都を経て、六月末にダルツェンド（打箭炉、現在の康定）に着いた。ここで東本願寺留学生の能海と初めて対面し、二人はリタン（裏塘）を経て、八月一一日、パタン（巴塘）に到着した。現在では四川省の西端に位置するリタンとパタンは、当時はダライ・ラマ直轄のチベット圏なのであった。

しかし、パタンからチャムド（昌都）までの旅行許可は出なかった。二人はやむをえず五〇日を過ごしたパタンを出発し、ダルツェンドに戻った。再挙を企てるためこの地に留まるという能海を残して、寺本は東に向かい、重慶で越年。翌一九〇〇年四月、神戸に帰着した。これが『蔵蒙旅日記』の第一回・東蔵編にある旅行だった。能海はその後もデルゲ（徳格）や甘粛西寧（現・青海省）からの入蔵を試みるが失敗、雲南の大理から麗江に向かったまま、消息を絶った。殺されたらしい。

◎──『チベット大蔵経』を入手

寺本が長江を遡っていた時期に勃発した義和団（北清）事変は、やがて中国全土に波及し、北京の公使館付近を包囲した。そのため日本を含む八カ国連合軍が北京を占領し、光緒帝（清朝第一一代皇帝）は西太后とともに西安に逃れた。

　帰国直後の寺本は一九〇〇年八月、この義和団事変に陸軍の通訳として従軍し、進駐軍の通訳僧として雍和宮のラマたちに信頼された。また清の皇室に出入りして醇親王や慶親王らと親交を深め、なんと西太后の持仏堂でラマたちと一緒に勤行し、宮中の枢機の宦官等に頼りにされた。さらに、光緒帝と西太后を北京に還御させるために西安に赴くなど、八面六臂の活躍をしたのである。

　寺本は事変の余燼くすぶる北京北郊、安定門外の黄寺《こうじ》と資福院に詣でた折、義和団に破壊されたまま、欧米の兵士たちによって放置されていた北京版『チベット大蔵経』二揃いを発見。昵懇になっていた慶親王の好意で購入（実は清朝皇室への功労の恩賞として受贈）、貴重なチベット語文献を初めて日本に請来した。時に、数え年二九歳であった。

　黄寺で入手した『チベット大蔵経』は明末の版本で、日本の皇室に献上された。その後、東京帝国大学図書館に保管されたが、残念ながら関東大震災で焼失した。資福院で入手したのは、清の康熙帝の勅版『カンギュル』（甘殊爾＝チベット語に翻訳された経典・仏典）、雍正帝の勅版『テンギュル』（丹殊爾＝チベット語に翻訳された経典・仏典の注釈）で、それに『ツォンカパ（宗喀巴、一三五七〜一四一九年。チベット仏教ゲルク派の開祖）全集』と『チャンキャ（章嘉、一七一八〜八六年。ゲルク派の学僧）全集』も加えられた。全部で三五八筴《きょう》あり、一面八行で朱字で印刷され、装訂も豪華で美しい。

　これは真宗大学図書館に寄付され、のち鈴木大拙（一八七〇〜一九六六年。仏教学者）の発願によって、一九五五年から七年がかりで刊行される。全一六八巻、『影印北京版西蔵大蔵経』と題したこの洋装本は、世界のチベット学界から大歓迎をうける。大事業の監修者代表は、寺本にチベット語を学んだ仏教学者、山口益《すすむ》（一八九五～一九七六年）であった。

北京版『チベット大蔵経』二揃いを入手した寺本は、木材を調達し、工匠を督して経箱を造り、軍の輸送船に託して日本に送付した。その後、雍和宮の貫主チャンキャ＝フトクト一行を日本観光に誘い、同行して帰国した。

◎――日本初のチベット語講義

一九〇一年一一月、寺本は外務省から派遣され、北京公使館付の西蔵蒙古研究生として北京の雍和宮で越年し、チベット行きを模索する。〇三年二月に西寧西郊のタール寺に入り、丸二年間滞在して、〇五年二月にラサを目指して出発した。タール寺の執事の配慮で、ジャムソという青年を従僕としてつけてもらうという、幸運な三カ月弱の旅であった。

五月に念願のラサに到着した寺本は、釈迦本堂に向かって叩頭三拝し、前後八年間の辛酸苦心の結実を支えた故郷の両親の念力に感謝した。ラサには三週間滞在し、セラ寺やデプン寺などの大寺を歴訪し、チベット自治区第二の都市、シガツェ（日喀則）を経てインドに出て、カルカッタ（現・コルカタ）から乗船して帰国した。

寺本は一九〇六年四月、またもやチベット仏教研究のため渡清の途につき、九月に西寧のタール寺に到着。一年二カ月滞在して、研究に没頭しつつ、ダライ・ラマ一三世（一八七六～一九三三年）と会見するなど、活発な行動を続けた。

タール寺を出発し、〇八年五月末には山西省の五台山に行き、ダライ・ラマ一三世に会って東本願寺法主の大谷光瑩《こうえい》（一八五二〜一九二三年）からの書簡と贈り物を献じ、西本願寺の大谷尊由《そんゆ》（一八八六〜一九三九年）を会見させた。光緒帝死去前後の状況を宮中の間近で見聞したのち、〇九年一月に神戸に帰着した。時に、数え年三八歳であった。寺本は外国の要人をも蠱惑《こわく》する魅力あふれる人徳の持ち主だったのである。

帰国した寺本は、請来したチベット文献を読解する研究生活に入り、一九一五年から四〇年一二月一九日に没するまで、大谷大学教授として教育活動に専念する。日本の学界でチベット語が初めて教えられたのは、大谷大学と京都大学だが、両大学におけるチベット語の講義は寺本によって開講された。京都におけるチベット語学は、寺本請来の北京版『チベット大蔵経』によって培われたのである。

玄宗と楊貴妃……唐代文芸のモチーフになったラブロマンス

◎——日本でも描かれた『長恨歌《ちょうごんか》』

日本で、同年齢の聖武天皇（在位七二四〜七四九年）と光明皇后（七〇一〜七六〇年）が天平文化を満喫していた頃、中国大陸を統治していたのは唐の玄宗（在位七一二〜七五六年）である。玄宗といえば、うんと若い寵妃、楊貴妃（七一九〜七五六年）が連想される。中唐の詩人、白居易《はくきょい》（白楽天。七七二〜八四六年）

玄宗と楊貴妃。『長恨歌絵巻』（江戸前期、大阪大谷大学図書館蔵）より

は、唐代最盛期の玄宗と楊貴妃の悲恋を歌った七言一二〇句の長編物語詩の体裁をもつ『長恨歌』を作った。二人の出会い、幸せな日々、安禄山の乱、楊貴妃の死、その後の玄宗の心境を、おおむね史実に即しつつ、小説的構成のなかで華麗に描いた名作で、日本でも古くから愛唱された。

この唐詩『長恨歌』の全場面を、江戸時代初期の狩野山雪（一五九〇〜一六五一年）が、重厚精緻な筆で描いた上下二巻の絹本著色の絵巻が、アイルランドのダブリンにあるチェスター・ビーティー・ライブラリーに所蔵されているのを、一九七八年に川口久雄が確認した。縦三三センチ、上巻一七場面、下巻一八場面。各場面は樹木や岩石あるいは雲形で境界をなしていて、六十数センチの幅で描かれている。川口は『長恨歌絵巻』（大修館書店、一九八二年）を編集し、解説もしたが、カラー図版は四場面にすぎなかった。今回、明治大学文学部教授の神鷹徳治《かみたかとくはる》が解説した『長恨歌画巻』（勉誠出版、二〇〇六年）の刊行により、全巻が精密なカラー図版で再現されたのは喜ばしい。

なお、『長恨歌』を散文にした『長恨歌伝』を三巻の絵巻にした『白楽天長恨歌詩巻』(江戸時代)が、新善光寺に所蔵されている。一九九四年秋、京都文化博物館で開催された、平安建都一二〇〇年記念「大唐長安展」の〈唐風好み〉のコーナーに展示された。この時、玄宗と楊貴妃が酒宴の余興で、官女たちを二陣に分け、各人が花を持って争う花合戦を描いた宝厳寺蔵の狩野派が描いた『風流陣図屏風』も展観されている。狩野派は、とくに中国の画法を学んで日本化した流派として知られている。

玄宗といえば豊満な楊貴妃にまなじりをさげている還暦後の皇帝を連想する人が多いようだが、それは晩年である。玄宗が歴史の舞台に登場した時は、革新の気概に燃えた、さっそうたる皇太子であった。彼は唐の第五代皇帝睿宗《えいそう》の三男であったのに、長兄をさしおいて皇太子の位についたが、それは父をかついでクーデタを起こし、放漫な政治をほしいままにして、「則天武后の再来」とみなされていた韋后らを滅ぼした武功によるものだった。

睿宗から譲位され、二八歳で帝位につき、七一三年一二月に開元と改元した玄宗は、「開元の治」を現出させ、七二五(開元一三)年の一一月には泰山で封禅の礼を行ない、太平を天下に告げた。玄宗が七一七(開元五)年正月以後、しばしば百官と軍隊を引き連れて、国都の長安(現・西安市)から三八〇キロメートル離れた東都洛陽に「食に就く」ために行幸し、七三六(開元二四)年一〇月までの期間に、まる九年余も滞在したのは、中国東南からの食糧の輸送が、洛陽と長安の間で困難をきわめたからであった。しかし、七三六年以後、ついに洛陽に行幸することなく玄宗が過ごせたのは、宰相の裴耀卿による漕運(水路による輸送)改革が成功し、中国東南から続々と物資が長安に到着するようになったからである。だが、玄宗が政治に倦いて、洛陽への行幸を億劫がったからでもあった。

玄宗が政治に倦んだのは、寵愛していた武恵妃《ぶけいひ》が七三六年に病死したことが大きかった。唐の後宮制度としては、一人の皇后についで、妃として貴妃・恵妃・麗妃・華妃の四人がおり、それ以外に六儀・美人・才人と呼ばれる女性たちが掖庭宮に住んで、多くの宦官たちに取り巻かれていた。即位した玄宗の皇后は、皇子時代の妃であった王氏であったが、いつしか寵を失い、数いる妃のなかで武恵妃に目をかけた。武恵妃は則天武后の遠縁にあたり、寿王李瑁《りぼう》の生母である。武恵妃の死後、彼女に代わる女性を探す役を命じられた宦官の高力士が推薦したのが楊玉環、のちの楊貴妃であった。

◎――息子の妃であった楊貴妃

白居易の『長恨歌』の冒頭に、

「漢皇　色を重んじて傾国を思う、御宇多年　求むれども得ず。楊家に女《むすめ》あり　初めて長成す、養われて深閨に在り　人いまだ識らず。天生の麗質は自ら棄て難《がた》く、一朝　選ばれて君王の側に在り」

と詠われているが、楊玉環は深窓の麗女ではなく、武恵妃の息子である寿王李瑁の妃であった。一七歳で寿王の妃となったが、七四〇（開元二八）年、玄宗は楊玉環二二歳の時に寿王邸を出させて女道士とし、太真の号を与えた。そして、四年後の七四四（天宝三）年に入内させ、翌年に貴妃とした。楊玉環二七歳の時のことであった。楊太真が楊貴妃になると、一族には高位高官が与えられた。三人の姉は、いずれも美貌で、才たけていた。玄宗は三人に「国夫人」の号を与えた。又いとこの楊国忠は異例の抜擢をうけ、宰相にまで上りつめた。

楊貴妃は頭がよく、玄宗の心を読み取ることは早かったが、むやみに才走ったところを見せなかった。同時に音楽に長じ、琵琶の名手であった。玄宗は毎年一〇月になると、長安の東方にある驪山《りざん》の北麓に設けた離宮の華清宮《かせいきゅう》に出かけ、年末まで滞在した。この遊幸には、貴妃をはじめ楊家の人びとがお供に加わり、一門の繁栄を謳歌したのである。

中国を代表する二人の盛唐詩人、李白（七〇一～七六二年）と杜甫（七一二～七七〇年）は同時代人で、二人とも楊氏一門を題材とした詩を残している。

李白の「清平調詞三首」は『唐詩選』巻七にも収められているが、これらは玄宗が楊貴妃と長安の興慶宮で牡丹の花を見ながら遊宴した際に、李白を呼び出して作らせたもので、牡丹の美しさを貴妃の美貌にかけて歌った。

杜甫の「麗人行」は楊氏一門の豪奢を写したもので、長安城東南の曲江のあたりに春遊を試みた麗人の様子を歌っている。その麗人とは、楊貴妃の三人の姉たちで、この「麗人行」は、七五二（天宝一二）年の三月三日の作であろうとされる。最後に、一行のしんがりにやってきた丞相の権勢のすばらしいこと、そして「近づいたらやけどをするぞ」と述べている。丞相とは、楊国忠のことである。

ソグド系の安禄山が、楊国忠の排除をスローガンにして、反乱に立ち上がるのが二年半後の七五五年一一月。翌年、玄宗は蜀を目指して都落ちする途中の馬嵬《ばかい》（現・陝西省興平市）駅で、兵士の要求に屈して楊貴妃を絹の縄で縊《くび》らざるをえず、宰相の楊国忠も殺されたのである。

則天武后

功罪併せ持つ中国史上唯一の女帝

◎――太宗の後宮から皇后へ

山西省文水県の富裕な材木商人の娘として、六二四（武徳七）年に今の四川省広元県の皇沢寺の地で生まれた武照（則天武后。六二四〜七〇五年。在位六九〇〜七〇五年）は、一四歳で唐の第二代皇帝太宗の後宮に入り、六四九年に太宗が亡くなった後、感業寺で尼となっていた。帝位を継承した高宗（六二八〜六八三年。在位六四九〜六八三年）――太宗の第九子李治――に寺で見そめられ、再び高宗の後宮に迎え入れられた。

これは儒教道徳では破廉恥な行為であるが、北方民族の間では普遍的に行なわれていた風習で、北魏六鎮の一つである武川鎮《ぶせんちん》軍閥の系統に属する唐王室の李氏は、多分に鮮卑《せんぴ》などの北方民族の生活様式に慣らされていたので、父の愛妾を側室に入れることも大目に見られることであった。高宗の皇后王氏と蕭淑妃《しょうしゅくひ》とが寵を争って反目し、高宗の寵愛を維持しようとあせる王皇后が、武氏を昭儀《しょうぎ》（淑

則天武后。『無雙譜』より

妃に次ぐ位の一つ）に引きあげたところ、武氏は高宗の寵を独占し、王皇后と蕭淑妃を失脚させてしまう。高宗は、高句麗遠征を再開した六五五（永徽六）年の一〇月、王皇后と蕭淑妃とを廃して庶人とし、武昭儀を皇后に冊立《さくりつ》する詔をだした。則天武后である。当時の通念では、正規の皇后には、北周・隋以来の軍閥か、名門貴族の娘が冊立されることになっていた。六五五年に武照が皇后になると、宮廷や官界の人物地図を急激に塗り替え始めた。翌年正月には皇太子が廃され、武后が生んだ弘《こう》が四歳で皇太子となった。長孫無忌《ちょうそんむき》およびそれにつながる官僚たちは左遷され、ついで殺された。

◎——自らを天后と呼ばせ権威づけ

唐初には、南北朝以来の伝統をほこる貴族が社会の上層部を占めていた。太宗の六三八（貞観一二）年に頒布された貴族の家柄番付表『貞観氏族志《じょうがんしぞくし》』に、武后の家は載っていなかった。皇后となった武后は改編を命じ、皇后の一族を第一等とし、唐朝に仕えている官品（官職のランク）の高下を基準として九等に順位づけした『姓氏録』を完成させた。しかし当時の人びとは「勲格《くんかく》」とよんで軽蔑したという。

『姓氏録』が完成した直後に、当時最高の社会的声望を誇っていた七姓一〇家の貴族たちの相互間婚姻を禁止した。『姓氏録』の編纂と一流中の一流貴族への通婚規制は、目に見えない形で門閥貴族の社会的声望を減じさせる役割を果たした。

癲癇の持病をもつ高宗が発作をおこした際などに政務を決裁しはじめた武后は、六六〇年の年末以後、事実上の武后執政を始めた。武后は諸事の変更を好み、官庁と官職の名称をすべて改めた。

高宗につながろうとする官僚を排除しつつ自らの政治基盤を固めてきた武后は、皇后になって二〇年目の六七四年の八月、皇帝を「天皇」、皇后を「天后」と称することを宣し、上元と改元するとともに、その年末に一二条からなる政治方針を発表した。賦役の軽減や贅沢の禁止といったありふれたスローガンに交じって、父が生存していても母の死んだ時には三年の喪に服すべきことが盛り込まれた。母にも父同様の敬意を捧げるべきだという一種の男女同権論を主張することによって、自らを先例のない称号である「天后」と呼ばせることを正当化した。

この頃、武后はその周囲に文学の才ある教養人たちを集め、『列女伝』『臣軌』などを編集させたのみでなく、彼らを政治に参画させた。武后は書家としても優れていて、「昇仙太子之碑」の飛白《ひはく》（漢字の書体のひとつ）の額はとくに有名である。

◎——周王朝を開いた女帝

武后は、自らに対立するものには、容赦なく迫害を加えた。自分が生んだ子でも、例外ではなかった。六八三年の末年、ついに高宗が病没すると、皇太后となり東都の洛陽を「神都」と称して事実上の首都とし、実子の中宗と睿宗を次々に即位させては、廃立した。

猜疑心の強い武太后は民間の事情をあまねく知りたいという触れ込みで、六八六年に設置した銅製の直訴箱は、情報提供者に対する優遇策が功を奏して、恐るべき効果を発揮した。これにより、武太后は有能な密告者を見つけて官にとりたて、秘密警察の強化をはかり、不平分子を次々に逮捕し、処刑していった。

武太后は、六九〇（天授元）年に周という上古の理想の世を再現することを目指して唐に代わる「周」王朝を開き、聖神皇帝と称したが、王朝を開くに先立ち、愛人の怪僧薛懐義《せつかいぎ》を利用して革命へのムード作りをさせた。中国では女性で帝位に就いた例はなかった。彼は洛陽の僧法明ら九人と共同で、『大雲経《だいうんきょう》』という仏典に付会した未来記を作り、弥勒仏の下生《げしょう》である太后の即位が、仏の意志に合致し、太平の世を招致するゆえんである、と宣伝した。

太后は従来の一一月を正月とする周の暦を採用した。いわゆる「武周革命」によって周王朝が成立すると、則天文字も制定した。初めは自分の諱《いみな》である照や天・地・日・月・星・君・臣・初・載・年・正の一二字で、のちに追加されて一七〜一八字になる、水戸光圀《みとみつくに》の圀の字も、この則天文字の一つである。

太后は長安と洛陽の両京および全国諸州にそれぞれ大雲寺を設け、『大雲経』を講釈させた。そして仏教を道教の上に置き、公式の席でも僧侶は道士よりも上位の席次を与えられることになった。日本で七四一（天平一三）年に国ごとに建立される国分寺のモデルは、この大雲寺なのである。

周王朝は七〇五年に瓦解する。一月に武后は幽閉され、太子が即位して中宗となり、二月に国号を元通りの唐にし、百官の名称なども旧に復した。全国の大雲寺は大唐中興寺と改められ、ついで龍興寺と改称された。中宗は妃の韋氏を皇后に冊立した。この一一月、武后は幽囚の身で亡くなる。高宗の皇后に冊立されて以来まる五〇年、周朝の皇帝として君臨すること一五年、武周政権は彼女一代で幕を閉じ、唐王朝が復活したわけである。

鑑真

戒律の師として招請　日中文化交流史の象徴

◎――井上靖の『天平の甍《いらか》』と『東征伝《とうせいでん》』

入唐僧の栄叡《ようえい》らの懇請により、暴風、失明などの苦難に屈せずに来日した学僧鑑真の生涯が日本で広く知られたのは、一九五七（昭和三二）年に出版された井上靖の小説『天平の甍』と、一九八〇年に依田義賢《よだよしたか》の脚色にもとづいて熊井啓《くまいけい》が監督した同名の映画によってであった。井上の歴史小説に関するエッセー集『歴史小説の周囲』（一九七三年）によれば、井上に鑑真伝を小説の形で書くように勧めたのは、鑑真研究に没頭していた安藤更生《あんどうこうせい》であった。

井上が鑑真来朝の経緯を小説化してみる気になったのは、鑑真の唯一の伝記である奈良時代の高名な文人、淡海三船《おうみのみふね》の筆になる『唐大和上《わじょう》東征伝』、いわゆる『東征伝』の文章に大きな魅力を感じたからだそうだ。小説『天平の甍』の主要人物は、鑑真のほかに栄叡、普照、玄朗、戒融、業行という五人の日本留学僧たちであるが、栄叡と普照の二人だけが『東征伝』に忠実に従った人物で、残り三人の言動は、井上が創作したフィクションの産物であった。

まず『東征伝』によって鑑真の略伝をたどっておこう。俗姓は淳于《じゅんう》、父は揚州・大雲寺の智満《ちまん》禅師のもとで戒を受け、禅門を学んだ。一四歳で父に連れられて寺にいき、仏像を見て感動し、出家したいと思った。時あたかも仏教びいきの女帝武則天が開いた周王朝の七〇一（長安元）年、天下の諸州に僧を度す詔をくだしたので、智満禅師のもとで出家して沙弥となった。唐朝を復興させた中宗の七〇五（神龍元）年に、道岸律師より菩薩戒を受け、東都洛陽を経て西京長安に入り、七〇八（景龍二）年に実際寺で弘景律師から具足戒を受けた。やがて長安と洛陽の二京に巡遊して経律論の三蔵をきわめ、のちに淮南に帰って戒律を教授し、江淮地方で教化の第一人者と目される高僧になった。その鑑真が東夷の日本へ行くことを決心したのは、入唐僧の栄叡と普照による懇願に共鳴したからであった。

◎——伝律授戒を目指し来日

日本では七三三（天平五）年に、多治比広成《たじひのひろなり》を大使、中臣名代《なかとみのなしろ》を副使とする遣唐使を派遣し、興福寺の栄叡と普照の二人が留学僧として随行した。仏教が伝来してから二〇〇年近くが経っていたのに、当時の日本では正しい戒律が行なわれていなかった。栄叡らは伝戒の師を日本に招聘する任務を課されたのである。

大使以下、総数五九四人が船四艘に分乗して難波津を四月三日に出帆。『冊府元亀《さっぷげんき》』によれば、日本朝賀使の広成と従者五九〇人が台風に遭って蘇州に漂着したという報告を受け、玄宗が特使を派遣して慰労させたという。

翌七三四年の四月、大使らは東都の洛陽で玄宗に美濃つむぎなどを献上した。この年の正月に玄宗は長安から洛陽に行幸し、長期滞在していたからである。栄叡と普照は、洛陽の大福先寺の高僧、定賓《じょうひん》律師のもとで戒を受けるとともに、定賓門下の道璿《どうせん》に日本に渡って伝律授戒するように要請し、承諾された。

同年一〇月、大使、副使以下が蘇州から帰国の途につくが、暴風雨に遭い、四船は離散した。大使が翌七三五年に帰京したとき、学問僧の玄昉《げんぼう》や吉備真備《きびのまきび》らが随行して帰国し、大量の仏典や典籍を将来した。遣唐副使の中臣名代が道璿とバラモン僧の菩提僊那《ぼだいせんな》らを伴って帰京するのは七三六年のことである。道璿らは大安寺の西唐院に入り、七五一年には東大寺の大仏開眼の導師となる。

栄叡らはさらに戒師をさがし求め、長安の大安国寺の道抗《ごうこう》が推薦した揚州・大明寺の鑑真を訪ね（七四二年）、伝律授戒のために渡日してほしいと請うた。弟子らが渡海の危険を恐れてためらっていると、鑑真は仏法のために「何ぞ身命を惜しまんや」といい、自ら渡航の意志を語り、弟子らも同行を願いでた。ときに鑑真は五五歳であった。

それから一二年。遭難、失明の苦難に屈せず、六度目にして来日。七五四（天平勝宝六）年二月四日に平城京に入り、東大寺の大仏を拝し、客堂に入った。翌五日、道璿と菩提僊那が鑑真を慰問した。四月には東大寺の大仏殿前に仮の戒壇を造り、沙弥四四〇人余に授戒した。翌七五五年に東大寺の戒壇院が完成する。

◎――日中双方で「鑑真」を顕彰

鑑真の渡航は艱難をきわめた。悪天候によって海南島に漂着したこともあり、栄叡が命を失い、鑑真自身も失明した。五回の失敗をものともせず、帰国する遣唐使船に乗って日本に辿り着き、光明皇后をはじめとする多くの僧俗に授戒をおこない、戒師の役割を見事に果たした。道宣を祖とする南山律宗を伝えたにとどまらず、法礪《ほうれい》や定賓の系譜につながる相部宗の典籍も将来したのである。

やがて新田部親王《にいたべしんのう》の旧宅が与えられ、この園地と建物を伽藍とする「唐律招提」の寺院（唐招提寺の前身）に弟子の思託《したく》や如宝《にょほう》らをともなって移り住んだ。七六三年五月六日、鑑真はこの寺で七六歳の生涯を閉じる。弟子の忍基《にんき》は、現存する日本最古の肖像彫刻とされる乾漆の鑑真和上坐像を造った。

鑑真の事績については、忍性（一二一七～一三〇三年）が制作を企図して唐招提寺に施入した『東征伝絵巻』が、鑑真伝を視覚化した唯一の現存作例である。その原色版『東征伝絵巻』（日本絵巻大成一六、一九七八年）に掲載されている小松茂美、菊竹淳一、小野勝年の三氏による解説は、いずれも見事である。

日本と中国の文化交流史を象徴する人物、鑑真を顕彰する事業は、鑑真逝世一二〇〇年記念の一九六三年に、日中双方で挙行された。日本では、唐招提寺に興福寺から旧一乗院宸殿《しんでん》を移建した御影堂《みえいどう》をつくり、ながらく狭苦しい開山堂に安置されていた鑑真和上坐像を、広々とした「宸殿の間」に面する「松の間」の厨子に移した。やがて東山魁夷《かいい》による障壁画が完成し、六月六日の鑑真忌前後に公開されている。

1980年の帰国巡回展開催時発行の切手に描かれた、鑑真和上像

中国では『鑑真記念集』が出版され、唐招提寺の金堂を模した揚州・鑑真紀念堂の設計図が付録されていた。文化大革命で中断を余儀なくされた紀念堂の完成と鑑真和上坐像の中国への里帰りは、中国仏教協会の会長であった趙樸初《ちょうぼくしょ》（一九〇七～二〇〇〇年）の獅子奮迅の尽力で実現する。その次第は周加才『趙樸初与江蘇宗教』（二〇〇三年）に詳しい。なお唐招提寺の鑑真和上御廟の前には、趙樸初の揮毫にかかる文章が石に刻されている。

最澄と空海

日本の仏教界を二分する潮流

◎——延暦の遣唐使に加わった二人

平安時代の僧宝を代表する双璧は、最澄（七六七〜八二二年）と空海（七七四〜八三五年）である。二人が活躍したのは延暦の年号で知られ、四五歳で皇位を継承した桓武天皇（在位七八一〜八〇六年）の治世方針が、大きな影響を与えた時代である。桓武天皇は、たびかさなる権力闘争や過度の崇仏などによる政治混乱を打開するため、平城京から長岡京に遷都したにとどまらず、七九四（延暦一三）年には山城の平安京に遷都した。

遷都にあたっては、平城京に盤踞した大寺院の移建を許さなかった。ただし桓武天皇は仏教そのものまで否定したのではなく、政治に介入しすぎる都市寺院を忌避したのであり、山林仏教に対してはむしろ援助していた。南都仏教にかわる新仏教の登場を期待していたのである。

渡来人系の生母をもつ桓武天皇は、中国文化に心酔し、平安京への遷都事業が一段落した八〇一（延暦二〇）年八月、二十数年ぶりに藤原葛野麻呂《ふじわらのかどのまろ》を大使、石川道益《いしかわどうえき》を副使とする遣唐使を任命した。

翌八〇二年九月、最澄が上表して、円宗（天台宗）を学ぶ留学僧と還学僧《げんがくそう》の派遣を請い、円基と妙澄が留学僧に、最澄が還学僧に選任された。その翌年三月末に、桓武天皇は遣唐大使と副使のために、なんと「漢法」すなわち中国風による餞別の宴を開いた。だが、この時の遣唐使船は、海上で暴風に遭って破損し、渡海不能となって延期された。

八〇四年七月六日に、延暦の遣唐使船四艘が肥前国田浦《たのうら》を出航したが、翌日、暴風のため四船は離散する。大使が乗船した第一船には三一歳の留学僧空海が、副使が乗船した第二船には三八歳の還学僧最澄が乗った。しかし、最澄と空海は同じ延暦の遣唐使に加わって出航したとはいえ、別々の船に乗船したこともあり、この時点で二人が交渉をもった気配はない。

◎——最澄、比叡山で天台宗を開く

最澄は、七六七（神護景雲元）年、琵琶湖の西に面する比叡山東麓の近江国滋賀郡古市郷《ふるいちごう》（現・滋賀県大津市坂本）に生まれた。幼名は広野。父は三津首百枝《みつのおびとももえ》と伝えられ、三津首家は中国からの渡来人である。一三歳で近江国分寺の行表《ぎょうひょう》の弟子となり、一五歳で得度して沙弥の資格を得て、最澄と改名した。行表は東大寺大仏開眼の導師をつとめた唐僧道璿《どうせん》の弟子であり、最澄はその行表を通じて華厳宗・三論宗の教えと禅を学んだ。

当時、具足戒を受けて正式の僧となるには、東大寺あるいは下野《しもつけ》（栃木県）の薬師寺、筑紫《つくし》（福岡県）大宰府の観世音寺の、いわゆる三戒壇のいずれかへ行って受戒しなければならなかった。最澄は一九歳の七八五（延暦四）年四月に、東大寺の戒壇で受戒するや、七月には郷里に近い比叡山に登って草庵をかまえ、山林での修行生活を始めた。一乗止観院（根本中堂の前身）を創建し、経蔵を建てて一切経を備え、七九七年頃まで比叡山に籠って、章疏を読みふけっていた。

延暦の遣唐使船の第二船は、無事に揚子江口近くの明州に着いた。最澄は長安をめざす遣唐使一行

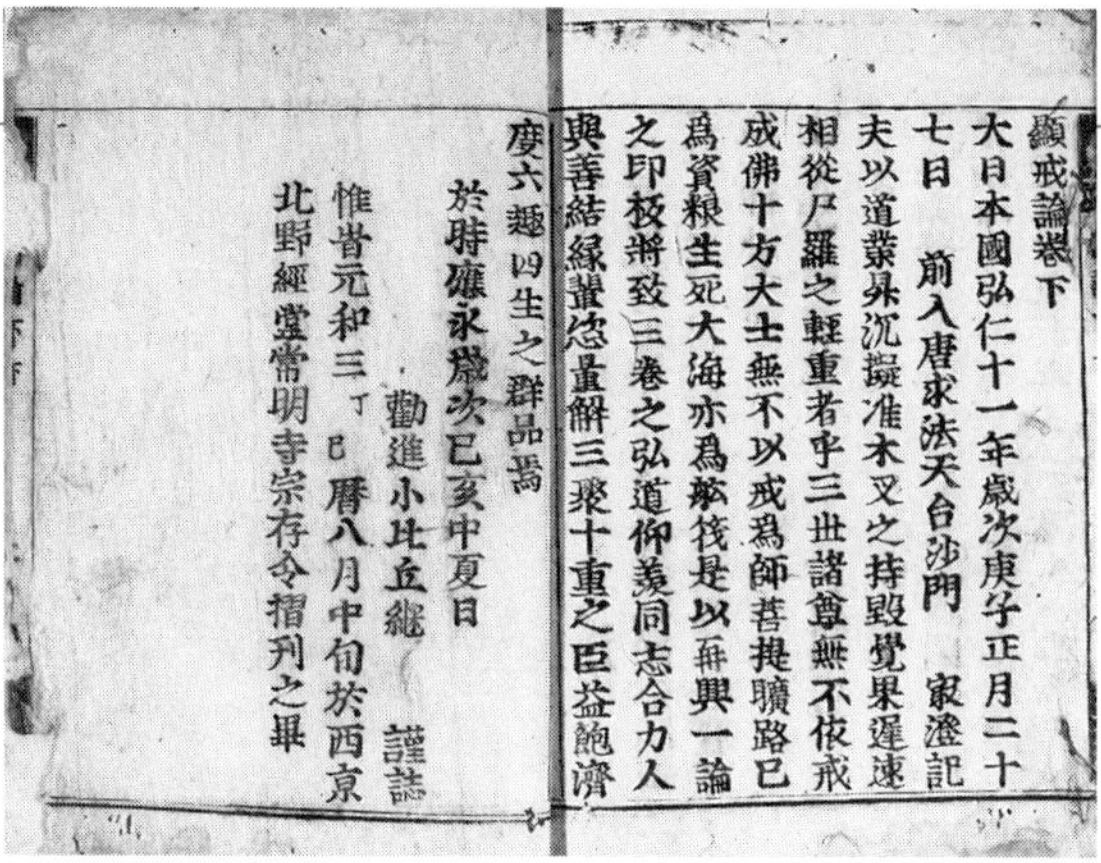

顯戒論巻下
大日本國弘仁十一年歳次庚子正月二十
七日　前入唐求法天台沙門　最澄記
夫以道業昇沉擬准木叉之持毀覺果遲速
相從尸羅之輕重者乎三世諸尊無不依戒
成佛十方大士無不以戒爲師菩提驛路已
爲資粮生死大海亦爲船筏是以再興一論
之印板將致三巻之弘道仰義同志合力入
與善結縁叢總盡解三聚十重之巨益飽濟
度六趣四生之群品焉
於時應永歳次巳亥中夏日
勸進小比丘繼　謹誌
惟皆元和三丁巳暦八月中旬於西京
北野經堂常明寺宗存令摺刊之畢

宗存版の『顕戒論』(元和3〈1617〉年刊、国立国会図書館蔵)

と別れて南下し、台州の天台山へ向かう。これ以後、天台の学僧道邃《どうすい》の弟子となって、梵網経《ぼんもうきょう》による菩薩戒を受け、天台山の諸寺で、行満《ぎょうまん》や惟象《ゆいぞう》から天台教学のほか、達磨禅や密教を学び、また越州（紹興）龍興寺の順暁《じゅんぎょう》から密教を相承し、密教関係を記した典籍や法具も授かった。つまり最澄は、江南中国で円（天台教学）・密・禅・戒の四宗の教学を受けたのである。

最澄は八〇五（延暦二四）年五月一八日に帰国する遣唐使船に乗り込み、対馬の阿礼《あれ》港に帰着し、持ち帰った経論や密教の法具などを記した「請来目録《しょうらいもくろく》」を朝廷に上表した。桓武天皇は上表文を見て大喜びし、密教の新知識に興味を示した。翌八〇六年正月二六日に、天台法華宗に南都諸宗と並んで年分度者二名が与えられ、天台法華宗が公認された。三月一七日に最澄の外護者、桓武天皇が崩御する。

最澄は、東大寺などの三戒壇で授けるのは小乗戒なので、比叡山寺に大乗戒壇を置きたいと、『山家学生式《さんげがくしょうしき》』や『顕戒論《けんかいろん》』を書くが、嵯峨天皇は南都仏教に配慮して許可しなかった。八二二（弘仁一三）年六月四日に最澄が五六歳で亡くなるや、一週間後に嵯峨天皇は大乗戒壇の勅許を下し、翌年二月に寺額を賜り、比叡山寺を延暦寺と改名した。年号をもって寺名とした最初である。

○——空海、密教を伝え真言宗を開く

一方、空海は七七四（宝亀五）年に讃岐国《さぬきのくに》多度《たご》郡屏《びょう》風浦《ぶがうら》（現・善通寺市）に生まれた。父は佐伯《さえき》氏、母は阿《あ》刀《と》氏。阿刀氏は渡来人の末裔である。七九一年に京の大学（官吏の養成機関）に入るが、この頃、ある沙門から「虚空蔵《こくうぞう》求聞持法《ぐもんじほう》」を授かり、大学を中途退学し、阿波国大滝岳《たいりゅうがたけ》などで山林修行に専念した。七九七年、二四歳の時に『聾瞽指帰《ろうこしいき》』を書き、儒教・道教・仏教の三教の優劣を論じ、仏教がもっとも優れていると述べた。

山林修行者で私度僧であった空海は、入唐直前の八〇四年四月九日に、駆け込みで東大寺で受戒した。

遣唐使の第一船は福州に到着し、そこから長安に向かった空海は、長安の西明寺に四カ月滞在した。その間に醴泉寺にいた二人のインド僧についてサンスクリットとバラモンの哲学を学び、密教の本義を学ぼうと、青龍寺にインド僧不空の高弟恵果《けいか》（七四六〜八〇五年）を

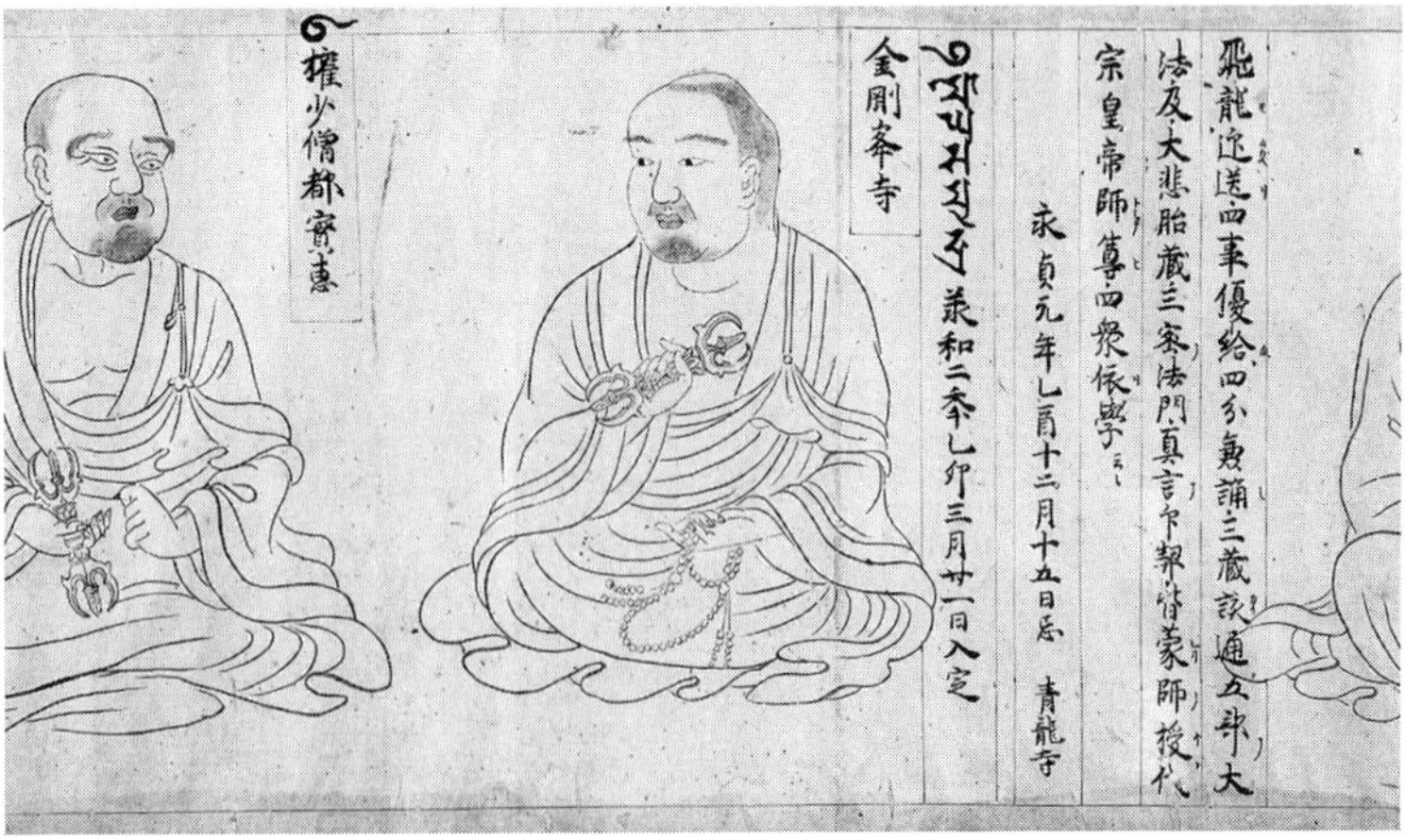

空海像。「三国祖師影」（久安6〈1150〉年、大谷大学博物館蔵）より

訪ねた。

空海の天才的な資質を見抜いた恵果は、胎蔵界灌頂・金剛界灌頂・伝法灌頂の大法を三カ月の間に空海に授けたのである。

インド伝来の正系密教の教学を伝授された空海は、二〇年の予定を繰り上げ、在唐二年余、八〇六年一〇月に留学生の橘逸勢《たちばなのはやなり》ともども、九州に帰着した。しかし平城天皇の朝廷は入京を許さず、嵯峨天皇が即位する三年後に上洛し、洛西の高雄山寺《たかおさんじ》（神護寺）に入った。

最澄と空海の宗教的立場は、最澄がはるかに上位であったが、こと密教についての学殖は、最新の教学を体得してきた空海のほうが上であった。最澄は年少の空海に弟子の礼をとり、経軌典籍の借覧を申し出るが、虫のいい話として結果的には拒否された。最澄が派遣した愛弟子の泰範《たいはん》が空海のもとから帰らなかったこともあって、二人は訣別する。教義の上で、天台と密教の間に優劣がないとする最澄と、密教こそ最上とする空海は所詮、別々の道を歩まざるをえなかった。

空海は密教を再構成・体系化して真言宗を開く。開宗は八一二年か翌年頃とみられる。外護者の嵯峨天皇から、八一六年に下賜された高野山（金剛峯寺）を門弟らの修行の地とするとともに、八二三年に下賜された洛南の東寺を教王護国寺と改名し、密教の根本道場として活発な布教活動を展開した。八三五（承和二）年三月二一日、空海は高野山で入定する。六二歳であった。命日にあたる毎月の二一日に、今も東寺の境内で開かれる弘法市は大賑わいで、京名物の一つに数えられている。

仏教

インドから日本へ、仏教伝来約五〇〇年の軌跡

釈迦は、インドとネパールの国境沿いのカピラヴァスツに都した釈迦族の国王シュッドーダナ（浄飯王）とマーヤー（摩耶）夫人の長男で、姓はゴータマ、名はシッダールタ（悉達多）であった。

釈迦は人間がこの世で避けられない四つの苦しみ、生老病死の四苦を脱するために、二九歳のとき城門を出て森の中で苦行し、三五歳のとき、ブッダガヤーの菩提樹下で悟りを得て成道し、祇園精舎などで説法伝道したのち八〇歳で入滅した。

キリスト教、イスラーム教とともに世界三大宗教とされる仏教は、仏陀すなわち釈迦が紀元前五〇〇年頃に創唱した宗教である。

唐・天宝3(744)年銘の善業泥（磚仏）三尊仏（著者蔵）

シルクロードを経て、東方の中国に伝播すると儒教、道教と合わせて「三教」とよばれた。

隊商が絹を運んだシルクロードは、仏教東漸の道であり、また、中国からインドに仏典を求め、各地の仏跡を巡礼する求法巡礼僧が往来する道でもあった。仏教教団は、出家した男女である僧と尼、

男女の在家信者である優婆塞《うばそく》と優婆夷《うばい》の四衆から成り立つ。釈迦が入滅してから一〇〇年ほどは、教団も統一を保っていた。マウリヤ朝アショーカ王の帰依を得、インドをはじめ広く伝播した仏教だが、王の治世に教団は教義の解釈などをめぐって対立を生じ、保守的な上座部と進歩的な大衆部に分裂し、この両派からさらに多くの部派に分かれた。分裂以前の仏教を原始仏教とよび、以後を部派仏教とよんでいる。

紀元前後から仏教界には、全人類の救済を標榜する革新運動が起こった。革新派の人びとは自らを大乗仏教と称し、在来の部派仏教を小乗仏教と貶称して、新しい仏典を続々と編纂した。同時期に西北インドのガンダーラで、ギリシャ文化の影響を受けて礼拝対象となる仏像が制作された。宗教儀礼や宣教方式にも変化があり、大乗と小乗の仏教は、それぞれ教学を大成しつつ、宣教地域を拡大していった。北に向かったのが北伝仏教で、南へ向かったのが南伝仏教である。

北伝仏教は西北インドからアフガニスタン、パキスタンに伝播、「オアシスの道」によって西域の都市国家に伝えられた。クチャやカラシャール（焉耆《えんぎ》）などの西域北道（天山南路）では、主として小乗系、ホータン（和田、于闐）などの西域南道では、主として大乗系の仏教が行なわれ、敦煌を経て中国に伝来した。南伝仏教もインドやスリランカから出発し、「海の道」によって南中国に伝来している。

二世紀中葉には、西域僧やインド僧によって中国にもたらされた仏典の漢訳が始まった。やがてクマーラジーヴァ（鳩摩羅什）や玄奘らの三蔵法師と呼ばれる訳経家が現れ、仏典を総集した漢訳の大蔵経が成立する。仏教の聖典は「経蔵」「律蔵」「論蔵」の三種に分類される。経蔵とは仏陀の教説集であり、律蔵とは教団の規定集で禁止的な徳目も多く含まれている。論蔵とは経と律に対して施された注釈文献集である。これら三蔵を網羅したものを一切経《いっさいきょう》あるいは大蔵経とよぶ。中国に根づいた仏教は、さらに朝鮮、日本へと東漸する。朝鮮には三七二年に高句麗に伝来し、日本への伝来は、百済の聖明王が釈迦仏像と経典その他を朝廷に献上した五三八年であるとされている。

朝鮮と日本とでは、近代にいたるまで、いずれも漢訳大蔵経の仏典がそのまま音誦された。

マニ教……………………歴史の彼方に消え去った世界宗教

三世紀にペルシャ人のマニ（二一六～二七六／二七七年）によって創始された光と闇、善と悪、精神と物質とをはっきりと分ける二元論的な宗教。古代ペルシャの民族宗教であるゾロアスター教を教義の母体とし、キリスト教、グノーシス主義（キリスト教と同時期に地中海沿岸で興った宗教思想運動）、さらには仏教の教義をも取り入れ、融合して世界宗教の体系を構築した。

教団組織は仏教にならったものらしく、僧官と聴聞衆とよばれる一般信徒により構成された。僧官には、飲酒、殺生、姦淫を禁止するとともに、週に二日の断食と、イスラームの断食月の先駆となったと考えられる、ベーマ大祭（マニの殉教と昇天を祝う祭り）に先立つ一カ月の断食月などが要求された。一般信徒にも偶像崇拝、殺人、姦通などを邪非と説くとともに、日曜日を断食日とするといった禁欲主義の戒律が求められた。

マニ教経典断簡
（8～9世紀、ベルリン国立アジア美術館蔵）

マニはササン朝ペルシャのシャープール一世の庇護を受け、インドにまで伝道活動を行なったが、次々王ワラフラン一世の宗教政策転換により、皮はぎの刑を受けて殉教した。マニが処刑されて以後、マニ教はササン朝ペルシャにおいては禁止されたが、国外において長く宗教的勢力を保持した。ローマ帝国では四世紀に最も盛んとなり、異端的キリスト教徒に強い影響を与えた。しかしローマ帝国内でマニ教が禁圧されるにつれて、宗教勢力は東に向かい、その後の東方伝道に大きな役割を果たしたのはマニ教を信仰するソグド商人であった。

　シルクロードを東漸して中国に伝わったのは七世紀末の唐代で、「摩尼教」あるいは「末尼教」と音写され、教義に即して「明教《めいきょう》」とよばれた。その服装から白衣《びゃくえ》白冠《びゃっかん》の徒と称されたマニ教は、景教（ネストリウス派キリスト教）および祆教《けんきょう》（ゾロアスター教）とともに、西方から渡来した宗教の代表と目され、これらの寺院は「三夷寺」と称された。とくに中央アジアにいたトルコ族のウイグル王国に広まり、第三代のブグ・カガン（牟羽《ぼうう》可汗《かがん》）の治下では国教にまでなった。

　唐の玄宗はマニ教を邪教として漢人の信仰を禁じたが、在留の西域人については不問に付した。安史の乱（七五五～七六三年）後にはウイグルの要請で、大雲光明寺と呼ばれるマニ教寺院が長安や洛陽などにも建てられたが、八四〇年代、唐の武宗によって行なわれた「会昌《かいしょう》の廃仏」の際に景教と祆教ともども禁断された。入唐僧の円仁が『入唐求法巡礼行記』に記録したように、マニ教宣教師たちの髪を剃って袈裟をつけさせ、仏僧の姿にしたうえで殺害させた。

日本にマニ教の教義が伝わったという確証はないが、『御堂関白記《みどうかんぱくき》』（藤原道長）などの具注暦に日曜日をソグド語の「ミル」を音訳した「蜜」と記すのは、マニ教の信徒が日曜日を休日として断食日とした暦法が、東漸して日本にまで伝わったことの明証である。

二〇世紀初頭以来の中央アジア探検によって、敦煌からマニ教関係の文献が将来された。トルファンのベゼクリク千仏洞の壁画には、マニ教のベーマ大祭の場面や白衣白冠のマニ僧などが描かれた。

シルクロードのマニ教については、森安孝夫著『ウイグル＝マニ教史の研究』（大阪大学文学部紀要）がある。

チベット仏教

明や清王朝が信仰と統治のために北京で『西蔵大蔵経』を「出版」

チベット仏教とは、古来「ラマ教」とよばれてきたもので、ラマとは師匠を意味した。ただラマ教という言葉は、仏教とは異なった淫祀邪教《いんしじゃきょう》を示すかのごとく受けとられやすいので、最近では「チベット仏教」と称するようになった。これは、チベット古来のシャーマニズム的なボン教と習合したこと、そして最大宗派のゲルク派は、大乗も小乗も、また顕教も密教も、すべてを包括するのが特徴である。現在の中国では「蔵伝仏教」とよばれ、チベットや内モンゴルをはじめとする中国各地、ネパール、シッキム（現インド北東部の州）、ブータンなどに広まっている。

チベット民族が初めて政治的に統一されたのは、七世紀初頭のこと。ラサの南東ヤルルン地方にソンツェンガンポ（?〜六四九年）という英雄が現れ、全チベットの農耕と遊牧の諸部族を征服して吐蕃《とばん》と呼ばれる王朝を開いた。

王は、唐からは文成公主《ぶんせいこうしゅ》を、ネパールからはチツンを妃として迎え、伝承ではこの両妃がそれぞれ本国の仏像をもたらしたという。この王がトンミー・サンボータという人物をインドに派遣し、彼の地の文物を学ばせ、同時にインドの文字に倣ってチベット文字を作らせ、仏典のチベット語訳を始めさせた。

八世紀の後半、第五代チソンデツェン王（在位七五四〜七九七年）はインドと唐から高僧を招き、仏典のチベット語への訳経を一大国家事業として始めた。しかし、第八代ダルマ王（在位八四一〜八四二年）が排仏主義者として暗殺され、吐蕃は崩壊した。古代チベットの吐蕃時代は、ダルマ王の死までが仏教の前期伝播期（グンタル）である。

吐蕃の分裂・崩壊にともなって仏教も衰退したが、約一世紀半を経て仏教の再導入が始まる。一〇世紀後半からが仏教の後期伝播期（チタル）で、仏典翻訳事業が続き、その集大成として一四世紀初めにチベット大蔵経が成立した。

仏典は、仏陀の教説集である「経」、教団の規定集である「律」、経と律に対する注釈文献集である「論」の三蔵に分類される。この三蔵を網羅したものが大蔵経で、パーリ語三蔵や漢訳大蔵経も、三分

タンカに描かれたツォンカパ像（15世紀、ニューヨーク・ルビン美術館蔵）

類で編集された。

しかしチベット大蔵経は、経・律・論の分類ではなく、カンギュル（甘殊爾＝仏説の翻訳）と、テンギュル（丹殊爾＝注釈書の翻訳）という、二部に分類される。

注目すべきは、チベット大蔵経が最初に木版印刷されたのはチベットではなく、明清代の北京においてであって、『西蔵大蔵経』と題し、勅命によって開板（出版）されたことである。これはチベットでは写本を重要視する伝統があったのに対し、モンゴル王朝の元のみならず、明清の宮室と政府が、信仰と統治策の両面でチベット仏教を重視し、傾倒した結果である。

仏教の後期伝播期には、チベット独自の仏教が生み出され、サキャ派、ニンマ派、ゲルク派などの宗派が成立した。モンゴル帝国時代には、元の朝廷でクビライ・カアンの帝師となるパスパ（八思巴、一二三五〜八〇年）が属したサキャ派が優先的な地位を占めた。

チベット仏教最大の学僧ツォンカパ（宗喀巴、一三五七〜一四一九年）によって開創されたゲルク派は、黄色の帽子を被るので黄帽派（黄教）とも称され、従来の紅帽派（紅教）と区別される。

このゲルク派からダライ・ラマやパンチェン・ラマの系統が生まれた。ツォンカパの生誕地に建てられた青海省西寧のタール寺は、ゲルク派の大寺院として多くの学僧を輩出した。

中国のソグド人

近年発掘された古墳に見る中国社会での活躍

北周安伽墓石棺床屛風（6世紀、陝西歴史博物館蔵） Photo: ©Tomo.Yun [http://www.yunphoto.net]

イラン系のソグド人が、内陸アジアの国際商業に従事し、ゾロアスター教（拝火教。祆教）を信仰して中国社会でも活躍したことは、早くから文献にもとづいて論証されてきた。ゾロアスター教は、中国に北魏の中頃（五世紀）には伝来し、北周・北斉（六世紀中頃）に次第に広がって、宮中にも信奉者を見いだした。隋・唐では、しきりに往来するソグド人の大多数はゾロアスター教信者であり、「薩保《さっぽ》」あるいは「薩宝《さっぽう》」という官をおいて管轄させた。

唐代の社会では、本籍地から遠く離れた土地に商用などで旅行する際は、「公験」とよばれる証明書を携帯しなければならず、とくに関所を通過する時には「過所」が必要だった。一九七三年に、トルファンのアスターナ古墓群の五〇九号墓から出土した「過所」は、玄宗の七三二（開元二〇）年三月に瓜州都督府が石染典《せきせんてん》に宛てて発給したもの。四人と一〇頭の驢馬が西北辺境の鉄門関などを通行したいという申請書に許可をもらい、沙州敦煌に到着、石染典は作人の康禄山、石怒怨、家生奴の移多地とともに驢馬一〇頭を連れて西に向かい、市で交易を終えた、と記してあった。漢字で表記された石染典と石怒怨は石国（タシケント）出身、康禄山は康国（サマルカンド）出身で、すべてソグド人である。

中国におけるソグド人の活躍を伝えた文献を傍証する画像石（絵が線刻された石）の発掘が、二〇世紀末から二一世紀初頭にかけて山西省の太原市や陝西省の西安市などで続き、研究者を驚喜させている。太原市の南郊で、一九七九年から八一年にかけて、北斉の婁叡《ろうえい》の壁画墓が発掘された。宗室の外戚である鮮卑族の婁叡墓には、墓誌や金銀宝飾品などのほか、墓道や墓室の四壁の全面に厖大な壁画が残されていた。騎馬人物の出行図もさることながら、僧・霊裕に帰依して仏教とかかわりの深かった婁叡の墓だけに、仏教的な図像の散見されるのは当然ながら、二頭の駱駝の間に描かれた人物の風貌が、イランか西アジアの人物であると指摘され、東西文化交流の面で関心を呼んでいた。

一九九九年七月に、この婁叡墓の東北わずか六〇〇メートルの太原市晋源区王郭村から隋の虞弘《ぐこう》墓が発掘され、衝撃を与えた。墓室から発見された殿堂型石槨の内外壁面に、浮彫や壁画の珍しい彩色画像が何面も描かれ、拝火壇が描かれていた。墓誌によると、虞弘は魚国出身のソグド系の人らしく、北周時期に并・代・介三州郷団を領し、薩保府を検校して、隋の五九二（開皇一二）年に五九歳で并州の第で薨じた、と明記されていた。

次いで二〇〇〇年夏、西安市北郊の大明宮遺址の北で、北周の安伽《あんか》墓が発掘。安伽は姑蔵《こぞう》（現・武威）の人で、同州の薩保に任じられたと記す墓誌のほか、ソグド人の生活の情景を描いた石棺床屏風も出土した。姑蔵の人というが、故郷は安国（ブハラ）であろう。

二〇〇三年夏には、安伽墓から二・二キロメートル東北で、史君の石槨墓が発掘された。墓誌銘の代わりに石槨にソグド文字と漢文で併記した題記があり、史君は、サマルカンドの西南に近隣した史国（キッシュ）の人で、もともと西域にいたが、先祖の代に長安に移り住んだ。史君は涼州薩保を授けられ、安伽と同じ五七九（大象元）年に八六歳で薨じた、と記されていた。

北周時代に安伽が同州、史君が涼州、虞弘が并州などの薩保に任じられたことは、これらの州にソグド人の大聚落が存在したことを意味する。

景教

唐代に西から到来し明代に消滅した
キリスト教ネストリウス派の教え

景教とは大秦景教《だいしん》ともいい、キリスト教ネストリウス派に対する中国でのよび名である。シリア生まれのネストリウス（?〜四五一年頃）が、キリストの人性を重視し、神性を弱める説を主張したため、四三一年のエフェソス公会議で異端と決定され追放された教派である。ペルシャに教圏を求めて栄え、ついでシルクロード沿いに中央アジアを通り、中国に東漸した。

唐の六三五（貞観九）年、阿羅本《アラホン》を団長とする伝道団が堂々と長安に到着すると、太宗は宰相の房玄齢らに宮中に迎えさせ、その経典の翻訳を許して布教を勧め、長安の義寧坊に一寺を建立させ、僧二一人を出家させた。次の高宗も景教を保護し、諸州にその寺院を置かせた。仏教に傾斜した則天武后の治世には少し衰えたが、玄宗朝には保護され、教線を拡大した。

当初はこの教えを波斯教《はしきょう》、その寺院を波斯寺、つまりペルシャ人の宗教と呼んできたが、発生の地がペルシャではなく大秦国（ローマ帝国）であることを知り、七四五（天宝四）年には波斯寺を大秦寺と改めた。引き続き優遇され、徳宗の七八一（建中二）年には、「大秦景教流行中国碑」が建てられた。この碑により初伝以来の中国における盛衰の跡をたどることができる。

唐の武宗が八四五（会昌五）年の廃仏の際、外来の宗教をも一律に禁断したので、景教も迫害されることになり、急速に衰え、宋初には景教徒の姿は中国本土では見かけられないまでになった。しかし西北辺境方面や中央アジアでは信仰が維持され、チンギス・カン家にも多くの信者を出した。

モンゴル族がユーラシアにまたがる世界帝国を建設し、あらゆる宗教に寛容な態度をとると、再び中国に現れ、今度は「也里可温《エルケウン》」（erkegün）あるいは「達娑《たつさ》」「迭屑《てつせつ》」（tarsā）とよばれたが、いずれもペルシャ語のタルサ、神を怕《おそ》れる人、の意味といわれる。元朝にあっては、一二八九（至元二六）年以後、崇福司という官庁を設けて事務を管掌させた。しかし、明朝が興ると、いっさいのキリスト教が禁断され、ネストリウス教徒も後を絶ったのである。

「大秦景教流行中国碑」は明の一六二五年に偶然に地下から発見され、内外の注目を引き、キリスト教国に移すべきだという議論も活発になった。一九〇七年にデンマークのジャーナリスト、フリッツ・ホルムが西安に赴いたが、買収に失敗。模造の石刻碑を作って持ち出し、ローマのヴァチカンに安置している。原碑の方は、西安の碑林《ひりん》博物館にある。

一九〇八年にペリオが敦煌石窟で王道士から購入して、パリに持ち出した古文献のうちの第三八四七号は、『景教三威蒙度讃』と『尊経』と題された景教経典であった。たちまち東西の研究者によって紹介され、検討がなされ本物と認められた。しかし、古文書や美術品には贋物がつきものである。敦煌請来の景教経典であると称した数点が、一九二〇年代以降、骨董商を介して日本に持ち込まれ、専門家の佐伯好郎《さえきよしろう》や羽田亨《はねだとおる》が偽物を本物と見做したため、それらの偽景教経典を用いた論文がいまだに学術誌に発表されている。残念なことである。

「大秦景教流行中国碑」拓本（原碑8世紀、大谷大学博物館蔵）

天台山と五台山

国内外の求法巡礼者が目指した仏教の霊地

古来、世界各地の山岳は精霊や祖霊、神々や悪魔のすみかとして崇拝され、巡礼の対象とされてきた。仏教の起源インドでは、ヒマラヤを意識した須弥山を宇宙の中心とし、中国では天台山国清寺《こくせいじ》や五台山清涼寺など所在を示した称号である「山号」が用いられたように、山岳と仏教のかかわりは深い。

中国で仏教より山岳と密接なかかわりをもったのは道教である。名山の代表は、五行思想の影響下で確立された東岳の泰山（山東省）、南岳衡山（湖南省）、中岳嵩山（河南省）、西岳華山（陝西省）、北岳恒山（河北省）の五岳である。これらを神秘的な地図として写しとった「五岳神形図」は、道教の護符として山川をめぐる道士たちに持ち歩かれ、これを身につけていると、山川の精霊たちが出迎え、世話をやいてくれるとされた。

これら宗教的な雰囲気に満ちた五岳は、道教の霊山にとどまらず、儒教や仏教においても重要視された。『唐六典』巻四、礼部祠部の条にあるように、毎年、立春に東岳泰山、立夏に南岳衡山、六月の土用に中岳嵩山、立秋に西岳華山、立冬に北岳恒山を祀る儀式が執り行なわれた。また隋の文帝楊堅は即位すると、北周の武帝による仏教と道教への弾圧を撤回する詔を発し、五岳の下に僧寺一所ずつを置くべきだとした。

中国社会に仏教が広く受容されるにともなって、中国内地の霊山を巡礼する風がおこり、日本から

遣唐使に加わった留学僧や還学僧も求法巡礼を希望した。日本天台宗の開祖となる最澄（七六七～八二二年）は、八〇四年の九月に明州（浙江省寧波）から発給された牒《ちょう》を携帯し、遣唐使の一行と別れて、目指す台州の天台山国清寺に向かった。最澄が持ち帰った明州牒には、「日本国求法僧の最澄は、天台山に往きて巡礼せんと欲す」と記されている。

天台山はもともと道教の仙郷として知られたが、三国・呉の赤烏年間（二三八～二五一年）にはすでに仏寺が創建されていたという伝承もあり、東晋の僧である支遁《しとん》（三一四～三六六年）らが住していたという。とくに太子時代の隋の煬帝に帰依された智顗（五三八～五九七年）が迎えられてからは、天台宗総本山としての天台山が確立した。これ以降、円珍や成尋《じょうじん》らの日本天台宗の僧はもとより、栄西や重源らの入宋僧も天台山を訪れていて、日本の仏教界に与えた影響は大きかった。

最澄の眼中にはなかったが、江南の天台山よりも有名だったのは、中国北部の山西省にある五台山の巡礼であった。『華厳経』で文殊菩薩の住地とされる清涼山にあたると五世紀頃から信じられ、唐代には仏教界第一の霊地として、中国ばかりでなく、東アジア、とりわけシルクロード沿いの諸国でその名を知られた。最盛期の五台山仏教についての最も詳細な記録は、円仁（七九四～八六四年）の『入唐求法巡礼行記』である。

なお敦煌莫高窟の第六一窟には、高さ三・四二メートル、幅一三・四五メートルにおよぶ北宋初期の「五台山図」の大壁画が現存していて、当時の巡礼者の姿を彷彿とさせてくれる。また第一七窟、いわゆる蔵経洞から

『五台山図』(10世紀、敦煌・莫高窟第61窟)

発見された古文献のなかの、オーレル・スタイン本の三九七号とポール・ペリオ本の四六四八号は、『五台山巡礼記』とも称すべき日記風の記録であって、日本の入宋僧である成尋の『参天台五台山記』ともども貴重な文献である。

天台宗と真言宗

日本で初めて登場した仏教の二大宗派

仏教が朝鮮半島から日本に公式に伝来した飛鳥時代には、宗派という認識はなかった。藤原京から平城京に遷都すると、薬師寺や大官大寺（大安寺）も移建された。中国で形成された三論・成実《じょうじつ》・法相《ほっそう》・倶舎《くしゃ》・華厳《けごん》・律の六つの宗派、いわゆる南都六宗が留学僧《るがくそう》らによって伝えられ、東大寺などの官大寺で六宗を兼学する風がおこった。

奈良時代の仏教は、国ごとに国分寺と国分尼寺が置かれ、国家仏教の性格を強めていたが、桓武天皇による平安遷都の際に、南都の大寺院は移建されなかった。ここに最澄の天台宗と空海（七七四〜八三五年）の真言宗という、平安仏教の二宗派が新たに出現する契機があった。

最澄の天台宗は、中国で隋初に天台大師智顗が浙江省の天台山で開いた天台宗と区別して、日本天台宗ともよばれる。宗祖の伝教大師最澄は入唐し、天台山などで天台の教学のみならず、戒律や禅および密教をも学んだが、『法華経』のみによって開宗した智顗の中国天台宗をそのまま継承せず、法華・戒律・禅・密教の四宗を兼学することを標榜した。そして、帰朝後の八〇六年に天台法華宗、つまり最澄の天台宗が公認され、比叡山延暦寺で開宗したのである。

のちに最澄門下の円仁と円珍（八一四〜八九一年）が入唐して密教教学の輸入に尽力し、天台密教（台密）を大成させたが、円仁門下と円珍門下の争いで、一〇世紀末に円珍門下が比叡山延暦寺から追われ、円珍が延暦寺別院として復興した園城寺《おんじょうじ》（三井寺）に拠った。延暦寺を「山門」といい、園城寺を「寺門」とよぶ。

日本の仏教史で、比叡山延暦寺という学問寺が果たした役割はきわめて大きい。のちに末法にふさわしい鎌倉新仏教が現れるが、若き日にこの寺で修行した五人、すなわち法然と親鸞が浄土教を広め、後に入宋する栄西と道元が宋から禅宗を伝え、さらに日蓮が法華宗（日蓮宗）を開いた。また一五世紀の後半には、真盛《しんせい》（一四四三〜九五年）が浄土教を合わせた戒称二門《かいしょうにもん》を説き、比叡山東麓の西教寺で天台真盛宗を始める。平安時代以後、京都の政界に延暦寺は大きな影響を与えつづけたが、一五七一年に織田信長によって諸堂が焼き討ちされて以後、政治への介入は小さくなる。

真言宗は「真言陀羅尼宗」ともいい、東寺の密教という意味で「東密」とも呼ばれる。宗祖は弘法大師空海で、所依の経典は、『大日経』と『金剛頂経』などである。八〇四年に入唐した留学僧の空海は、長安青龍寺の恵果から密教の奥義を皆伝され、二年後の八〇六年に、胎蔵界・金剛界の両界曼荼羅と密教経典や法具をたずさえて帰朝した。

八〇九年四月に平城天皇が譲位して嵯峨天皇が即位すると、空海は唐風の詩文と書道を介して天皇と意気投合し、嵯峨天皇は真言密教の外護者となった。精力的な布教活動を行ない、八一六年に紀伊国（和歌山県）に高野山金剛峯寺を開いて修禅の道場とし、八二三年に京都の東寺を賜って一宗の根本道場とした。

真言宗の法流は、仁和寺を拠点とする広沢流と、山科小野の曼荼羅寺を拠点とする小野流に分かれ、それぞれ六流に分派したので、「野沢《やたく》十二流」という。また東寺や金剛峯寺を中心とする真言宗（古義真言宗）に対して、大伝法院（根来寺）を創建した覚鑁《かくばん》（一〇九五～一一四三年）を宗祖とする一派を新義真言宗という。

●――『週刊シルクロード紀行』No.1・2・39・43～45・50
（朝日新聞社、二〇〇五年一〇月～〇六年一〇月）

第Ⅱ部

大谷の響流

◉二〇〇一年春に京都大学を停年退官し、大谷大学の招きに応じた。あたかも竣工した同大学の真宗総合学術センターは、『無量寿経』嘆仏偈の「正覚大音《しょうがくだいおん》、響流十方《こうるじっぽう》（正覚の大音は、響き十方に流る）」を典拠に「響流館《こうるかん》」と名づけられた。図書館・博物館・総合研究室・真宗総合研究所・メディアホールなどから構成される、教育学術研究の拠点である。ここには、同大学在任中に広報・通信や『書香』（図書館・博物館報）などに寄稿した文章を収める。

隋唐仏教史の研究

大阪府の真宗大谷派の一末寺に生まれた私が、「護」と命名されたのは、松岡譲の小説『法城を護る人々』で知られる、〈護法城〉という仏語に由来するのであって、護国の意味ではない。八尾高一年で得度した時の法名は「法城」である。

塚本善隆。
1961年、京都大学人文科学研究所にて

もともと理数系の生徒であった私が、大学受験の際に文学部を選んだのは、父の勧めもありはしたが、ともに京大文学部の卒業生であった日本史と世界史担当の二人の先生の授業に魅せられたからである。大学二回生の秋、専攻を決める時季を迎え、史学科の東洋史を志望しようとしていた。クラブ活動で属していた地理同好会の顧問で、目を掛けてくださっていた藤岡謙二郎先生は、しきりに中国地理学を勧め、人文科学研究所の森鹿三先生に相談するよう案配された。北白川小倉町の修道院風の建物内の森研究室を訪ね、本当は中国の仏教史に関心があるのですがと申したところ、先生は、同僚塚本善隆教授の業績を絶賛しつつ、東洋史を選ぶのが最善、とアドバイスされた。

東洋史に進学して、漢文の講読や演習、西洋史や考古学とい

宮崎市定（右）と著者。
1979年、京都大学人文科学研究所（牛ノ宮町）にて

った史学科共通の講義を聴講する合間に、サンスクリット語やチベット語の初歩を学び、仏教学序説の講義を聴講し、仏教史を専攻する準備を始めていた。一方、その年度に主任教授の宮崎市定先生が初めて講じられた隋唐時代史の授業を通じて、私は唐宋変革期とされる唐代中国の変貌の諸相に関心を集中させていたのである。

四回生になって、卒業論文のテーマを決めようと、宮崎先生の研究室に相談にうかがい、唐代の浄土教史をしたいと申しあげた。すると先生は、「仏教史はたいそう面白いようだから、今はやめておきなさい。初めにやってしまうと、その周囲にあるものが詰まらなく思えてしまうから」と、ある先輩の例をひきつつおっしゃった。当時の私は、ぼんやりと卒業後には高校の社会科の先生になろうと思っていたのに、宮崎先生は大学院に進学して、研究をつづけるものと期待してくださっていたらしい。

卒業論文は、唐宋時代の財政機構の変遷に焦点を合わせた、当時なお盛んであった時代区分論争に関連深い内容で、制度史と政治史の分野に属するものであった。引きつづき発表した修士論文をはじめとする諸論考も、すべて制度史的な手法で、隋唐時代の政治と社会を対象とした。

大学院生となって、人文科学研究所で行なわれていた幾つかの研究会に参加した。授業を兼ねていた二つの研究会のほか、月曜午後に藤枝晃先生が主宰された、敦煌将来の仏典写本の研究班と、水曜午後に塚本先生が主宰された、中国中世の儒仏道三教交渉史に関する文献、梁の僧祐編『弘明集《ぐみょうしゅう》』を会読する共同研究班に出席したのである。

研究所の所員をはじめ、大谷大学など関西一円の大学からの研究者方が参加される『弘明集』の研究会に出席し、当番の際には、たたき台となる訳注の原稿を提出し、議論の末に添削をうけた。会読を通じて私が最も驚いたのは、辞書にも見えない語句が頻出する仏教・道教関連の文章の難解さと、口角あわを飛ばす議論の激しさであった。

博士課程を了えるや、人文科学研究所哲学文学研究室の助手に採用され、平岡武夫先生が主宰される『白氏文集』の会読班や唐代史料稿の編集に従事したほか、敦煌班や儒仏道三教交渉史の研究班にも参加しつづけた。

唐代における仏教教団に対する国家側の規制を検討する「唐中期の仏教と国家」と、唐代における王法と仏法を巡る論争を整理する「唐代における僧尼拝君親の断行と撤回」の二論文を公表したのは、大学卒業後二十数年のこと。さらに一〇年後、発禁本の『唐護法沙門法琳別伝』を駆使した「唐初の仏教・道教と国家」を執筆。これら三論文を中公文庫『隋唐の仏教と国家』に集録した。

また平凡社『大百科事典』の項目選定する機会に恵まれたので、私は中国浄土教関連の〈浄土〉〈浄土教〉〈慧遠〉〈曇鸞〉〈道綽〉〈善導〉〈法照〉や〈末法思想〉といった項目を、自ら執筆した。中央公論新社刊の雑文集『京洛の学風』に、これらを「仏語散策」と銘打って再録したのである。

――『大谷大学広報』一五〇、二〇〇二年七月

冬扇

教養部の学生時代に地理同好会に属した縁で、東洋史を専攻してからも、歴史地図はいうまでもなく、国土地理院の現代地形図も大好きである。数年来、地理同好会以来の親友と歴史地図の展覧会を企画して図録解説を担当したり、「15・16・17世紀成立の絵図・地図と世界観」研究会に参加したり、また各地の博物館や美術館で開催される探検や地図の特別展を参観して、至福の時をもっている。最近も、芦屋市立美術博物館で「二楽荘と大谷探検隊Ⅱ」をみ、六甲山の東南面の山麓に大谷光瑞が建てた別邸〈二楽荘〉関連の絵葉書や大谷探検隊員たちの旅程図に興味をそそられた。また東京国立博物館での江戸開府四〇〇年記念特別展「伊能忠敬と日本図」では日本全土を三枚に収める「日本沿海輿地図（小図）」に魅入られた。この伊能図の基準経度〈中度〉は江戸ではなく、山城つまり京都であるのを知った時は驚愕した。

伊能図小図の縮尺は四三万二〇〇〇分の一。縮尺といえば、国土地理院の地形図は「五万分の一」が有名だが、「二万五千分の一」と「二十万分の一」を私は愛用してきた。この「二万五千分の一」の規格が三八年ぶりに変更され、文字で表されてきた「博物館・美術館」と「図書館」に地図記号が新設される。前者はギリシャ神殿を、後者は開いた本を基にして、記号化される。本学博物館の開館時期に合わせたかのように。

●――『大谷大学広報』一五六、二〇〇四年一月

世界人、大拙の英文の墨跡

大谷大学博物館は、今年度の特別展として鈴木大拙没後四〇年記念展「大拙　その人と学問」を開催している。本名の貞太郎より居士号の大拙で知られる鈴木は、一八七〇年に金沢で生まれ、鎌倉での参禅期と一二年にもわたる米英での長期滞在を経て、大乗仏教を世界に発信した仏教学者である。

大拙は大谷大学には一九二一年に、学習院大学教授の職を辞して、ビアトリス夫人とともに赴任し、九〇歳まで四〇年間にわたって教授をつとめた。当時の二代学長南条文雄は、漢訳大蔵経の目録を欧米人にわかるように英文で解説した、いわゆるNanjio Catalogueを一八八三年にオックスフォードで出版した世界的な仏教学者で、日本で最初の文学博士である。破格の待遇で本学に迎えられた大拙は、着任の翌月に英文仏教雑誌『イースタン・ブディスト』を創刊し、毎号のように英文による文章を執筆した。一九六六年七月一二日に東京の聖路加《せいろか》国際病院で没した。四〇年前のことである。

私が大拙の名を初めて知ったのは高校生の頃である。英語の授業が話題になったとき、一九二三年に大谷大学の予科に入学した父が、二人のすばらしい先生から英語を習ったのを自慢した。一人は矢野峰人で、スティーヴンソンの小説『宝島』を習ったこと、もう一人が大拙で、夫人がアメリカ人である英語の達人で、夢も英語でみられたそうだ、というのを聞き、感心したことを思い出す。

久松真一・山口益・古田紹欽編『鈴木大拙——人と思想』（岩波書店、一九七一年）に所収の矢野の思い出によると、大拙と同日付けで大谷大学教授になった矢野は、台北帝国大学の新設に参画して赴任し、二〇年後に敗戦によって京都に引き揚げて、同志社大学の教授となり、昔の縁故で本学には非常勤講師として英語を教えた。矢野は同志社の韓国人学生から、出資者があるので国際間の思想交流を目的とする雑誌を出したいので、大拙と一緒に顧問となってほしい、と頼まれる。

左より、次女の美和子、長女の百合子、孫の朋記・萌音、妻の冨美子、著者。
2005年、大谷大学博物館特別展観覧後、尋源館前にて

矢野の話を聞いた大拙は大変な乗り気で「名は『世界人』としよう」という。タイトルを英語で何とするか、The Citizen of the World はどうも長すぎるのではと矢野がいうと、大拙は「World-Citizen としたらよかろう」と答え、「そんな英語がありますか」と念を押されても、「なに、なければ造ったらよいのだ、それでいこう」となり、雑誌『世界人』は一九四八年二月に創刊された。創刊の辞は矢野が書き、大拙が巻頭論文を執筆した。「世界人」World-Citizen の名こそ、いかにも大拙自身にふさわしい、といえよう。

古田紹欽編『鈴木大拙遺墨』（読売新聞社、一九七三年）をひもといても、大拙の墨跡は、個性ゆたかな漢字・漢文なので、時のたつのを忘れる。漢文ばかりでなく、時に毛筆で書かれた英文も、文意を考えさせ、私は好きである。「To do good is my religion. The world is my home（善をなすのがわたしの宗教である。世界はわたしの家である）」など、世界人―大拙の

面目躍如である。

私が大拙の講演を聴いたのは、一九六一年の親鸞聖人七〇〇回御遠忌の記念行事のひとつとして京都会館で開かれた講演会の一度だけであるが、その際に九〇歳の大拙の介添えをしたのが、秘書の岡村美穂子さんであった。今回の本学の巡回展では、岡村さん所蔵の遺品を図書館入口脇に陳列しているが、真っ先に「O wonderful, wonderful, and most wonderful wonderful! and yet again wonderful ......」と墨筆で書かれた軸装が掛けられている。この文章はシェイクスピア『お気に召すまま』の第三幕第二場のセリフである。この句は晩年の大拙が東洋的なるものの真髄をあらわしているとした漢字「妙」にあたるそうだ。漢字で揮毫された「玅用」の扁額も同時に展示されている。

博物館には、大拙と出会った年のビアトリスからの手書きのラブレターが封筒とともに陳列されている。「Dearest dearest Tei（最愛なる最愛なる貞さま）」で始まる。ちなみに貞太郎は、太郎とあるので長男と思われがちだが、実は『易経』冒頭の、「元亨利貞」にもとづいて命名され、長男は元太郎、貞太郎は四男であった。

大拙の最後のことばは、「No nothing. Thank you.」だったそうである。Thank youを添え忘れなかったことこそ、英語で夢をみたという大拙のイメージに合致する。

●──『大谷大学広報』一六九、二〇〇六年一一月

主上臣下、法に背き義に違し〈私と親鸞〉

大谷派の末寺の次男に生まれた私にとって、おそらくは多くの寺族の方々と同じように、〈私と親鸞〉というのは、悩ましいテーマである。幼い頃に暗唱した「帰命無量寿如来……」が「正信偈」とよばれ、〈御開山〉のお書きになったものと知ってからも、それが親鸞の主著『教行信証』の一部であると教えられたのは、何年も後のことであった。しかも『教行信証』をひもとき、前後の文脈のなかで「正信偈」の位置を確認したのは、さらにずっと後であった。ただ自坊の報恩講の初日逮夜《たいや》の終わりに、住職の父が拝読した『御伝鈔』の冒頭で、「本願寺の聖人　親鸞　伝絵の上」と朗々と読み上げた〈親鸞〉という文言が、その声音とともに、懐かしく鮮やかに蘇るばかりである。

大学で東洋史学を専攻した私は、卒業論文の題目として唐代の浄土教史を選択しようと考えていたが、宮崎市定先生の助言をうけて、仏教史は将来の課題として残し、唐宋変革期における財政諸使の成立過程を追究した。昭和三五（一九六〇）年の春に大学院生となり、京大人文科学研究所で、藤枝晃先生が主宰された、敦煌将来の仏典写本の研究会と、塚本善隆先生が主宰された、中国中世の儒仏道の三教交渉史に関する文献を会読する研究会に参加し、仏教漢文読解力の涵養《かんよう》につとめ、将来にそなえたのである。

昭和三六年の四月、親鸞聖人七〇〇回大遠忌の法要が本山で行なわれた際には、父が大阪教務所長・難波別院輪番として進めていた、南御堂の再建落慶法要を目前に控えていたので、周辺は何かと華やいでいた。私個人の思い出としては、京都会館で開かれた鈴木大拙・曽我量深・金子大栄の三師による、親鸞讃仰《さんぎょう》の熱気に満ち溢れた大講演会を傍聴しえたこともさりながら、坂東本『教行信証』の帙入り六巻本の複製が、赤松俊秀先生の解説本をともなって出版され、本山から下付されたのを拝読して、親鸞の筆遣いと推敲の跡を目の当たりにしえたことであった。そして、何よりも七〇〇回忌に間に合わせるべく執筆された赤松先生の『親鸞』（人物叢書、吉川弘文館）が私の座右の書となっていることである。

赤松『親鸞』の中で私が最も示唆を受けたのは、〈承元の法難〉前後の史実を詳しく論じた、「五　専修念仏の停止と流罪」の章であった。先生は坂東本『教行信証』後序、有名な「主上臣下、法に背き義に違《い》し、忿を成し怨を結ぶ」を含む部分を写真版として掲げつつ、専修念仏を禁止し、法然や親鸞を遠流に処したのは、後鳥羽上皇以下の君臣である、と特筆し、「後鳥羽上皇がこのような非難を受けるのは当然である。親鸞はこの事件で権力者の気ままを身にしみて知った」と述べていた。二〇年後になって、私が隋唐の国家と仏教についての諸論考を発表し、また平凡社『世界大百科事典』と『岩波仏教辞典』で、「三武一宗の法難」「法難」の項目を担当するにいたる下地は、この時期に培われたようである。

『教行信証』の「主上臣下、法に背き義に違し、云々」は、『御伝鈔』下の冒頭、第一段に引用されている。第二次大戦の前夜に興教書院から出版された『真宗聖教全書』の「二　宗祖部」に『教行信証』が、「三　列祖部」に『御伝鈔』が収録されたが、両書ともに「主上」の二字を削除して空白にしている。当時の国家権力による出版界への弾圧、発禁本の続出に鑑みれば、止むを得なかったのかもしれない。しかし、昭和四一年刊の『親鸞聖人著作用語索引 教行信証の部』が、『真宗聖教全書』を底本としたため、〈主上〉の項はなく、〈臣下〉の項の用例欄に「〈臣下〉法に背き義に違し、忿を成し怨を結ぶ」とする点は、看過できない。専修念仏を禁止したのが後鳥羽上皇であった史実が、抹殺されている。親鸞いませば、呆れられ嘆かれるに違いない。ちなみに、興教書院から大八木興文堂に引き継がれた『真宗聖教全書』では、両書ともに〈主上〉の二字を復元している。

●――『大谷大学通信』五七、二〇〇三年七月

左より、著者、兄の恵真、妹の昌子。2010年、東大阪市・究竟寺にて

父の恵水と母の綾子。1986年、難波別院（南御堂）にて

大谷瑩誠と神田喜一郎と

大谷大学図書館所蔵の資料と私の研究との関係について一文を草するようにとのこと。両晋から隋唐五代に至る中国の政治社会史と宗教史の分野で研究を続けるとともに、近年は、我が国における明治以降の東洋学の成立と発展の過程にすこぶる関心をもって論稿を発表してきた私にとって、本学所蔵資料の中では、大谷瑩誠《えいじょう》（一八七八〜一九四八年）旧蔵にかかる蔵書・中国古印・古硯のコレクションである「禿庵《とくあん》文庫」とりわけ「宋拓墨宝二種」と、神田喜一郎（一八九七〜一九八四年）旧蔵の和漢洋にわたる善本「神田鬯盦《ちょうあん》博士寄贈図書」いわゆる「神田コレクション」とがとりわけ有り難い。

二〇代後半から五〇代半ばにいたる、前後二五年間にわたって私が勤務した京都大学人文科学研究所は、こと漢籍に関しては日本有数の蔵書を誇り、それぞれ上下二巨冊からなる同研究所の『漢籍分類目録』と『漢籍目録』とは、中国学に従事する研究者や学生にとって、きわめて有益な工具書として知られる。しかしながら同研究所蔵の貴重書善本の目録あるいは図録は発行されていない。その蒐書方針が、前身の東方文化学院京都研究所の創立当初から、学問的実証的研究に必要有益な書物をできるかぎり完備し、古板本や稀覯本はむしろ二の次にするという方向で一貫してきたために、そもそも貴重書や善本に該当する漢籍は少ないからである。

ところが大谷大学図書館には、有縁の方々によって次々と寄贈されたコレクションも多く、目映いばかりの厖大な貴重書や善本が収蔵されていて、幾種類もの貴重書善本図録が編集刊行されてきた。たとえば、親鸞聖人の七〇〇回御遠忌記念事業の一つとして、図書館の建物（最近改装して〈至誠館〉と命名された旧図書館）が新築された際の竣工式の日、あたかも大谷大学の近代化六〇周年記念日たる一九六一（昭和三六）年一〇月一三日に刊行された『大谷大学図書館善本聚英』や、蓮如上人の五〇〇回御遠忌に合わせて一九九八（平成一〇）年春に出版された、『大谷大学図書館所蔵貴重書善本図録――仏書篇』を挙げうる。

本学に私が赴任してから早くも二年、教室での講義や演習には、一八世紀前半の京都の地で上梓された、近衛《このえ》家熙《いえひろ》考訂本『大唐六典』全三〇巻と伊藤東涯《とうがい》撰『制度通』全一三巻を取り上げるとともに、拓本の写真を活用しつつ、唐代の宗教石刻史料を精読してきた。そして学外の学術誌などに、かなりの論著を編集し執筆してきたのである。

二〇〇二（平成一四）年中に公刊した文章を月を追って挙げていくと、一月に「魏徴撰の李密墓誌銘」（『東方学』一〇三）、三月に随想「内藤湖南の欧州紀行」（内藤湖南顕彰会編『湖南』二二）、五月には『京大東洋学の百年』（京都大学学術出版会）を藤井譲治と共編して、「内藤湖南」と「宮崎市定の生涯」の両章を担当し、九月には「中国の天神・雷神と日本の天神信仰」（『日本歴史』六五二）を執筆するとともに、私家版『平岡武夫遺文集』（中央公論事業出版制作）を編集し、一二月に「羅・王の東渡と敦煌学の創始」（高田時雄編『草創期の敦煌学』知泉書館）を出した。また口頭発表としては、一一月二三日に史跡足利学校で釈奠《せきてん》記念講演を引き受け、「唐代の釈奠」と銘打つ講演を行なった（足利市教育委員会より、『平成十四年度足利学校　釈奠記念講演筆記』の題で、三月に発行)。これらの執筆や講演の準備段階で、内藤湖南(一八六六～一九三四年)に近しかった、大谷と神田の旧蔵コレクションにも関心を寄せたのである。

大谷瑩誠は、一九四四(昭和一九)年より戦後の一九四八(昭和二三)年にいたる激動期に本学学長を勤めた方で、東本願寺の連枝であった。その一七回忌の法要が一九六四年春に大学の講堂で営まれた際、「大谷瑩誠先生と東洋学」と題する記念講演をしたのが神田喜一郎で、講演録が増訂版『敦煌学五十年』(筑摩叢書、一九七〇年)に収録されている(当然のことに、一九六〇年初版の二玄社版には未収録)。

神田は、夙《はや》くから大谷の懇情にあずかったのは、恩師であった内藤湖南、狩野君山が大谷と懇意であったからである、として話を進める。そして明治末から大正初にかけては、中国の学問が京都で非常な勢をもって勃興してきた時代であった。辛亥革命がおこり、その大動乱を避けて、中国から羅振玉と王国維という偉い学者が京都へ移住したが、内藤と狩野は、もともとこの二人の学者とは旧知の間柄でもあり、互いに提携して新しい中国の学問を提唱した。その新しい学問の一つに、敦煌学というものがある、と述べたのち、

大谷先生は、この敦煌学によほど御興味をお持ちになったのでありましょう。今日、この大谷大学に御寄贈になって「禿庵文庫」の名のもとに保存せられております先生の御遺書を拝見いたしますと、この敦煌学関係の書物が非常に多いのであります。ことに、敦煌学のおこりました初期の書物は、殆ごみな備っているように存じます。

と感心している。

神田は、羅振玉や王国維、また内藤湖南がとくに力を注いだ学問に金石学というのがあり、大谷が

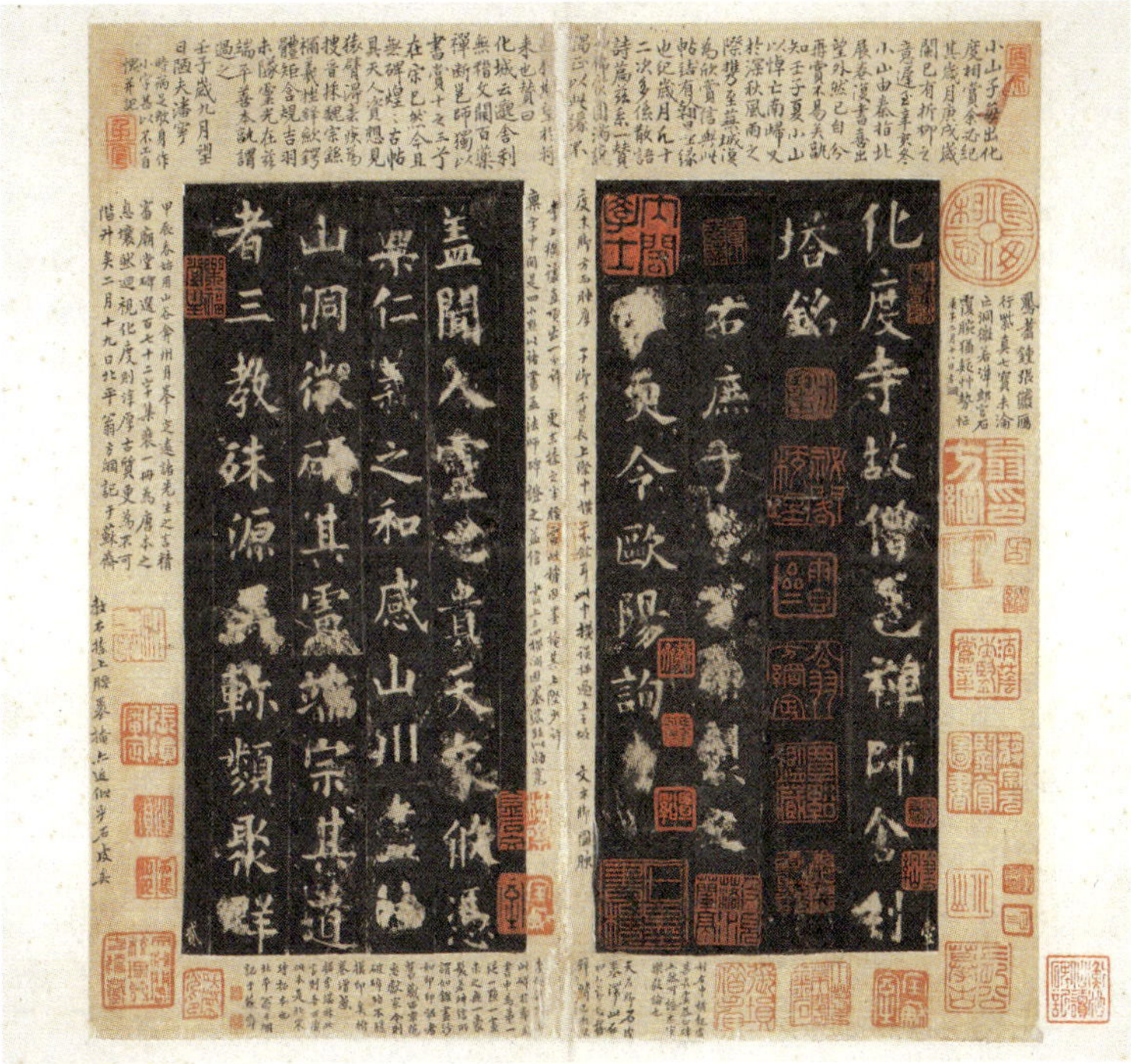

宋拓「化度寺故僧邕禅師舍利塔銘」(原碑7世紀、大谷大学博物館蔵)

この学問にもよほどご興味を感じたと見え、「禿庵文庫」の中には、この金石学に関する書物が際立って多いことに注目している。中国の金石学は、西洋のエピグラフィ、つまり碑銘学のことであるが、エピグラフィとは少しちがう点があり、金石に書かれている銘文の内容は勿論のこと、銘文の文字そのものを美術的な見地からも研究する、つまり書道の学問にまで発展するのであって、大谷は金石学の中でも、とくにこの方面にだんだん深く研究を進めたようである、と神田は指摘したのち、

今日、先生の御遺書の中には、中国の書道史の上で昔から有名な唐の欧陽詢《おうようじゅん》の「化度寺《けどじ》塔銘」とか、また唐代に王羲之《おうぎし》の字を集めて刻した「大唐三蔵聖教《しょうぎょう》序」の古い拓

本があります。これらは、いずれも宋時代に拓せられたもので、中国でも珍しいものでありますが、そのほかにもう一つ、唐の薛稷《せっしょく》という書家の書きました「信行《しんぎょう》禅師碑」の宋拓本があります。これは、今日まったく他に存在せない天下唯一の拓本でありますのみならず、その信行禅師というのは隋の時代に三階教《さんがいきょう》と申します一宗を開いた人で、中国の仏教史の資料としても貴重な価値をもっているものであります。

と、実に見事な紹介をしている。

大谷瑩誠はこのような国宝的な価値をもった拓本のみならず、厖大な中国の古印を蒐集した。これは中国の古印のコレクションとして、世界有数のもので、その中心となっているのは羅振玉が日本に携えてきたもの。古印の中にはいろんな当時の官職の名前を刻した官印がたくさんあり、官制の研究など、学問上の資料として活用するようになったが、その権威が羅振玉なのであった。

「禿庵文庫」の遺贈をうけた本学は、それら書籍や文物の中から、貴重な善本や優品を選んで、『中国古印図録』『宋拓墨宝二種』や『禿庵文庫本　選択本願念仏集』『中国古硯図録』といった豪華な解説付きの図録を次々と世に問うてきた。なかでも一九六七（昭和四二）年刊の『宋拓墨宝二種』は、私の上司であった平岡武夫が『大谷学報』で書評し、

これはもっとも入念の書物である。収めるものは宋拓の二碑。信行禅師興教碑はこれ一つが残る天下の孤本であり、化度寺舎利塔碑は唐楷最上の神品である。印刷は、最高のできばえである。用紙もインクも実に効果をあげている。九百年昔の格調と墨光が、機械印刷でここまで再現できるとは思い及ばなかった。

という絶賛の言葉で書きおこし、

この墨宝を護持された禿庵上人にわたくしは心から敬意を表する。そしてこのすぐれた複製をされた大谷大学に感謝を惜しまない。ただし実のところ、この書物はわたくしたちには入手困難である。望ましいことは、大谷大学にだけ犠牲を負わせることなしに、この種類の書物を、もっと容易に、それを求めるものに分かつことができる体制が樹立されることである。

という文章で締めくくっている。コロタイプ多色刷とはいえ、本書の頒価は二万三〇〇〇円。平岡教授でさえ此の如し。月給が三万数千円であった助手の私にはもちろん高嶺の花。三五年の歳月を閲し、本学図書館に残部があるのを知って、元の頒価で購入し、永年の渇を癒したことである。

神田喜一郎の遺贈にかかる「神田鬯盦博士寄贈図書」については、一九八八（昭和六三）年秋に『善本書影』と『目録』が同時に刊行された。『善本書影』の編集に際しては、依頼されて私も洋書二冊の解説を執筆した。ニュウホフ『東インド会社派遣中国使節紀行』と、キルヒャー『中国図説』で、ともにラテン語版だったので、フランス語版を参照しつつ苦労して執筆したのを懐かしく思い出す。

そののち一九九四（平成六）年一〇月には、新たに図書館からカラー図版を満載した特別展観図録『神田コレクションの世界』が刊行された。今回、足利学校で「唐代の釈奠」講演を行うに当たり、徳川家康が一六〇〇（慶長五）年に足利学校庠主《しょうしゅ》であった圓光寺の閑室元佶《かんしつげんきつ》に開版させた木活字印本、いわゆる伏見版『貞観政要《じょうがんせいよう》』の神田本の現物を閲覧させていただいた。

『貴重書善本図録――仏書篇』と対になる、仏書以外の図録を鶴首して擱筆しよう。

●――『書香』二〇、二〇〇三年二月

北京版西蔵大蔵経の請来

『北京版西蔵大蔵経』第258筴（18世紀、大谷大学博物館蔵）

寺本婉雅《てらもとえんが》（一八七二〜一九四〇年）が本学に寄贈した清朝の〈勅版〉『北京版西蔵《チベット》大蔵経』は、その影印版の刊行が、チベット研究の発展に大きく貢献したとして、世界の東洋学界で極めて有名である。

大蔵経の開板は、漢文であれ、チベット文であれ、あまたの経論の翻訳事業、写本の集大成、分類目録の編纂といった過程を要するので、永い歳月を経過したのちに、ようやく実現されるものである。

経・律・論の三蔵からなる漢文大蔵経の場合、漢訳事業は二世紀後半から始まり、目録の編纂は四世紀末に道安によって開始され、唐の開元一八（七三〇）年の智昇《ちしょう》撰『開元釈教録《かいげんしゃっきょうろく》』に至って、大蔵経に編入すべき仏典の総数が五〇四八巻と確定した。ただし当時、木版印刷の技術は発明されておらず、大蔵経の最初の開板は、北宋の太祖の開宝年間から蜀で雕造《ちゅうぞう》され、みやこ開封の宮中に造られた印経院で印刷された勅版で、開宝蔵と称される。宋による正法流布の功徳事業だったので、西夏・高麗・日本などの近隣諸国に贈与された。

漢文大蔵経は、南宋の思渓《しけい》蔵・磧砂《せきしゃ》蔵、元の普寧《ふねい》蔵、明の万暦《ばんれき》版方冊蔵経などが開板されたが、いずれも勅版ではなかった。勅版としては、国都を南京から北京に移した明の永楽帝による大明北蔵と、清の雍正帝によって始められ、乾隆三（一七三九）年末に完成した、精密に校訂された大清龍蔵七九三八巻がある。

チベット大蔵経の編集と開板については、御牧克己「チベット語仏典概観」（『チベットの言語と文化』冬樹社、一九八七年）と今枝由郎「チベット大蔵経の編集と開版」（岩波講座〈東洋思想〉第一一巻『チベット仏教』一九八九年）およびツルティム・ケサン（白館戒雲）「チベット大蔵経とその影響」（成田山新勝寺『法談』四七、二〇〇二年）が詳しい。

チベットでは、仏教の前期伝播期とされる吐蕃《とばん》の時代、八世紀に仏典のチベット語への訳経が国家的事業として始まり、仏典目録は『デンカルマ目録』が最初である。九世紀半ばに、吐蕃が分裂・崩壊するに伴って、仏教も衰退したが、後期伝播期である一〇世紀後半からは、仏典翻訳事業がつづき、その集大成として、一四世紀初に、現存チベット大蔵経の原型、『旧ナルタン大蔵経』が成立する。

チベット大蔵経は、経・律・論の三蔵からなる分類ではなく、カンギュル（甘殊爾。仏説の翻訳）と、テンギュル（丹殊爾。注釈書の翻訳）という、二部に分類された。漢文の『大正新脩大蔵経』と比べると、カンギュルは第一巻から第二四巻までの経と律に該当し、テンギュルは第二五巻から第三二巻までの論に該当する。すべてがインド撰述部で、第三三巻以下の論書や注釈は蔵外文献である。ナルタン寺で編集・分類された『旧ナルタン大蔵経』につづいて、シャル寺でプトンは目録を完備させた。これらの大蔵経や目録はすべて写本であった。木版印刷本はチベット本土ではなく、北京の地で、明の永楽帝による永楽八（一四一〇）年開板のカンギュルが最初であり、テンギュルについても清の雍正帝による雍正二（一七二四）年開板のが最初で、いずれも〈勅版〉であった。

　元朝の成祖フビライは、至元二二（一二八五）年に慶吉祥等に詔して、「西蕃大教目録を以て、東土経蔵と対勘し」、すなわち西蔵文大蔵経と漢文大蔵経とを勘同した上で、『至元法宝勘同総録』一〇巻を編纂させた。

　中国社会科学院民族研究所の蔵族史研究組組長の黄顥は、『在北京的蔵族文物』（民族出版社、一九九三年）の「二十五、《至元法宝勘同総録》と北京版蔵文大蔵経」で、つぎのように指摘する。『至元法宝勘同総録』は、詔を奉じて元のみやこ大都で、漢人・チベット人・ウイグル人などの多民族の僧人が協同して勘同し完成させたもので、六名のチベット族が参加した。この勘同こそ、元の天子の詔勅をうけて実施された漢文と西蔵文との二種の文字による大蔵経の経目を確定するための国際学術会議だったのである、と。

　ラマ僧が大活躍した元代の北京で、西蔵大蔵経の経目は検討されたが、開板にまでは至らなかった。この時点では、チベットにおいても『旧ナルタン大蔵経』は出来ておらず、勘同に用いられた西蔵大蔵経がいかなる系統のものであったかは、確認できない。この勘同総録は、『大正新脩大蔵経』では第五五巻の目録部に未収録で、別巻『昭和法宝総目録』の第二巻に収録されている。

　西蔵大蔵経が、チベットではなく、明清の北京で最初に開板されたのは、チベットでは写本を重要視する伝統があったことと、モンゴル王朝の元のみならず、明清の宮室と政府が、信仰と統治策の両面でチベット仏教を極めて重視した結果である。明清の宮室がいかに蔵伝仏教に傾倒したかについては、佐藤長《ひさし》「明廷におけるラマ教崇拝について」（『鷹陵史学』八、一九八二年）と故宮博物院主編『清宮蔵伝仏教文物』（紫禁城出版社・両木出版社、一九九二年）が詳しい。

つぎに本学所蔵の『北京版西蔵大蔵経』が寺本婉雅によって請来された経緯について述べよう。寺本が、明治三三（一九〇〇）年、義和団事変に陸軍通訳として従軍し、事変の余燼くすぶる北京北郊、安定門外の黄寺と資福院に詣で、義和団に掠奪破壊された上、酒色と財宝のほかは全く関心のない欧米の兵士によって放置されていた〈西蔵大蔵経〉二揃いを発見し、昵懇になっていた清の慶親王の好意で購入（実は清朝皇室への功労の恩賞として受贈）、山口素臣師団長の協力をえて日本に輸送した詳細は、横地祥原が編集した寺本『蔵蒙旅日記』（芙蓉書房、一九七四年）によって、初めて明らかになった。横地は、付録に寺本「西蔵一切経総目録序」を収録するとともに、〈跋〉の中に未定稿の「西蔵大蔵経将来の顚末」を抄出している。

江本嘉伸『能海寛《のうみゆたか》　チベットに消えた旅人』（求龍堂、一九九九年）の「第十三章　義和団事件とチベット大蔵経」や、奥山直司『評伝　河口慧海』（中央公論新社、二〇〇三年）も、『蔵蒙旅日記』を大いに活用している。

江本を代表とする日本人チベット行一〇〇年記念フォーラム実行委員会編『チベットと日本の百年』（新宿書房、二〇〇三年）の中で、明治のあの時期にどうしてチベットに急に仏教者たちが動いたのか、その辺りの背景が何だったのか、と質問する江本に対して、山口瑞鳳《ずいほう》は「あの時期にみんな忽然として行くようになった一番大きな影響力というのは、東本願寺の小栗栖香頂《おぐるすこうちょう》が書いた『喇嘛《ラマ》教沿革』という本ですね」（六一頁）と答えている。

小栗栖香頂（一八三一～一九〇五年）は、豊後・妙正寺の住職で、明治の初年に北海道開拓を建白、また中国布教の先陣をきった人物で、北京では雍和宮《ようわきゅう》のラマ、トンコル・フトクトに学び、明治一〇（一八七七）年に出版した『喇嘛教沿革』こそ、日本最初のチベット学の著作と目される労作である。刊本は京都の鳩居堂で印刷され、序文は同志の石川舜台《しゅんたい》（一八四二～一九三一年）が書いている。大谷派の僧侶の能海寛と寺本が中国経由でチベット入りを計画したのは、単なる偶然ではなかったのである。

寺本は能海と二人でチベット東部の巴塘《はとう》（バタン）に滞在すること五〇日、西行を阻まれて、一八九九（明治三二。光緒二五）年一〇月一日に退却し、再挙を期す能海と打箭炉《だせんろ》で別れ、重慶で越年し、翌年四月に神戸に帰着する。時あたかも中国では、義和団運動が拡大して、北京の公使館区域を包囲する事態になり、八月中旬に日本を含む八カ国連合軍が北京を占領、義和団は壊滅し、光緒帝は西太后とともに西安に蒙塵《もうじん》する破目になる。帰国して間もない愛知出身の寺本は、東本願寺の推挙で広島第五師団の通訳官として従軍することになり、出発。進駐軍の通訳僧として雍和宮のラマ僧たちに信頼され、また清の皇室に出入りし、醇親王をはじめ慶親王らと親交を深め、西太后の持仏堂の勤行にラマ大衆とともに出入して宮中の枢機の宦官等と往来し、また光緒帝と西太后を北京に還御させるために西安に至るといった、八面六臂の活躍をしたのである。

寺本婉雅の厳父が調整した「西藏探見往来文軸」の抄録が『藏蒙旅日記』に附録され、その中の「五師団司令部証明書」には、

右ハ通訳服務ノ余暇　東本願寺ヨリ　西藏経典研究ノ依托有之候者ニ付西藏経典ノ目録調整ノ為メ便宜ヲ与ヘラレ度候也

追而本人ハ軍隊精神教育ニ関スル法話ハ各隊ノ請求ニ応ズル筈ニ付申添候

明治三十三年九月十七日

第五師団　司令部　印

とある。寺本は「西蔵一切経総目録序」などにおいて、この証明書のおかげで西蔵語研究の自由特典を得、その因縁によって拝領した無上大宝の聖典を輸送できた、と特筆する。

寺本が黄寺で入手した西蔵大蔵経は、永楽版の甘殊爾部を万暦帝のときに覆刻したもので、日本の皇室に献上された後、東京帝国大学図書館に保管されたが、残念なことに関東大震災で焼失したそうである。

真宗大学（今の大谷大学）図書館に寄附した西蔵大蔵経は、資福院より入手した方で、甘殊爾部一〇六筴、このほかに甘殊爾部の目録、蔵文と漢文の一筴であって、丹殊爾部は二五二筴（宗喀巴全集二〇筴と章嘉全集七筴を含む）。その他、西蔵語蒙古語を雕刻した方形あるいは円形の版木二〇枚等を寄付した。その甘殊爾部は、康熙帝の康熙二三（一六八四）年八月二三日付の「御製番蔵経序」をもち、三一年に完成した勅版を、康熙五六（一七一七）年から五九年にかけて覆刻したもの。丹殊爾部は雍正帝の雍正二（一七二四）年閏四月二四日付の「御製続番蔵経序」をもつ勅版で、従来の丹殊爾部のほかにツォンカパの百千法語集とチャンキャの百千法語集とを増補編入して、仏寺に集大成し、顕密遺漏なからしめんとする。ナルタン版とデルゲ版には、この増補はない。一面八行で、朱字で印刷され、装訂も豪華・美麗である。

資福院は、『宸垣識略《しんえんしきりゃく》』に康熙六〇年に康熙帝の万寿を祝福して建てられ、帝によって命名された、と記されていた。『在北京的蔵族文物』の「三十二、清浄化城塔と資福院」によると、蒙古のラマ僧が駐錫する蔵伝仏教寺院で、北京北郊の徳勝門外の黄寺大街にある西黄寺の西側にあり、黄教布教の拠点として建立され、今は某軍事機関の駐地である。

寺本は、西蔵大蔵経の発見から入手までの間に、清国慰問使として来た連枝大谷瑩相、南条文雄、法宝物係の白尾義夫に、全蔵を実見してもらっている。大蔵経入手後に木材を調達し、工匠を督して経箱を造り、軍の輸送船に託して日本に送付した。郷里にはこれだけ厖大な聖典を保存する書庫がなく、本人は再度入蔵の目的があったので、帰朝するまで浅草別院の大草《おおくさ》慧実《えじつ》輪番に保管を依頼した。大草が東京巣鴨に開校なったばかりの、真宗大学図書館長の月見覚了に交渉して、同図書館に保管され、寺本の帰朝後に寄贈される。

昭和三〇（一九五五）年から三六年にかけて、鈴木大拙発願の『影印北京版西蔵大蔵経』全一六八巻が近代的書物の体裁で無事に刊行され、海外にも需要を充たした。この大事業の監修者の代表は、寺本にチベット語を学んだ山口益《すすむ》（一八九五～一九七六年）で、本学の学長であった。

『蔵蒙旅日記』の序文で、山口は次のように記す。日本の学界で西蔵語が初めて学科目に加えられたのは、大正四（一九二九）年で、京都では大谷大学と京都大学文学部とであった。そして両大学における西蔵語の講義は寺本によって開講され、寺本を教壇に迎えたのは南条文雄と榊亮三郎とであった。京都における西蔵語学は寺本請来の『北京版西蔵大蔵経』によって培われた。寺本後半生の苦労は、若い学徒にその厖大な西蔵大蔵経研究の関心を惹き起こさせることに費やされた、と。

●――『書香』二一一、二〇〇三年一一月

趙樸初の墨跡

昨夏、編集に参画していた『中国の歴史』全一二巻（講談社）の最終巻の第六章「日本にとって中国とは何か」を書きおえた。その際に私は江戸時代以前では日本と中国との仏教交流にかなりのスペースを割いたが、「親愛と嫌悪ないまぜの国」と題した昭和中期以後の節では日中仏教交流に全く触れなかった。

この時期については、額賀《ぬかが》章友『日中仏教交流　戦後五十年史』（里文出版、二〇〇三年）が有益で、第一章「友好と平和を求めて（1952年―1966年）」、第二章「試練を越えて（1967年―1977年）」、第三章「友好交流、年々発展へ（1978年―1986年）」、第四章「黄金の絆をめざして（1987年―2002年）」からなる。特筆されたのは、一九七八年四月一〇日から三週間、中国仏教協会訪日友好代表団が来日して、関東と関西の各宗派を訪問した影響であった。団長は趙樸初《ちょうぼくしょ》（一九〇七年一一月二一日～二〇〇〇年五月二一日）、塚本善隆が関西歓迎委員会の顧問、道端良秀《みちばたりょうしゅう》が委員長で、私も委員のなかに加わった。

古稀のお歳の趙樸初は、中国きっての能書家としても有名で、その墨跡は日本でも唐招提寺の開基鑑真の墓所の石刻や、横浜中華街と神戸南京街の門標にその片鱗が見られる。その趙が私の希望する文言を色紙に揮毫してくださるという有り難いお話。さっそく親鸞『正信偈』の一句「大悲無倦常照我」をお願いした。『高僧和讃』の「大悲ものうきことなくて、つねにわが身をてらすなり」にあたる。為書きの後に「属」の字を添えられたのは、礪波の懇嘱《こんしょく》に応じたの意味である。代表団の帰国後、日

大悲無倦常照我
（大悲ものうきことなく、常に我を照らす）

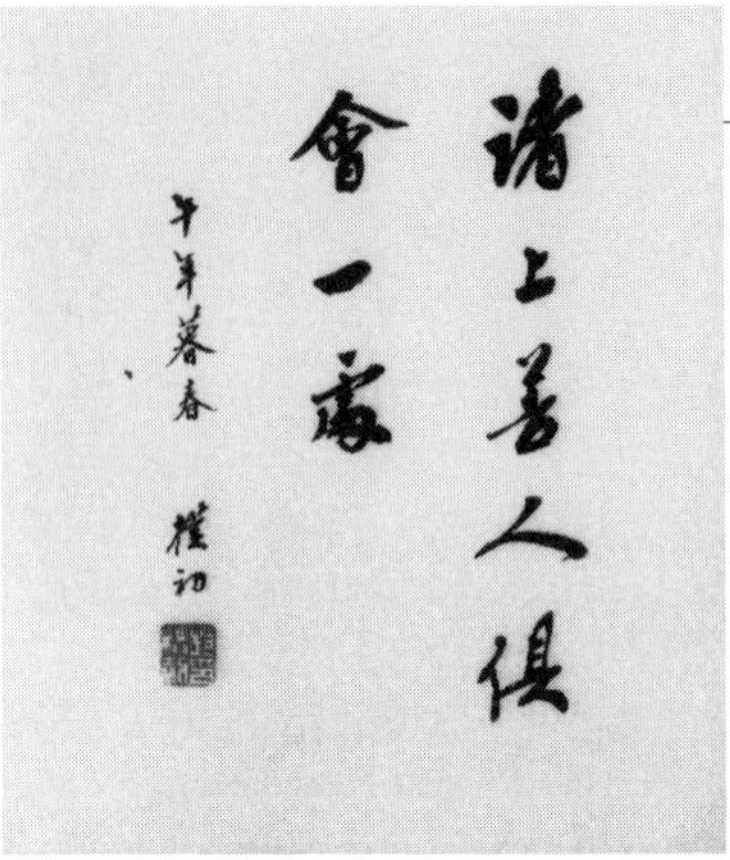

諸上善人、倶會一處
（もろもろの上善人、ともに一処に会す）

中友好仏教協会『日中仏教』第一〇号〈歓迎記念報告特集〉に私は「仏教的友誼」と題する一文を寄稿し、同号に掲載されていた趙揮毫の色紙を、お礼がわりに頂戴した。『阿弥陀経』の一節「諸上善人、倶會一處」である。もし趙樸初の墨跡展が企画されるなら、出品するのは整った墨跡の後者であろうが、愛着があるのは前者である。

中国仏教協会の機関誌『法音』が趙樸初の主唱で一九八一年一月に創刊され、すでに二五〇号を超えた。目次に、仏滅に始まる紀年の仏暦も記載されている。仏暦二五五〇年である西暦二〇〇六年の正月から春まで、東京国立博物館と上海博物館で〈名筆、時空を超えて一堂に〉と銘打った「書の至宝――日本と中国」展が開かれることになった。本学から、唐・欧陽詢《おうようじゅん》が揮毫した楷書の神品、重要文化財「化度寺舎利塔銘」の宋拓が、東博展に出品される。貸し出しの当日、私は響流館《こうるかん》で博物館長として立ち会い、東博の学芸員の方が慎重に梱包されるのを目の当たりにして感動した。

●――『書香』二三、二〇〇六年三月

漢俳の最初

漢俳《かんぱい》とは日本の俳句の形式にならって中国で始められた新しい文学様式で、漢字で五・七・五文字からなり、季語をふくみ、各句末に韻をふむ。ある文学様式がいつ誰によって始められたかというのは確かめがたいものであるが、漢俳のばあいは一九八〇年四月二一日に、趙樸初によって北京で始められたのである。

日中仏教交流に尽力した趙樸初は、二〇〇〇年五月に九二歳で逝去した。『趙樸初紀念文集』（開明出版社、二〇〇一年）には、国家宗教局長の葉小文の追悼文が掲載せられ、葉が一九九九年春に日本を訪問した際のエピソードを紹介している。葉が文部省を訪ね、俳人としても有名な有馬朗人《あきと》大臣と会見した時、車中でものしたばかりの漢俳「桜綻江戸川　法脈伝承両千年　仏縁一綫牽」を披露し、漢俳の創造者が趙であると説明した。そして一九八〇年に鑑真和尚像が中国に里帰りした機会の宴会の席上で趙が書いた漢俳を暗誦したそうだ。

『趙樸初韻文集』（上海古籍出版社、二〇〇三年）巻五に、唐招提寺の森本孝順長老に贈った「漢俳五首」が収められ、その原注に、東大寺の清水公照長老が近ごろ宴会の席で、揚州で作った俳句を朗唱され、通訳がその意味を口訳したので、俳句の格律に依って漢文に改め「遍地菜花黄　盲目聖人帰故郷　春意万年長」とした。漢文で俳句を写したのは私が最初なので「漢俳」と名付けた、と見える。

清水を団長とする訪中団に参加した、大安寺の河野清晃の日誌（『日中仏教』一五、一九八〇年）には、

清水公照の俳句(右)と趙樸初の漢俳(左)(著者蔵)

四月二一日に北京烤鴨店での歓迎宴で、清水が揚州で作った一句を披露すると、趙はすぐ矢立を取って返された、とその場の情景を活写していた。

二〇〇七年二月、東京銀座の松坂屋での古画幅即売会目録に、清水公照の俳句「菜の花や　目しひの聖人《ひじり》　里帰えり」に、趙が漢俳を添えた軸物のカラー写真を目にし、狂喜した。京都桂の美術商村山宅で、清水の没後に遺族から譲られた作品であることを確認し、購入した。まさに〈漢俳の最初〉を記念する合筆であり、私にとって無価の宝物である。

なお近年の『日中文化交流』には、漢俳に関する記事がしばしば現れる。二〇〇五年三月下旬に漢俳の誕生以来二五年を期して北京で開かれた全国的な漢俳学会成立大会に、現代俳句協会代表団が参加し、二〇〇七年四月に中国首相として七年ぶりに来日した温家宝は、経済五団体主催の昼食会で自作の漢俳を披露した。

●――『書香』二五、二〇〇八年三月

漢俳を揮毫する趙樸初　提供：原信之氏（日中文化交流協会）

親鸞聖人御命日講話。2007年4月、大谷大学講堂にて

唐代長安の景教碑と洛陽の景教経幢

◎――はじめに

二〇〇八年三月五日、響流館のメディアホールにおいて、私は「釋迢空《しゃくちょうくう》『死者の書』の周辺――景教碑の二つの模造石碑」と題する講演をし、唐代中国の長安に建立された大秦景教流行中国碑の原碑と二つの模造石碑について述べ、安藤礼二編『初稿・死者の書』（国書刊行会、二〇〇四年）所収の安藤による解説「光の曼荼羅」に言及した。その後、洛陽から新たに出土した景教経幢《きょうどう》に関する情報を満載した葛承雍主編『景教遺珍――洛陽新出唐代景教経幢研究』（文物出版社、二〇〇九年五月）が到来したので、さっそく二〇〇九年度後期の大学院の授業「中国中世の宗教文物」において詳しく吟味した。幸いなことに博物館の今年度の経費で、この景教経幢、すなわち『大秦景教宣元至本経及幢記』の拓本を購入できたので、新収蔵品の紹介を兼ねて、小論を綴っておく。

◎――釋迢空『死者の書』の周辺

かつて私が決定版『折口信夫全集』第一三巻（中央公論社、一九九六年）の月報に「『死者の書』と「身毒丸」と」と銘打って書いたように、折口信夫《おりくちしのぶ》（一八八七〜一九五三年）の作品の中で、学生時代からの愛読書は『死者の書』と、高安の長者と俊徳丸の伝説を題材とする短編の「身毒丸」の二篇であった。

なぜ「身毒丸」かと言えば、謡曲『弱法師《よろぼし》』のシテ俊徳丸にゆかりの、河内の俊徳道にごく近い地に私が生まれ育ったからである。一九七四年になって、中公文庫の『死者の書』が「極楽の東門に　向ふ難波の西の海　入り日の影も　舞ふとかや」に始まり、四天王寺にあった日想観往生という風習を取り上げた「山越しの阿弥陀像の画因」を付載して刊行されたので、折口が『死者の書』を執筆した詳しい背景を理解することができた。その機会に、改めて『死者の書』を読み返したところ、学生時代とは印象がまったく異なっているのに驚かされた。

二上山近くの岩窟の中で永い眠りから覚めた死者、大津皇子がモデルの滋賀津彦を主人公とする初めの数節には以前ほご感銘をうけなかったのに、春の彼岸の中日から一年がかりで、玄奘新訳の『称《しょう》讃浄土仏摂受経《さんじょうごぶつしょうじゅきょう》』一巻を千部手写する、藤原南家の郎女《いらつめ》が登場する第六節に読み進むや、不可思議な胸騒ぎを覚え、ぐいぐいと引き込まれた。写経の行為そのものに共感を覚えたのではなく、西暦七六〇年頃の我が国の首都奈良において、学問や芸術の味わいを知り始めた人士たちが、唐から渡ってくる書物を手に入れるために、せめて太宰府へだけはと、筑紫下りを念願したとする設定に感心したのである、と回想したのであった。

中公文庫版『死者の書』が活字を大きくして改版される際に、月報執筆が縁で意見を求められたので、「身毒丸」を加えることと、表紙カバーのエジプト王家の谷にある墓の壁画の模写を、夕焼けの二上山を撮った見事な入江泰吉《いりえたいきち》の写真「大津皇子の眠る二上山」に代えることを提案し、『死者の書・身毒丸』（一九九九年）として実現した。

月報を執筆して以降、折口『死者の書』に関する衝撃的な二冊の著書が現れた。すなわち富岡多恵

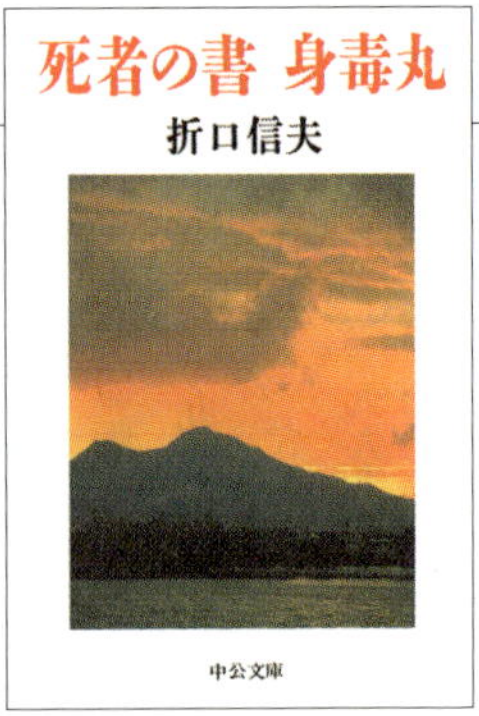

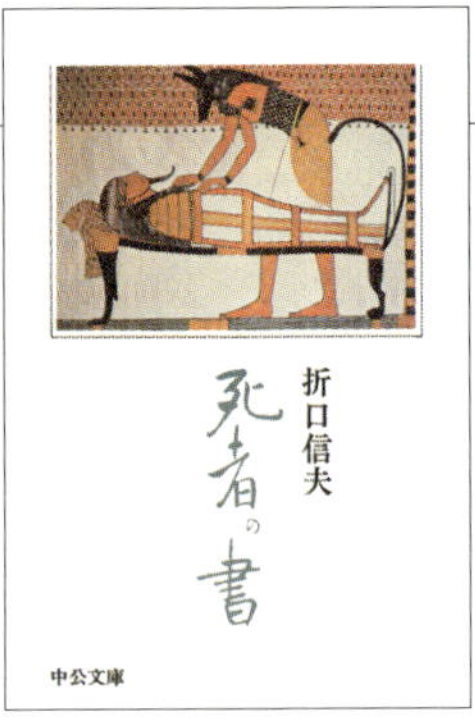

中公文庫の表紙カバー。旧版（左）と新版（右）

子『釋迢空ノート』（岩波書店、二〇〇〇年）と、前掲の安藤礼二編『初稿・死者の書』である。富岡は、折口と同じ「大阪びと」の土地勘を生かして、いくつもの新しい見解を提示した。まず折口の『釋迢空ノート』の「ノート1　法名」で、明治四四年九月二五日付の絵ハガキの差出人として「迢空沙弥」と署名していることに着目し、学者としての論文は折口信夫の本名によって書かれるのに対し、釋迢空は歌人（文学者）としての筆名（雅号）であると一般に理解されていることに疑問をいだいた。そして折口家の菩提寺である大阪木津の浄土真宗の願泉寺で営まれた折口の十三回忌に参列した岡野弘彦が、位牌の戒名（浄土真宗では法名という）が「釋迢空」となっていたと述べていることを傍証として、釋迢空は法名であると断定した。

富岡はまた、その法名を付けた坊さんこそ折口が「自撰年譜」に、一八歳で上京した際に同居した「新仏教家」の藤無染《ふじむせん》であろう、と推測している。藤無染（一八七八～一九〇九年）は、西本願寺の末寺の西宝寺に生まれたが、当時気鋭の仏教徒によって結成された「仏教清徒同志会」を母胎として発行された『新仏教』なる雑誌の主張に共鳴したのだろう、と述べているのである。

安藤礼二は、釋迢空の名義で三回にわたって『日本評論』に連載された『死者の書』を、当初の構成のままに復刻した『初稿・死者の書』の編集に際して、「死者の書・続篇」の（第一稿）・（第二稿）

や「口ぶえ」などを収録した。青磁社版（一九四三年）を始めとする単行本の『死者の書』は二〇節からなるが、初稿の『死者の書』の第一回「死者の書」四節は、単行本の第六・第七・第三・第四の各節の順になっている。すなわち、初稿では、私が中公文庫版の『死者の書』で再読した際に引き込まれた第六節から、始められていたことになる。この組み替えについては、決定版『折口信夫全集』第二七巻の巻末改題で、すでに指摘されていたが、見落としていた。

安藤は『初稿・死者の書』の巻末に、富岡多恵子の新説を継承しつつ、早稲田大学で考古学を修めた経歴を生かし、「光の曼荼羅」と題する雄大な解説を発表した。安藤はやがて、この「光の曼荼羅」を含む厖大な評論集『光の曼荼羅――日本文学論』（講談社、二〇〇八年）を刊行、さらに『霊獣――「死者の書」完結篇』（新潮社、二〇〇九年）において、魅力あふれる構想を展開している。

安藤は、「死者の書・続篇」の（第二稿）で大臣《おとど》が参照している書物『西観唐紀』なるものは、折口の作りあげたフィクションであるが、そのモデルは唐代の長安につくられた巨大な石碑「大秦景教流行中国碑」略して「景教碑」で、景教とはキリスト教ネストリウス派のことで、「光り輝く宗教」なので、「光の曼荼羅」という題で『死者の書』の構想を探求した。安藤はさらにこの「景教碑」のレプリカを一九一〇年に空海の眠る高野山に建立したイギリス人女性、仏教とキリスト教の根本における同一を確信し、雑誌『新仏教』第一〇巻第八号に高楠順次郎訳で「物言ふ石　教ふる石」を寄稿したE・A・ゴルドン夫人に注目することによって、「新仏教家」藤無染との関連を浮かび上がらせ、ひいては『死者の書』と「死者の書・続篇」を執筆する動機を解明したのである。なお、この論文は組み替えられてイー・ヱー・ゴルドン原著、高楠順次郎訳『弘法大師と景教』（丙午出版社、一九〇九年）という単行本として出版されているが、内容はまったく同じである。

◎——長安の景教碑の原碑と二つの模造石碑

安藤礼二が注目した石碑「大秦景教流行中国碑」すなわち「景教碑」は、ネストリウス派のキリスト教が唐代、中国に流行した状況を記した記念碑で、西安の碑林博物館に現存する。唐の七八一年、国都長安の義寧坊にあった大秦寺《だいしんじ》に立てられたもので、明代の末年、一六二五年に同寺の後身の金勝寺の境内の土中から発掘された。碑文は漢文とシリア文字とからなり、建立の施主は中央アジアのバルク出身の伊斯で、漢文は大秦寺の僧景浄の作であった。内容は、景教の簡単な教義と、六三五年に阿《あ》羅本《らほん》によって伝えられ、長安に初めて寺院が建てられて以降の変遷を記している。キリスト教の東方伝道に関する最古の史料として、早くから西洋の学者からも注目されていた。やがて景教の壁画や経巻も各地の遺跡から姿を見せ、西洋人の関心をひいた。景教碑をキリスト教国に移すべきだとする論議も活発となったのである。

一九〇七年にはデンマークのジャーナリスト、F・ホルム（何楽模）が西安に赴いて買収に尽力したが失敗し、石匠を招いて原碑と同大同質の、重量二トンの模造石碑を、金勝寺の境内で造ることにした。足掛け三カ月かけて仕上がった模造碑と原碑とは、一見しては区別のつかぬほどの出来栄えであると、ホルム自身が自慢している。中国官憲は警戒し、原碑を碑林に移した。模造碑は特別製の馬車に載せて鄭州に向かい、京漢鉄道で漢口まで運ばれ、漢口税関で一旦は差し押さえられたが、まもなく上海をへて米国に送られ、ニューヨークのメトロポリタン博物館に付託品として陳列された。ホル

高野山における除幕式の様子

漢口駅頭の模造石碑

ムの回想録*My Nestorian Adventure in China*（一九二三年）には、漢口駅に到着した重さ二トンの模造石碑が現地の人々に取り囲まれている写真が載せられている。一九一七年以降、この模造石碑はローマ法王庁所属の博物館に安置された。

ホルムは、同大の亀趺《きふ》のみの欠いた石膏模型を造って、希望に応じて配布した。十数個が造られたが、日本では一九一三年に京都大学に贈られ、到着を記念して桑原隲《くわばらじつ》蔵《ぞう》が「大秦景教流行中国碑に就きて」と題する講演をした。桑原は一九〇七年当時、西安一帯を旅行していたが、中国官憲によって原碑の亀趺を碑林に移すのと、ホルムが模造石碑を西安から鄭州に運ぶ途中を目撃するという奇遇を経験していたのであった。桑原隲蔵「大秦景教流行中国碑に就いて」（『東洋史説苑』弘文堂書房、一九二七年）、および桑原『考史遊記』（岩波文庫、二〇〇一年）参照。

京都大学に贈られる石膏模型に先立ち、一九一一年九月二一日に高野山の奥の院に建立された景教碑の模造石碑がある。建造を発願して出資したのは、ヴィクトリア女王の女官をつとめた後、オックスフォード大学でマックス・ミューラー（一八二三～一九〇〇年）に師事して、比較宗教学を修めたE・A・ゴルドン夫人（一八五一～一九二五年）であった。夫人の一生の概略については、中村悦子「E・A・ゴルドン夫人の生涯」（『早稲田大学図書館紀要』三〇、一九八九年）が情報を提供している。夫人がマックス・ミューラーの同門の日本人留学生高楠順次郎らと知り合ったことが、彼女のその後の生き方を決定したこと、一九〇七年八月以降しばしば来日し、「日英文庫」とよばれた厖大な洋書を日比谷図書館に寄託したこと、かねてからの持論である仏教とキリスト教の同根をあらゆる方向から実証しようとしたこと、景教碑の複製を高野山に建立し、一九二〇年頃に再来日して京都ホテルに滞在、研究三昧の日を送り、一九二五年六月二七日に同ホテルで逝去、葬儀は京都東寺において仏式によって営まれたこと、生前に早稲田大学に「ゴルドン文庫」が設置されていたばかりか、没後に同名の文庫が高野山大学に収蔵され、高野山の景教碑の傍ら、八葉蓮華に十字架を配した墓の下に眠っていることなどを、中村は述べていたのである。夫人が横浜で印刷して丸善から刊行した架蔵の著書には、景教碑の模造石碑を高野山の奥の院に献呈した際の写真が図版として掲載されている。

このゴルドン夫人逝去の当夜に、高野山から派遣された水原堯栄が京都ホテルで営んだ純真言宗葬の模様を復元しつつ、夫人の研究が藤無染を通じて、折口信夫「死者の書・続篇」の構想に深甚な深い影響を与えたであろう、と述べるのが、前掲の安藤礼二『霊獣――「死者の書」完結篇』であり、本書は前年に上梓された雄篇『光の曼荼羅――日本文学論』の「Ⅱ　光の曼荼羅」を敷延したものなのである。

ちなみに、武内博編著『来日西洋人名事典――増補改訂普及版――』（日外アソシエーツ、一九九五年）の見出し人名では「ゴードン夫人」となっている。また家蔵の、一九一八年一月七日付で、インドのカシミール、スリナガルで書かれた探検家オーレル・スタインのゴルドン夫人宛て書簡は、オックスフォードのSayce教授が東京と京都で講義したニュースを伝えるとともに、スタインの第三次中央アジア探検の概報の抜き刷りを所望した夫人の書簡に対する返信であるが、その書き出しは'Dear Mr. Gordon'となっていて、A・スタインからは男性とみられていたのである。

◎――唐代洛陽の"感徳郷"出土の景教経幢

F・ホルムとE・A・ゴルドン夫人が、唐代長安の景教碑の模造石碑を造ったのは、一九〇七年と一九一一年であった。それからほぼ一世紀が経過した二〇〇六年に、洛陽の古玩市場に唐代の大秦景教の石経幢が出現して、専門家に衝撃を与えるのである。

前掲の葛承雍主編『景教遺珍――洛陽新出唐代景教経幢研究』によると、仏教の経幢を真似て刻され、下半部が失われた八面体の筒型で、一面の幅は一四センチ、残存している上半部の高さは八四センチである。内容は『大秦景教宣元至本経』と、『大秦景教宣元至本経幢記』すなわち解説である。経幢は、元和九（八一四）年に胡人の墓主の神道の側に立てられ、大和三（八二九）年に遷挙の儀式が行なわれたもので、「大秦景教流行中国碑」が建立されてから四八年のちのことである。

洛陽市第二文物工作隊の報告によると、古玩市場に出現した石経幢は、考古学者が発掘したものではなく、一九七六年前後に、唐代にソグド人を中心とする胡人たちの集落があった洛陽県感徳郷（現

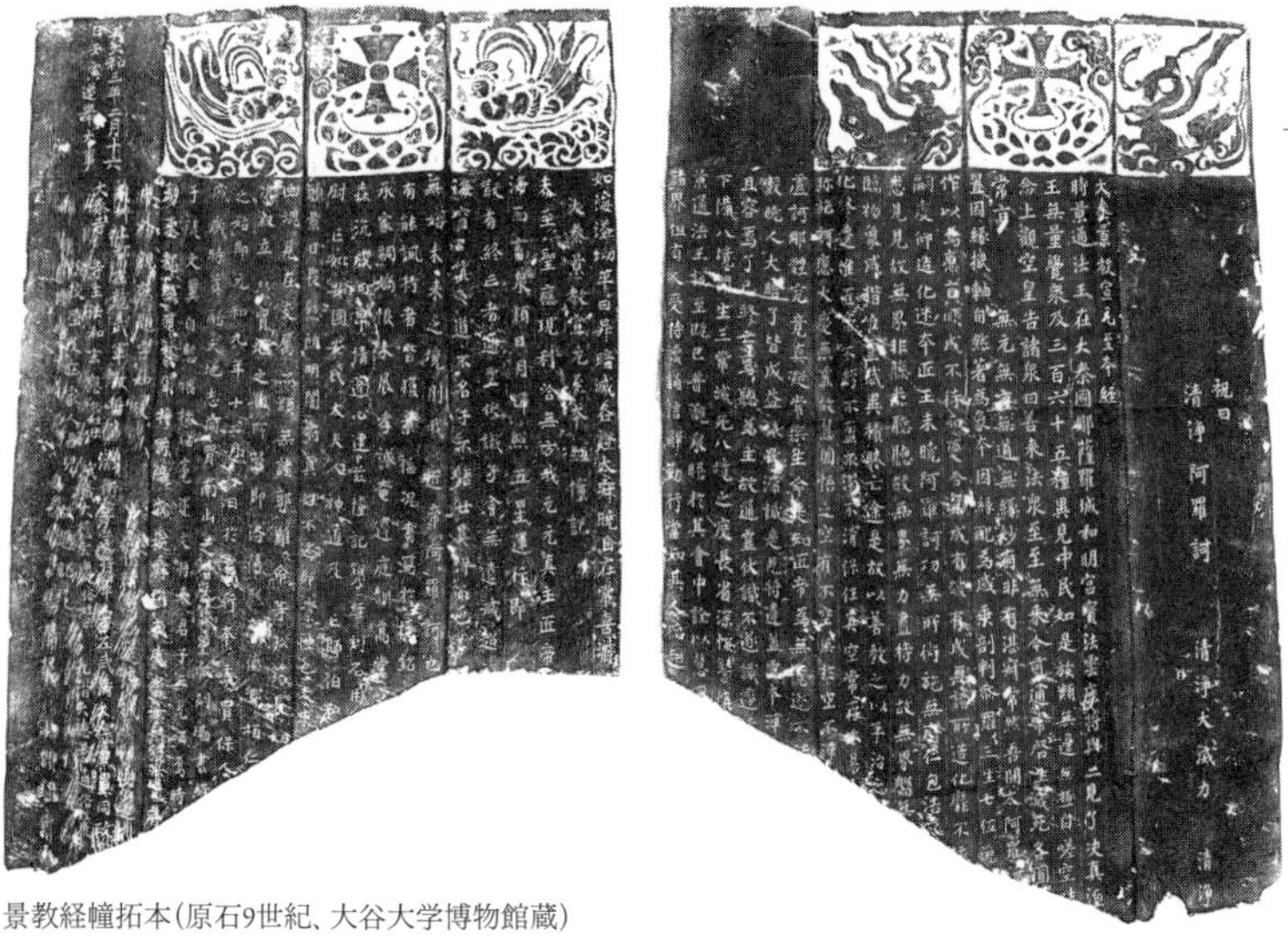

景教経幢拓本（原石9世紀、大谷大学博物館蔵）

在の洛陽市洛龍区李楼郷の斉村東南一キロメートル）の台地で旱天に備えて井戸を掘るためのボーリング調査中に、地下二メートル余の地点で偶然に八面体の石経幢を発掘した。初めは村の打穀場に、のちに斉村小学分校院内に保存していたが、数年前に盗まれた。上海経由で外国に持ち出されようとしたこともあるらしい。

イラン系のソグド人が、ゾロアスター教を信仰して、唐代の中国社会で活躍したことについては、文庫版の『隋唐帝国と古代朝鮮』（中公文庫「世界の歴史」6、二〇〇八年三月）の巻末に付した礪波「文庫版あとがきとしての第1部補遺」の〈中国出土の文物から見たソグド人の活躍〉でも、山西省の太原市や陝西省の西安などでつづき、研究者を驚喜させている、と簡単に述べた。

それから一年、唐代における胡人集落の存在について、洛陽龍門研究院の張乃翥により「洛陽景教経幢与唐東都〝感徳郷〟的胡人聚落」（『中原文物』二〇〇九年第二期）が発表された。張は、隋唐洛陽城の東南方一帯、龍門東北の平原地帯から、史喬如墓誌・安思泰浮図・康法蔵祖墳記・安菩薩墓誌・阿羅憾墓誌などの多くの石刻が出土しているのを根拠にして、唐朝は異民族を懐柔する意味をもたせた〝感徳郷〟を設置していたこと、景教経幢もその〝感徳郷〟から出土していたことの重要性を特筆した。なお、この景教経幢出土の情報を入手して真っ先に活躍したのは、『唐代景教再研究』（中国社会科学出版社、二〇〇三年）の著者林悟殊であった。

林は、『唐代景教再研究』所収の「所謂李氏旧蔵敦煌景教文献二種弁疑」において、羽田亨「大秦景教大聖通真帰法讃及び大秦景教宣元至本経残巻について」（『東方学』一、一九五一年）が吟味した小島靖将来の敦煌景教文献二種に検討を加え、いずれも敦煌蔵経洞から出たものではない、と結論していた。今回の唐代洛陽の〝感徳郷〟から出土した『大秦景教宣元至本経』と同『幢記』によって、林の見解の正しいことが確認され、敦煌所出の景教文献として扱った羽田の論考は顧慮すべきでないことになった。

●——『書香』二七、二〇一〇年三月

大学図書館の共生と特化

ただ今ご紹介にあずかりました大谷大学の礪波護と申します。私の専門は東洋史で、とりわけ中国の隋唐時代の歴史を研究しています。ですから、扱う文献は漢籍資料が中心となります。図書館機構の全体のなかで、このような漢籍がどの程度の位置を占めているのか不案内ではありますが、特殊な、特化したものということができるかと思います。ちょうど一年前に、私立大学図書館協会西地区部会研究会の当番校が大谷大学に決まり、そこで基調講演をとの依頼を受けました。図書館機構について不案内ではありますが、私自身、大学に入りましてからもっとも恩恵をこうむってきたのは、何といっても図書館です。そういうところにお勤めの方々の何らかのご参考になればと思い、快く引き受けたしだいです。本日掲げた「大学図書館の共生と特化」というテーマは非常に大きく、今日的なテーマですから、すぐに解答が出るようなものではありません。ここで抽象的なことを申し上げるよりも、大学へ入って以来の私自身の個人的な経験に即しながら、大学図書館と私というようなことを述べて、このようなことについて考えてみたいと思います。

講演を引き受けてから、大学図書館の現在の姿といったものが気になり始め、新聞などを見ておりましたところ、『日本経済新聞』には「大学図書館、地域貢献を競う」というタイトルで、学外利用が一〇〇〇万人を突破したという記事が出ており、国公私立を通じ、大学の外への門戸開放が最近の図書館における大きな使命の一つとなっているということがよくわかりました。それから、長尾眞監修の『大学生と「情報の活用」――情報探索入門』（一九九九年、二〇〇一年増補版）という書物があり、購入して読んできました。発行は京都大学図書館情報学研究会、発売が日本図書館協会で、内容は京都大学の全学共通科目の連続講義です。これを読みますと、最近の大学図書館というものが、私がもっていた図書館のイメージとはだいぶ違ってみえてきます。受講生のほとんどが文系ではなく理系であるということもあるわけですが、私たちのように活字、しかも漢字を相手に図書館の資料を探している

者とは異なり、最近のいわゆる情報化社会では、図書館は情報学の分野と非常に緊密な関係が保たれている。そういう時代に入ったのだということを痛感いたしました。この書物の講義をしている方々、つまり執筆者には、私の知り合いが多かったということもあり、非常に興味深く読みましたが、それと同時に、もうすでに私なんかは古い世代で、本当にあれよあれよといっている間にどんどん変わっていっている、ということを実感いたします。

最初に「大学図書館と私」というテーマで、私自身が東洋史という専攻を決めて、漢籍と取っ組むことを始めて以来、いろいろと感じたこと、ぶち当たったことなどについてお話したいと思います。

私が京都大学の文学部に入学したのは一九五六（昭和三一）年ですが、当時、一年次は教養部の宇治分校というところで学びました。ここは昔の火薬庫や兵舎跡でして、にわかづくりの教室で、その火薬庫の半分には自衛隊がおりました。今では、宇治キャンパスとして理系の化学研究所などの立派な建物が林立していますが、当時は本当に小さく、宇治分室という図書館があり、高等学校の図書館や図書室と比べても、けっしてよいとはいえないところでした。一年が経ち、吉田キャンパスへ移りました。そこの図書館は旧制三高のものでしたので、同じ大学の分室でありながら、状況が大きく変わりびっくりしました。そして三年次になって専攻を決めることになり、私は史学科の東洋史を選んだのです。そうすると、今度は史学科だけが一つの建物をもっていて、国史・東洋史・西洋史・考古学・地理学の各教室で分け合い、また陳列館という建物があり、そして非常に充実した図書室がありました。とくに東洋史の書庫の一角には、桑原隲蔵先生の図書が全冊揃って寄贈されていたため、非常に利用しやすく、洋書などもたくさんありました。桑原隲蔵という方は桑原武夫（フランス文学者）のお父さんですが、洋書が非常に充実していただけではなく、先生が日頃お使いになっていたすべての図書を寄贈されたため、学生にとって非常に有益だったのです。

この図書館については、その当時、『京都大学文学部所蔵漢籍分類目録　第一』という目録が発行されました。ご覧いただければわかりますように、そこには『京都大学文学部所蔵漢籍分類目録　第一』とあって、「第一」と書かれています。この点については、あとで詳しく申したいと思いますが、じつはこれには史学科の漢籍、東洋史の漢籍などは入っておりません。当時の京都大学文学部では、同じ大学の同じ学部でありながら、哲学科と文学科とは同じ一つの図書室を使用するものの、史学科だけは別の図書室をもっていました。それだけでなく、哲学科・文学科の図書室と史学科の図書室では別々の分類で図書を収蔵していました。そのため、このような図書目録が出ますと、本来なら図書を検索するのに便利であるはずが、東洋史の者にとっては、普段は何の役にも立たないものだったのです。

大学院が終わり、京都の北白川にある京都大学人文科学研究所（以下、人文研）の東方部の助手となりました。私はそれまで、ここで開催される研究会に大学院生として参加していたのですが、このとき助手として勤務することになりました。一九六五（昭和四〇）年のことですが、ちょうどそのとき、東洋学文献センターというものが人文研に開設されました。これは、日本全国でとくに東洋学関係の文献を豊富にもっている機関を五つ選び、特別な予算で設置したものです。私がここに入る直前、『京都大学人文科学研究所漢籍分類目録』という目録が上・下、二年間にわたって出されました。人文研は、東洋学につきましては世界でも有数の漢籍文献の所蔵数を誇っており、整理が行き届いておりました。この目録は「漢籍目録」ではなくて「漢籍分類目録」となっています。漢籍の分類には千数百年来の伝統があり、中国では隋の時代（五八一〜六一八年）から始まった分類法（四部分類）に従って書庫にある漢籍を分類します。経・史・子・集の四つの部があります。経部すなわち哲学系、正統哲学ですね。あるいは史部すなわち歴史。集部すなわち文学などといった分類がなされて目録が編纂されたわけです。こうした目録を編纂するお仕事に携わった方やアルバイトをされた方のご苦労はたいへんだったかと思います。また、人文研には、『東洋史研究文献類目』という目録があります。東洋学文献センターができてからは『東洋学文献類目』という名称になりました。これは日本だけでなく、中国や世界の東洋学関係の文献を網羅した目録で、毎年一冊、印刷に付してきています。人文研では、このような仕事が続けられていました。

図書の分類につきましては、十進分類ならば図書館の方々もよくご存じかと思いますが、漢籍の分類法はお手上げという方が多いかと思います。その結果、研究者がある程度助けなければならず、その専任の助手とか、助教授なんかがいました。しかしその頃、大学紛争が起こって図書館の業務が変化してまいりまして、一般の研究助手と比べて少し格差があり、負担が重いということで、委員会を作って処理をしようということになったのです。負担の平等化をはかろうというわけです。そこで、それまであった図書委員会以外に、漢籍委員会、類目委員会という二つの委員会を設け、合計三つの委員会としたのです。この三つの委員会を並行的にしながら、図書館業務を円滑にしていくということがはかられたのです。図書委員会というのは書物の購入を中心に責任をもつわけですが、漢籍目録を編纂しようとか、あるいは毎年、研究書を分類して世界的に情報提供しようということになりますと、たいへんな負担になります。それで東方部の助手を中心として分担することになったのです。私の場合には、漢籍委員会に加わり、カード取りをする仕事を担いました。新しく入ってきた漢籍の情報をカードに取り、そして図書カードを入れるという仕事です。ただ、これは楽な仕事でした。というのは、入ってくる漢籍のたいていが複製本だったからです。複製本ですから、すでに元本があることも多いのです。元本のカードを丸写しにすれば、それで済むというところがありました。

このような、図書館が購入した図書をどこに配置するのが適当かを判断するという経験は、私自身にとりましては、図書館教育に携わるという面で非常に恩恵を被りました。それから間もなく勤務することになった神戸大学で、この経験がすぐ役立ちました。神戸大学文学部の助教授として転出しましたが、そこで『神戸大学附属図書館漢籍分類目録』の編纂が始まり、その一部を分担しましたので、漢籍委員会で覚えたカード書きのノウハウが役に立ったのです。ちなみに神戸大学の図書館は全体が大学の附属図書館になっていて、文学部にはその分室があるということになっていました。その点では、『神戸大学附属図書館漢籍分類目録』は、附属図書館だけではなくて、文学部や、その当時の教養部など、そういう部局の漢籍も入っていたわけです。

その後、間もなく人文研にもごったのですが、その頃、『京都大学人文科学研究所漢籍目録』を作るという、これはまたたいへんな業務が始まっていました。私が人文研に助手で入る直前にできたものは、『漢籍分類目録』でしたが、今度はその「分類」の二字がありません。つまり、図書館に並べてある、現に排架してあるその順番によって編纂するということです。これを排架目録といいます。図書館の目録には二つの系統があり、中身を分類する目録と、排架してある順番による目録があることは、みなさんご存じのとおりかと思います。

『京都大学人文科学研究所漢籍目録 上』をこの会場にもってまいりましたので、ご覧ください。千四百数頁あり、とても細かい漢字で印刷されています。編纂にはたいへんな負担がかかります。国公立大学の場合、年度予算というのがあって、それに従って本を作らなければなりません。そういうこともあって、大きな書籍を作ろうとすると、いろいろ矛盾が出てくることになります。このことは後にまた述べることにいたします。

二五年間ほど人文研におりましたが、その後、文学部に移り、いわゆる普通の教育・研究に従事すると同時に、『京都大学百年史』という七巻本の編纂の専門委員に任命されたため、文学部にいた一〇年間ほどは附属図書館でしばしば会合をいたしました。文学部の図書委員になった時、最初に問題になったのは、さきほど申しました哲学科・文学科と、史学科との図書分類の統一でした。しかも、今まで分かれていた建物を一つにして文学部の図書館を一つにし、そのうえ図書分類を統一しようということで、喧喧諤諤の議論が起こりました。しかし、結局うまくいかないものですね。なかなか共に生きる、共生ということは難しいことです。一〇〇年近くの間、それぞれの教室の歴史によってなされてきた分類は、なかなか変えられないのです。さらに京都大学文学部の場合、中国哲学、中国文学の方々が使用する本と東洋史の者が使う本は、同じ書庫に入っていながら、別々のところに並べてあり、これがもはや合体

できない状況になっています。

百年史編纂委員会の編集主任になりますと、理系のものも含めていろんなジャンルについて目配りしなければなりませんし、また最後には文学部長となり、図書館商議員という全学的な図書館業務についての情報化についての議論にも加わりました。このような経験をすることで、大学図書館の共生は、一つの大学のなかでさえも、たいへん難しいことを実感してきたわけです。

共生については、もう一つの問題があります。それは博物館との共生ということです。京都大学にはもともと文学部の博物館があっただけで、全学の博物館はありませんでした。そこで、全学の博物館を造ることになり、一〇年ほど喧喧諤諤の議論があった末にようやく予算がつき、定員もついて、東大路に面して総合博物館というのができました。私が文学部長をしていた頃のことでした。さきほど申しましたように、その頃には『京都大学百年史』の編纂をしており、関連するたくさんの資料が集まっていました。いったん集まった資料を分散させるのはもったいないので、文書館《ぶんしょかん》――「もんじょかん」といってもいいのですけれども――を造って保存しようということになったのです。

もともと図書館には長い伝統がありますが、本来、図書館の業務なのか、博物館の業務なのか、文書館の業務なのか、よくわからないようなものも含めて、すべて図書館が業務を担ってきたところがあるわけです。そういう状態のなかで、総合博物館ができ、また同時にその当時の、先ほどの長尾眞・京都大学総長から依頼を受け、大学文書館をつくるのに力を貸してくれということで、大学文書館というものが立ち上がったわけです。しかしながら、立ち上げるのは簡単なのですが、共生、共に生きるのはなかなか難しいことです。図書館からまず博物館ができあがり、それとはまた別に大学文書館ができあがったわけですが、これらの互いの協力関係についていいますと、むしろ反発の方が多くなり、業務がなかなか進まないところが出てくるのです。

大谷大学でも響流館《こうるかん》という新しい建物ができ、そのなかに図書館があり、さらに博物館が正式に発足いたしました。博物館が発足いたしますと、年に何回かの展覧会をしなければならなくなりますが、同時に館報を出すことになります。図書館の館報では、京都大学には『静脩』という館報があり、大谷大学には『書香』というものがあります。『書香』は博物館の発足とともに、図書・博物館報となりました。私もこれまでに、「大谷瑩誠と神田喜一郎と」(第二〇号)と「北京版西蔵大蔵経の請来」(第二一号)というものを二号続けて書きました。しかし、こういう原稿は図書館のための原稿であったのか、あるいは当時はまだ開館はしていなかったけれども、博物館のための原稿であったのかという問題があります。図書館の分担か、博物館の分担かという問題があるわけですね。学内においては、今は図書・博物館課という課になっていて、一人の課長がいるわけですが、これが分離しますと、大谷大学の場合もなかなか仲良くするのが難しくて、お互いに権利を主張したり、相手に任せようとしたり……そのようなことになるかもしれません。ちょっといいにくいですけれども、京都大学の場合も博物館ができてから図書館と博物館の業務がなかなかしっくりいかない。だから展覧会なども、どこで開催するのかという問題も起こりました。

要するに、大学図書館の共生と特化という場合、二つの意味があるのではないかと思います。一つは大きな大学であれば附属図書館といいますか、大学全体の図書館と、それぞれの学部なり部局なりの図書館との共生がうまくいくのかどうかという問題です。それから、図書館だけではなく、他の施設との共生の問題ですね。図書館以外に、博物館ができたり、文書館ができたり、最近では情報学センターというよう機構をお持ちの大学も増えていますし、場合によっては、図書館が情報館のようなところの一部に入るということも起こってくるかと思います。そうすると、図書館、博物館、文書館などの共生がたいへん難しくなるというのが、私自身の体験からいえることです。

それで、私の専門のことから、共生できないことで生じる具体的な弊害の例を挙げてみたいと思います。さきほどご申しました『京都大学文学部所蔵漢籍分類目録　第一』は、「分類目録　第一」とあります。しかし、東洋史のほうが協力しなかったのが一番の原因ですが、「第二」というのがなかなか出ない。そうしたら、今度は『京都大学文学部所蔵漢籍目録』という目録が出たのです。これには「第一」の二字がないですね。函の背文字だけでなく、本の扉にも「第一」がない。ということは、この目録は京都大学文学部の漢籍を全部網羅したことになってしまうわけです。「第一」があれば、「第二」がつづき、ひょっとしたら「第三」があるかも知れないと思うので、そのような誤解は招かないと思います。

ところが、この目録の奥付は、日本語と英語とが両方入っていますが、その英語のほうには、“A COMPLETE CATALOGUE OF CHINESE BOOKS IN THE LIBRARY OF THE FACULTY OF LETTERS, KYOTO UNIVERSITY. VOL. I” と書いてあります。函や表紙から削ってしまった「第一」が、英語の奥付にはちゃんと残っているんですね。しかもその次に、“Classified and compiled by the Department of Chinese

Philosophy and Literature" と書いてあり、"History" とはどこにも書いていないんです。だから、ちゃんとここを見れば、この目録は文学部全体の総合目録になっていないことがわかるのです。じつは昨日、図書館の方にデータベースのNACSIS Webcatで、この目録を調べていただきました。そうしますと、はじめの "A complete catalogue of Chinese books in the Library of the Faculty of Letters, Kyoto University" という表記があるだけで、vol.I つまり「第一」がないままになっていました。そしてこれが世界中の、イギリスのケンブリッジ大学、オックスフォード大学、あるいは愛知教育大学とかに、こういうかたちで登録されているわけですね。事情を何も知らず、イギリスならイギリスでこのカタログをご覧になったら、京都大学文学部にはここに出ていない本はないと思ってしまうでしょう。たとえば、さきほど申しました桑原隲蔵の桑原文庫の本は、学生が頻繁に利用するような本もあるわけですが、この目録にはいっさい出てこないわけです。すると、いわばこんな本も京都大学にはないのかということになってしまいます。目録の改悪・改竄というか、そういう問題が起こるわけですね。しかしこれももとはといえば、「第一」の後にすぐに「第二」が出ていたら、問題はなかったのですが、学科同士の共生がうまくいかなかったために起こった弊害かと思います。

それからまた『京都大学人文科学研究所漢籍分類目録』と『京都大学人文科学研究所漢籍目録』のことがあります。「分類」という二字があるかないかの違いがあります。最初のほうの『分類目録』は昭和三八(一九六三)年と昭和四〇年の刊行です。それから後のほうの『漢籍目録』は昭和五四(一九七九)年と五五年に出ています。二つはよく似た名前ですから、「分類」という二字に注意しないと、新しく出されたほうさえ備えてあれば、前の『漢籍分類目録』は不必要であると思われるかも知れま

せん。しかし、本当は両方大事なわけですね。排架目録であるのか、分類目録かという二つの異なる目録だからというわけですが、じつはそれだけにとどまらないのです。年度予算に絡んだ問題だったかも知れないのですが、新しい目録には非常に大きな欠陥があります。じつは地図に関するもの——輿図《よず》といいますが——が全部なくなっている。抜けているんです。それから美術関係の実作、つまり作品のことですが、あるいは拓本のところなどが、分類目録には入っていたのに、新しい目録では全部カットされてしまっています。カットされなかったら、千四百数頁には収まらないわけですからね。しかも、目次を見ると、地図の部分が入っていることになっています。中身を見ていきますと、じつは一三七頁のところですが、「輿図之属」に小さな字で「闕」と書いてあります。つまりその部分はないということですね。中国の歴史に限らず、文学でも思想でも地図は大事ですから、楊守敬という方の輿地図を含めまして、あるいは各省の地図、そういうようなものがどの程度所蔵されているか、ということを把握するのは大事なのに、それがこの目録からは消えてしまっているのです。しかもその翌年に出た下巻の「書名通検」、すなわち索引篇の跋文のなかで、さらりとこのことに触れられているだけなのです。この「京都大学人文科学研究所漢籍目録跋」の三段落目につぎのようにあります。

> 史部第十一地理類の輿図之属、子部第九芸術類の書画之属についてはその実作、この二種類については、著録することを止めた。また拓本類についてもこれを著録しなかった。一つにはそれらが通常の意味において「漢籍」であるかどうか、若干の疑念なきを得ないと判断されたためであるが、他方またそれらについて本研究所の収蔵はかなりの分量にのぼるものであり、それぞれについて個別に目録を作製することの方が、それらを利用する人たちにとっても便利なのではない

かと考えられたためでもある。

これは上巻の最初に掲げておくべき「凡例」であり、一年遅れで出た索引にさらっと書くのは、あまりにも不誠実だと思います。しかも四半世紀たった今でもまだ地図や拓本などの目録は出ていない状況です。これは、ごまかしたといってもいいんじゃないでしょうか。

自分の大学内だけじゃなくて、大学外の図書館との共生も大きな問題になると思います。特に他の大学や研究機関との共同利用、相互利用の問題があります。また大型コレクションの購入による共生ということもあります。予算のこともありますから、大きなコレクションを各大学で、いろんな部局で買うのは不可能でしょう。しかし、研究者のエゴがありまして、大きなコレクションを何セットも身近に、つまり同じ大学のなかに置いてほしいと思うわけです。この点でいえば、たとえば、大谷大学にはチベット大蔵経というものがあります。中国国内以外では、パリのビブリオテーク・ナショナールと大谷大学だけにしかコンプリート・セットはありません。こういう貴重なものは、ただ所蔵しているだけで学界に提供しなかったら、あまり役に立たないわけです。パリのものは複製することを考えなかったようですが、大谷大学では鈴木大拙や山口益という国際的な学者の名声によって財界からお金をだいぶ集めて複製を完成させましたので、他大学でも役に立っているのです。

しかし、こうした大部なコレクションをどこに所蔵するかという問題は、教育活動と研究者のエゴイズムとのバランスを考慮する必要があり、難しいことだと思います。高額のコレクションはどのように図書館に入ったのかというと、これは今だったら問題が起こるかも知れませんが、当時はおおらかだったのでしょうね。たとえば、大きな会社でセットを買ってくださったんです。その買ってくださったセットが社長室に並んでいても中身は全然わからないわけですから、そこにうまく働きかける大学があって、その会社から頂戴するということがはやりました。しかし、たとえば、京都大学の場合なら、それが附属図書館に入ると、そこには研究者がいないため、学者としては自分がいる部局の図書館に置きたい。そうすると、今度は文学部だけでなく、人文研にも置きたいとか、そういうことが起こってきます。これは研究者のエゴイズムですが、しかし研究者のエゴイズムを排除すると研究が進まないということもありますから、このへんのバランスが難しいのです。

今申しましたのは同じ種の他大学や他研究機関との共同利用、相互利用、あるいは大型コレクションの購入による共生ということですが、同時に他の館種の図書館、公共図書館とか専門図書館との協力関係をどのようにして築き上げていくか、これもやはりお互いの信頼関係の問題でしょうから、信なくんば立たずということで、大事な問題だと思います。

最後に、文庫やコレクションについて、この機会に私の意見を述べておきたいと思います。文庫やコレクションは、購入する場合もありましょうし、寄贈を受ける場合もあるわけですが、この収蔵によって図書館の独自性を発揮する、つまり特化ということを、おおいに進めていただきたいと思っています。コレクターやその子孫の方々と信頼関係を結ぶことによって、そういうコレクションの収集をしていただけたらと思うわけですね。私と深く関係している貴重書・稀覯本のコレクションということでは、近衛文庫が挙げられます。御室の仁和寺の横にある近衛家の陽明文庫が作られたとき、京都大学に寄贈された文庫です。大谷大学には、神田香巌・神田喜一郎の旧蔵書からなる神田文庫というのがあり、非常な貴重書の類を集めています。こういう書物を図書館が頂戴できるという機会はありがたいことです。個人の全蔵書のコレクションということでは、たとえば、京都の堀川通にありました古義堂文庫が有名です。古義堂というのは、伊藤仁斎・伊藤東涯親子が主宰した町の塾で、学問的なレベルも高かった。そういうコレクションがちょうど前回の戦争中ぐらいに天理大学に収蔵されて、『古義堂文庫目録』に著録されています。あるいは内藤湖南のコレクションは、国宝級の高価なものは武田薬品の杏雨書屋《きょううしょおく》に入っており、一般の本は関西大学に内藤文庫というかたちで入っています。さきほど申した桑原隲蔵のものもありますね。例を中国関係の漢籍の類にもってきておりますが、これらはみなそれぞれに大事なコレクションなんですね。同時にそれぞれの大学にご配慮いただきたいのは、稀覯本だけではなくて、その当時におけるありふれた書物の収集にも関心をもっていただけたらと思います。先ほどの桑原文庫の場合がいわばそうだったわけですけれども、その当時の研究者がたいていもっていたような書物をそっくりそのまま移されるという、そういうことにも配慮していただけるようなことが起これればと思います。

なんか私の専門から引きまして、非常に偏った話になりました。大学図書館はややもすると特化しやすく、共生は多大の困難をともないますが、私立大学の図書館は共生と特化のバランスをとりつつ、教育と研究に資することが期待される、というのが、ここでの私の提言でございます。どうもご清聴ありがとうございました。

●――『私立大学図書館協会会報』一二四、二〇〇五年九月　本書収録に際して大幅に改稿

神田喜一郎博士寄贈図書善本書影　解説二種

ニュウホフ著『東インド会社派遣中国使節紀行』

「近代中国の皇帝、偉大な韃靼の順治帝へのバタヴィアからの使節の報告」と訳される本書の著者ニュウホフ（Joan Nieuhof, 一六一八～七二年？）は、ウェストファリアに生まれた。一六五三年にジャワ島のバタヴィアにおかれたオランダ東インド会社に赴任し、一六五五年七月中旬から五七年三月末にかけて、順治帝治下の清朝にオランダとの通商を請願すべく、ペテル・ゴイエルとヤコブ・カイゼルの二人を正式の使節とする使節団を北京に派遣した際に、式部官として随行した。その後、オランダ領となったばかりのセイロンの総督となり、一六七一年にオランダ本国に帰国した。その翌年にマダガスカルに赴いて殺されたとも、謎のうちに姿を消したともいう。

本書は二部から成る。前半は中国への使節団随行記であり、後半は一年半におよぶ中国滞在の間にえた見聞にもとづいて書いた中国総志で、一九項からなる。いずれも豊富な銅版画をともなっていることも相俟って、清朝政権成立直後の中国社会の実態を西洋人の眼で鮮やかに描写したものとして、貴重な史料を含んでいる。

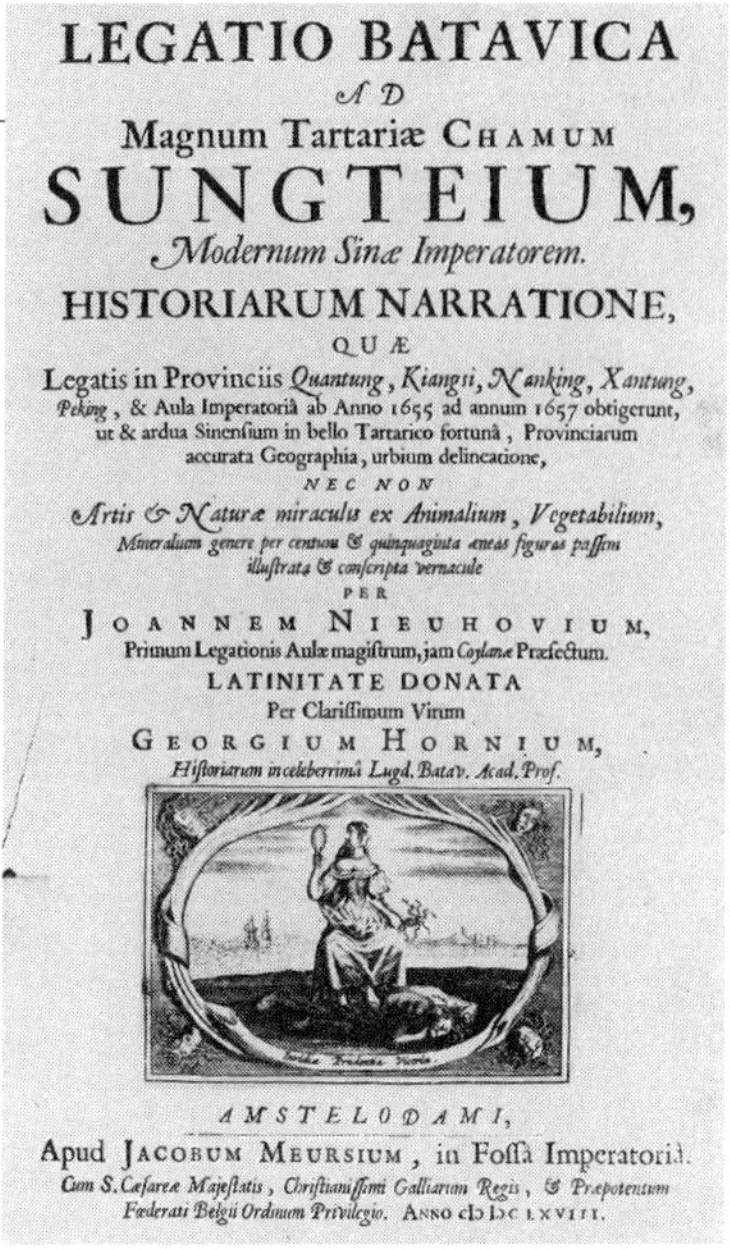
LEGATIO BATAVICA
AD
Magnum Tartariæ CHAMUM
SUNGTEIUM,
Modernum Sinæ Imperatorem.
HISTORIARUM NARRATIONE,
QUÆ
Legatis in Provinciis Quantung, Kiangsi, Nanking, Xantung, Peking, & Aula Imperatoriâ ab Anno 1655 ad annum 1657 obtigerunt, ut & ardua Sinenſium in bello Tartarico fortunâ, Provinciarum accurata Geographia, urbium delineatione,
NEC NON
Artis & Naturæ miraculis ex Animalium, Vegetabilium, Mineralium genere per centum & quinquaginta æneas figuras paſſim illuſtrata & conſcripta vernacule
PER
JOANNEM NIEUHOVIUM,
Primum Legationis Aulæ magiſtrum, jam Coylanæ Præfectum.
LATINITATE DONATA
Per Clariſſimum Virum
GEORGIUM HORNIUM,
Hiſtoriarum in celeberrimâ Lugd. Batav. Acad. Prof.

AMSTELODAMI,
Apud JACOBUM MEURSIUM, in Foſſâ Imperatoriâ.
Cum S. Cæſareæ Majeſtatis, Chriſtianiſſimi Galliarum Regis, & Præpotentum Fœderati Belgii Ordinum Privilegio. ANNO CIↃ IↃC LXVIII.

『東インド会社派遣中国使節紀行』の扉

この使節団が北京に到着した翌日、礼部尚書を訪問した折、その左に坐って通訳したのが、アダム・シャール（湯若望）であったことも記録している。使節団が順治帝に提出したバタヴィア総督の手紙は、オランダ国王の親書として受け取られ、一六五六年一〇月一六日の北京出発に当たって勅諭を下して嘉賞の上、礼部が奏した五年に一回の朝貢を、八年に一回でよいと命じている。その勅諭は、『大清歴朝実録』の「世祖章皇帝実録」巻一〇三、順治一三年八月甲辰の条に著録されているが、図版にも掲げたように、本書にも全訳が収められている。

『東インド会社派遣中国使節紀行』とも称される本書は、オランダ語で書かれた原書が、一六六五年にアムステルダムで出版されるや、ただちにヨーロッパ諸国語に翻訳された。同年中にフランス語訳、翌年にドイツ語訳、そして一六六八年にラテン語訳が出、その翌年に英訳が刊行された。ホルニウス(Hornius, G.)によるラテン語訳こそ、神田博士旧蔵にかかるこの版である。ちなみに英訳をしたオギルビイは、本書と対になるモンタヌス撰の『東インド会社派遣日本使節紀行』の英訳も刊行している。オランダ語で書かれた原書は、鎖国時代の日本に将来され、蘭学者の間で回覧された。幕末に著さ

れた世界地理書の最高峰として知られる山村才助の『増訳訂正采覧異言』（一八〇二年）のはじめに掲げられた引用書目に、

　奉使支那行程記　和蘭加比丹ヨハン・ニイウホフ撰

　東西海陸紀行　同人撰

とあるうちの前者が、本書であり、両書とも杉田玄白から借覧したという。山村才助は両書を要約して『東西紀游』六巻を著わしたが、残念なことに、本書に依拠したはずの巻三・巻四の部分は、佚して伝わらない。

Nieuhovius, Joannes: Legatio Batavica ad Magnum Tartariæ Chamum, Sungteium, modernum Sinæ Imperatorem. Amsterdam: Jacobum Meursium, 1668.

北京

キルヒャー著『中国図説』

キルヒャー撰の「中国の聖俗の記念物及び様々な自然、人工の景勝、その他記憶に値するものごもの図説、レオポルト一世の援助による」と訳される書である。

ドイツの万能学者として知られるキルヒャー（Athanasius Kircher, 一六〇二～八〇年）は、ザクセン・ワイマール大公国のフルダの近くで生まれた。一六一八年に初等教育を終えると、ただちにイエズス会に入り、ヴュルツブルク大学などで哲学と数学を教えた。やがて三十年戦争を避けて、フランスのアヴィニョンに、そして一六三五年にはローマに移り、この地の大学で数学を教えること八年、その後はハプスブルク家のフェルディナント三世とその子のレオポルト一世といった有力な後援者の庇護のもと、精力的な著作活動に従事し、ローマで没した。その研究著作活動は、音楽論、考古学、言語学、天文学、東洋学、博物学などの驚嘆すべき広範囲にわたり、ほぼ三年ごとに分野の異なる著作を発表した。ラテン語で書かれた著述は四〇種近くあり、多くの銅版画を挿入して、イラスト入りの論説と称された本書『中国図説』もそれらのうちの一つなのである。

本書は、第一部「シリア・中国語碑の解明」、第二部「中国への旅行者」、第三部「西方よりペルシア・インドを経て東方に伝わった偶像崇拝」、第四部「中国の奇異な自然と文化」、第五部「中国の建築と技術」の五部から成る。明末に発掘された「大秦景教流行中国碑」を紹介し研究した第一部が、『中国の植物』の著者ミカエル・ボイムの援助をうけたものであるのをはじめとして、アダム・シャー

見返し部

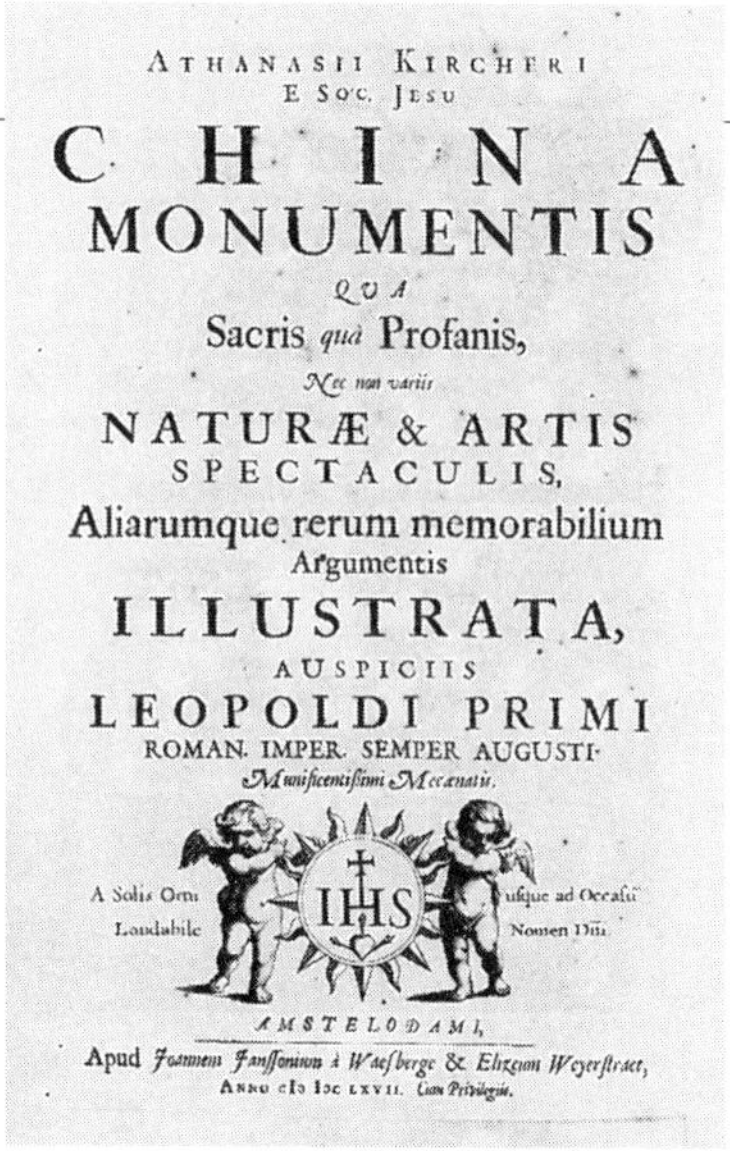
ATHANASII KIRCHERI
E SOC. JESU
CHINA
MONUMENTIS
QUA
Sacris quà Profanis,
Nec non variis
NATURÆ & ARTIS
SPECTACULIS,
Aliarumque rerum memorabilium
Argumentis
ILLUSTRATA,
AUSPICIIS
LEOPOLDI PRIMI
ROMAN. IMPER. SEMPER AUGUSTI.
Munificentissimi Mecænatis.
A Solis Ortu usque ad Occasu
Laudabile Nomen Dni.
IHS
AMSTELODAMI,
Apud Joannem Janssonium à Waesberge & Elizeum Weyerstraet,
Anno cIↄ Iↄc LXVII. Cum Privilegiis.

『中国図説』の扉

ルやマルティノ・マルティーニといったイエズス会宣教師たちからの情報と史料提供を基本にして、キルヒャー自身の宗教・言語研究の蘊蓄を傾けて編纂されたものである。たとえば、図版として掲げた人物像は、キルヒャーの数学の生徒であったマルティーニによる『中国新図』、いわゆるブラウの中国地図の題記に装飾画として描かれていたものに基づいている。第三部では偶像崇拝、第五部では漢字の検討を通して、中国文明のエジプト起源説を展開している。

　ラテン語で執筆された本書の元版、つまりこの本は、一六六七年にアムステルダムで出版された。すると、同年のうちに別の版がアントワープ（実際にはアムステルダム）で出版され、オランダ語訳が一六六七年に、フランス語訳が一六七〇年に、いずれもアムステルダムの元版と同じ出版社から刊行されたのである。ただし、オギルビイによる英語訳は抄訳であって、ニュウホフ撰の『東インド

人物像

会社派遣中国使節紀行』（一六六九年）に付載されている。

本書が刊行された直後の数十年間は、高い評価をうけ、影響力があったが、すべてが伝聞に基づいた知識であり、荒唐無稽なともいえる珍奇な説が多かったので、一七三五年にフランスのイエズス会士デュ・アルドが『中国全誌』全四冊を刊行すると、信頼しえない地誌として、無視されることになった。しかし、近年、博物学者としてのキルヒャーの見直しがなされるようになり、本書にも関心が払われるようになったばかりか、ヒマラヤ学史における本書の価値が認められて、一九七九年にネパールのカトマンズで、アントワープ版の復刻と一部の英訳が出されたのである。

Kircher, Athanasius: China monumentis qua sacris qua profanis, nec non variis naturæ & artis spectaculis, aliarumque rerum memorabilium argumentis illustrata, auspiciis Leopoldi Primi. Amsterdam: Joannem Janssonium à Waesberge & Elizeum Weyerstraet, 1667.

●――『大谷大学図書館蔵神田鬯盦博士寄贈図書善本書影』大谷大学図書館、一九八八年一〇月

第III部

京洛の書香

◉巻頭に収める内藤湖南に関する三篇は、鹿角市の内藤湖南先生顕彰会刊『湖南』と書論研究会刊『書論』に寄稿したもので、能筆家としても知られる湖南の一面に焦点を合わせた点が特色である。つぎは宮崎市定が、パリで収集し没後に京都大学附属図書館に寄贈された、西洋刊の地理書と古地図コレクションを紹介した講演録。最後に、漢字文化に関する文章を収める。

内藤湖南の欧州紀行

内藤湖南生誕一三〇年にあたった一九九六（平成八）年、生地の秋田県鹿角市では記念事業として、一〇月一日から鹿角市先人顕彰館で「写真で見る内藤湖南の生涯」と銘打った六カ月間の特別企画展が始まって、同名の記念写真誌A4判一二頁が作成された。そして、一一月二四日の日曜日に十和田公民館で文化講演会が開かれ、講師として招かれた私は「今なぜ内藤湖南か」と題して、湖南が国際的に如何に高い評価を受けつづけているかについて紹介した。

それ以後五年の間に、中国では二冊の著書が中国語に翻訳された。内藤湖南著、儲元熹・卞鉄堅訳『日本文化史研究』（商務印書館、一九九七年一二月）と、内藤湖南・青木正児《まさる》著、王青訳の『両個日本漢学家的中国紀行』（光明日報出版社、一九九九年九月）であって、後者に湖南の『燕山《えんざん》楚水《そすい》』が、青木正児の『江南春』『竹頭木屑』と一緒に収められた。

国内では、NHK教育テレビが「日本を超えたニッポン人、甦る中国学者内藤湖南」を一九九六年一二月に放映し、翌年には〈紀伊國屋書店ビデオ評伝シリーズ〉の「学問と情熱」第I期全一〇巻の第六巻として、内藤湖南が取り上げられた。今年になって、谷川道雄が主宰する、内藤湖南研究会編著の論文集『内藤湖南の世界——アジア再生の思想』（河合文化教育研究所、二〇〇一年）が出版された。私も今谷明他編『20世紀の歴史家たち(2)』（刀水書房、一九九九年）に、「内藤湖南」の章を担当し、また京都大学学術出版会から刊行の共編著『京大東洋学の百年』に収載する湖南伝の原稿六〇枚を秋口に仕

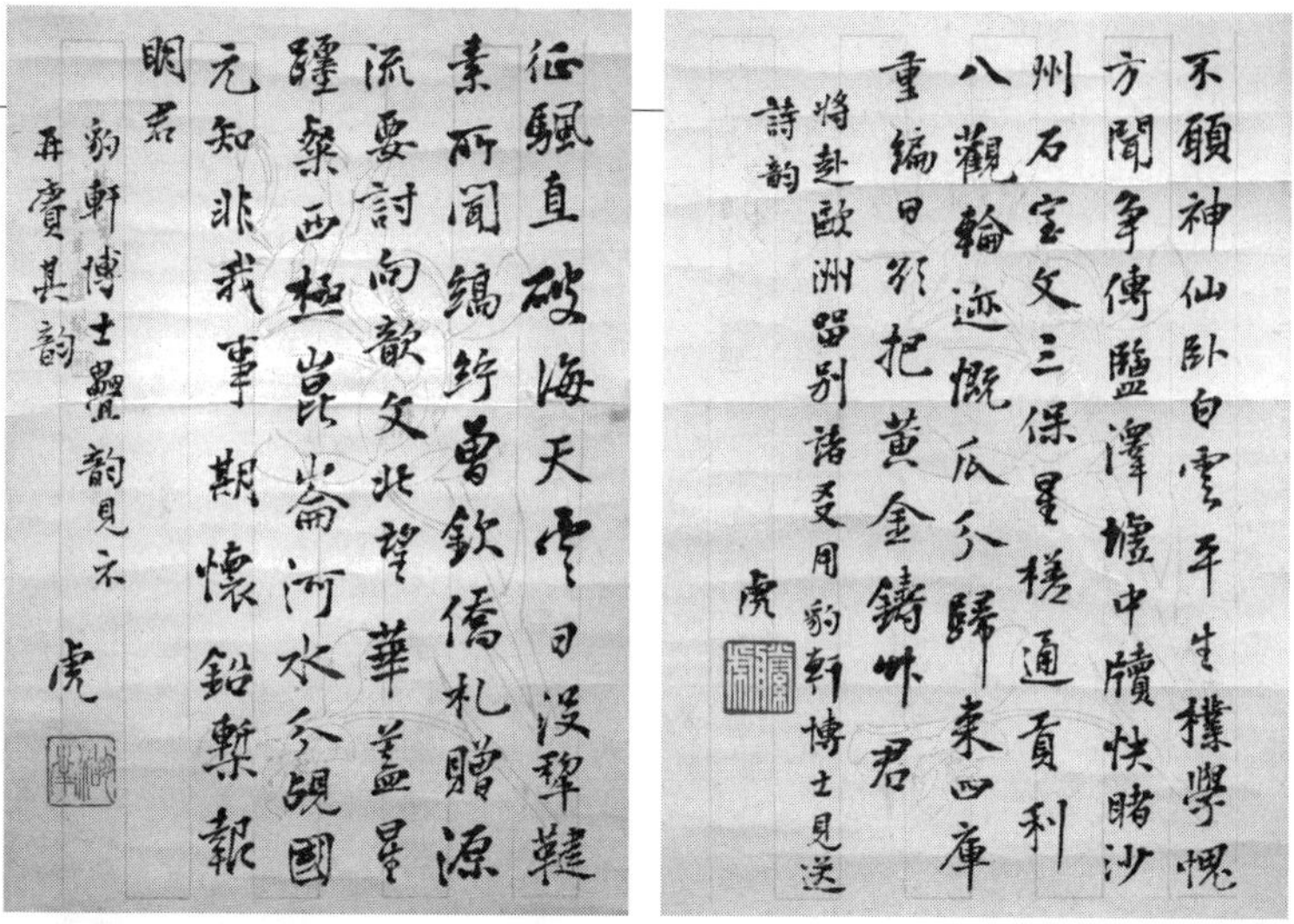

欧州へ渡航中の内藤湖南がジャワ島で大谷光瑞に贈った墨跡（著者蔵）

函には「二楽荘蔵」のラベルが貼付されている。
二楽荘は神戸にあった大谷光瑞の別邸

上げ、湖南の京都大学赴任に関する通説を訂正する私案を提示した。

　ところで、私は先月、一一月の下旬になって、『内藤湖南全集』に未収録の湖南の毛筆一〇通をはじめ、桑原隲蔵《じつぞう》の一通、今西龍の三通と、稲葉岩吉（君山）の一三通、長短合わせて二七通の書簡を張り継いで表装し、題簽に『彌高集《びこうしゅう》』と書かれた、一三メートル余の巻物を、神田の古書店で目の当たりにして歓喜し、大枚を投じて購入した。

　数日後、別の古書店の目録で東洋史を志して以来の探求書であった『涙珠唾珠《るいしゅだしゅ》』の書名を見付けて、入手できるという僥倖に恵まれた。湖南の著書としては唯

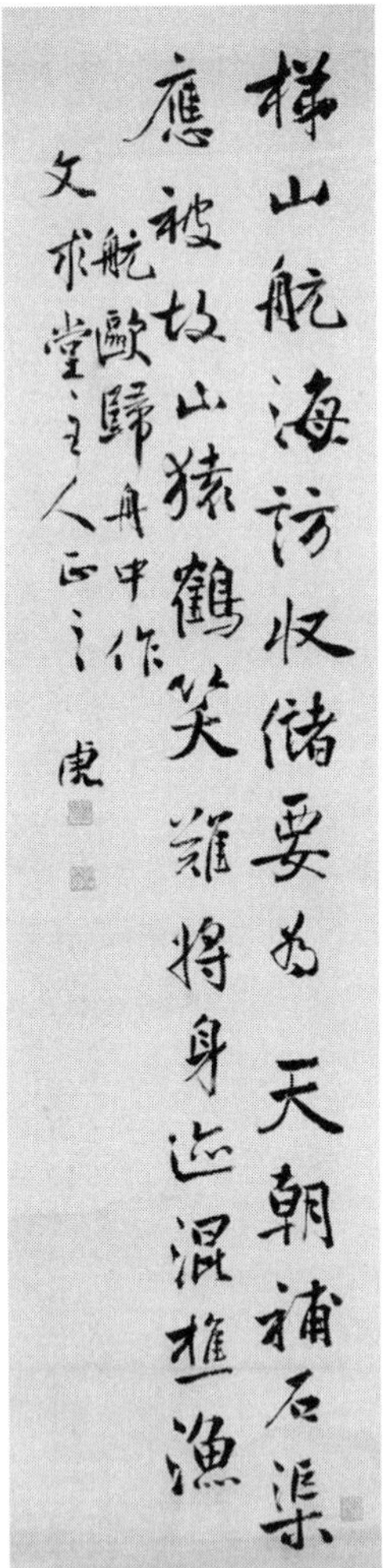

「帰舟中漫成六絶之一」。文求堂主人（田中慶太郎）に宛てたもの（著者蔵）。詳細は本書第Ⅳ部「内藤湖南の学風」参照

一、〈黒頭尊者〉というペンネームで書かれた明治三〇（一八九七）年刊の『涙珠唾珠』。同年刊の『近世文学史論』と『諸葛武侯《しょかつぶこう》』は学生時代から所持しており、長年の執念が叶ったのである。『彌高集』と題された書簡集は、湖南の娘婿となる鴛淵一《おしぶちはじめ》（一八九六〜一九八三年）家に保存されていたものに違いない。ちなみに、『内藤湖南全集』第一四巻収録の書簡の部に、鴛淵一宛の書簡はない。『彌高集』の巻頭に冠されている湖南の第一通目の書簡は、封筒の表に、「上海より諏訪丸ニ搭乗さるべき　鴛淵一様」、裏に「京都大学　内藤虎次郎」とあり、本文末尾に大正一三（一九二四）年「六月十八日」の日付がある。内容は、湖南自身が米国まわりの予定であったが、一船後れて石濱（純太郎）らと伏見丸で七月六日に神戸出航の予定に変更したことなどをしたためている。

湖南が、胆石病のため、京都大学附属病院で胆嚢剔出手術を受けたのが、前年の三月。還暦と京都大学の停年退官を目前にした、欧州への学術視察旅行は、長男の乾吉と石濱らが随行し、翌年の二月三日に神戸に帰着する七カ月の大名旅行として有名で、その成果は線装本の漢詩集『航欧集』と、『目

『航欧集』扉の「艤槎図」

睹書譚』に収載の「欧州にて見たる東洋学資料」(『全集』第一二巻)が夙に公表され、旅行の詳細は『全集』第六巻で初公開の「航欧日記」と、第一四巻に収録された郁子夫人や大谷瑩誠《えいじょう》ら宛の二九通にのぼる書簡類に生き生きと描かれているのを読んで、私なども追体験できたのであった。とりわけ、『航欧集』(私家版、一九二六年)の扉では白黒で、〈日本の名著〉『内藤湖南』(中央公論社、一九七一年)の扉ではカラー版で複写された富岡鉄斎(一八三六〜一九二四年)画の紙本淡彩「艤槎図《ぎさず》」は、七月の湖南父子の出発に際して餞別代わりに写し贈った絵で、父子同船の様子を戯画風に描き、乾吉の頭上には巻軸三本が、膝前には瓢が置かれている。ただし、八九叟の鉄斎は大晦日に急逝したため、湖南らの土産話を聴くことは叶わなかった。

『彌高集』の第一通目の鴛淵宛の手紙により、湖南は先ずアメリカを訪ね、その後にヨーロッパに向かう予定だったことを私は初めて知ったのである。この『彌高集』の第一一通目、鴛淵に宛てた桑原隲蔵の六月九日付の長文の書簡は、「拝啓　欧州御転学ノ時期切迫の為め　定めて御多忙の事と遥察いたし候　内藤博士は米国移民問題の影響として　出発は予定より少しく後くれ　七月上旬に米国へ向け解纜せらるゝ筈……」と書き出されている。

一九二四年五月十五日に、アメリカ議会で可決された排日移民法が施行されるのは七月一日で、日本人の入国は一切禁止され、撤廃されるのは、なんと第二次世界大戦を挟んだ四〇年後の一九六五（昭和四〇）年であるが、その発布の時点で、湖南のアメリカ経由の欧州旅行を断念させたのである。湖南は、伏見丸に乗船して欧州直行に切り替えた。神戸を出航し、門司を経て上海に到着し、鴛淵らの出迎えをうけた。予定を変更した鴛淵が、上海から合流して一緒に欧州に向かうのである。

鴛淵を加えた湖南一行は、香港、シンガポール、インド洋、紅海を経由して、八月一一日にスエズ着、火車（汽車）でカイロに向かい、そこで一泊した。翌日、自動車と駱駝を乗り継いでピラミッドを見物、スフィンクスの前では、伏見丸の一行三〇人ほどと集合写真を撮り、「ひめごとをとかんともせずスフヰンクス風すさぶ野に幾世経ぬらん」などと歌った。一七日正午にマルセーユに上陸。「航欧日記」によると、湖南は晩食を日本料理店で取ったが、乾吉は石濱、鴛淵に誘われて不良なる観物に赴いた。湖南一行は、その夜半に列車でパリに向かう。

記念誌『写真で見る内藤湖南の生涯』に、スフィンクスの前でヘルメットを被り駱駝に跨がった湖南らの集合写真が、「大正十三年七月写送湖南内藤博士赴欧洲」と題賛された富岡鉄斎の「艤搓図」と並べて掲載されている。一二年後の一九三六（昭和一一）年に湖南の受業生である若き日の宮崎市定が、文部省在外研究員として渡仏の途次、高浜虚子や横光利一ら箱根丸の一行と駱駝に跨がってピラミッド前で撮影した写真と全く同一の地点なのに驚かされる。

●──『湖南』二二、二〇〇二年三月

内藤湖南の『華甲壽言』

二〇〇八（平成一〇）年一〇月、京都大学で久方ぶりに開催された日本中国学会の第六〇回大会の記念事業の一環として、文学部と人文科学研究所の共催で「京大中国学の裾野」と題する展観が行なわれた。会場は京都大学百周年時計台記念館一階の歴史展示室内の企画展示室で、一三点の文献・資料が公開展示された。その中に、人文科学研究所蔵で内藤湖南虎次郎旧蔵の白話文によって書かれた章《しょう》炳麟《へいりん》（一八六九～一九三六年）の真筆『佛學手稿』が含まれていたが、ひときわ華やかだったのは、正面に掲げられた双幅の条幅、文学部蔵の内藤湖南揮毫「華甲自述」詩二首であった。

湖南の生年月日は慶応二年丙寅七月一八日（西暦の一八六六年八月二七日）で、『内藤湖南全集』第一四巻の「年譜」に、「慶応二年丙寅（一八六六）八月十七日」とするのは、明らかに誤りである。その湖南が還暦を迎えたのは、大正一五年丙寅の夏で、八月三〇日に大学停年制の内規により依願退官した。それに先立ち、五月下旬に還暦祝賀会が開かれ、弘文堂書房発行の『内藤博士還暦祝賀支那学論叢』が披露された。その記念事業に醵金し、祝賀会に出席された方々に、九月中旬に進呈されたのが線装本の私家版『華甲壽言』であって、その巻頭に湖南手録の「華甲自述」詩二首と趙爾巽《ちょうじそん》と傅増湘《ふぞうしょう》から贈られた祝賀の詩画がコロタイプ印刷され、その後に国内外の知友から寄せられた詩文が活版印刷されていた。「華甲自述」詩二首は趙次珊爾巽の賀詩の脚韻によったものなのである。

『華甲壽言』の体裁は翌月に出版された線装本の私家版『航欧集』とまったく同じであった。『航欧

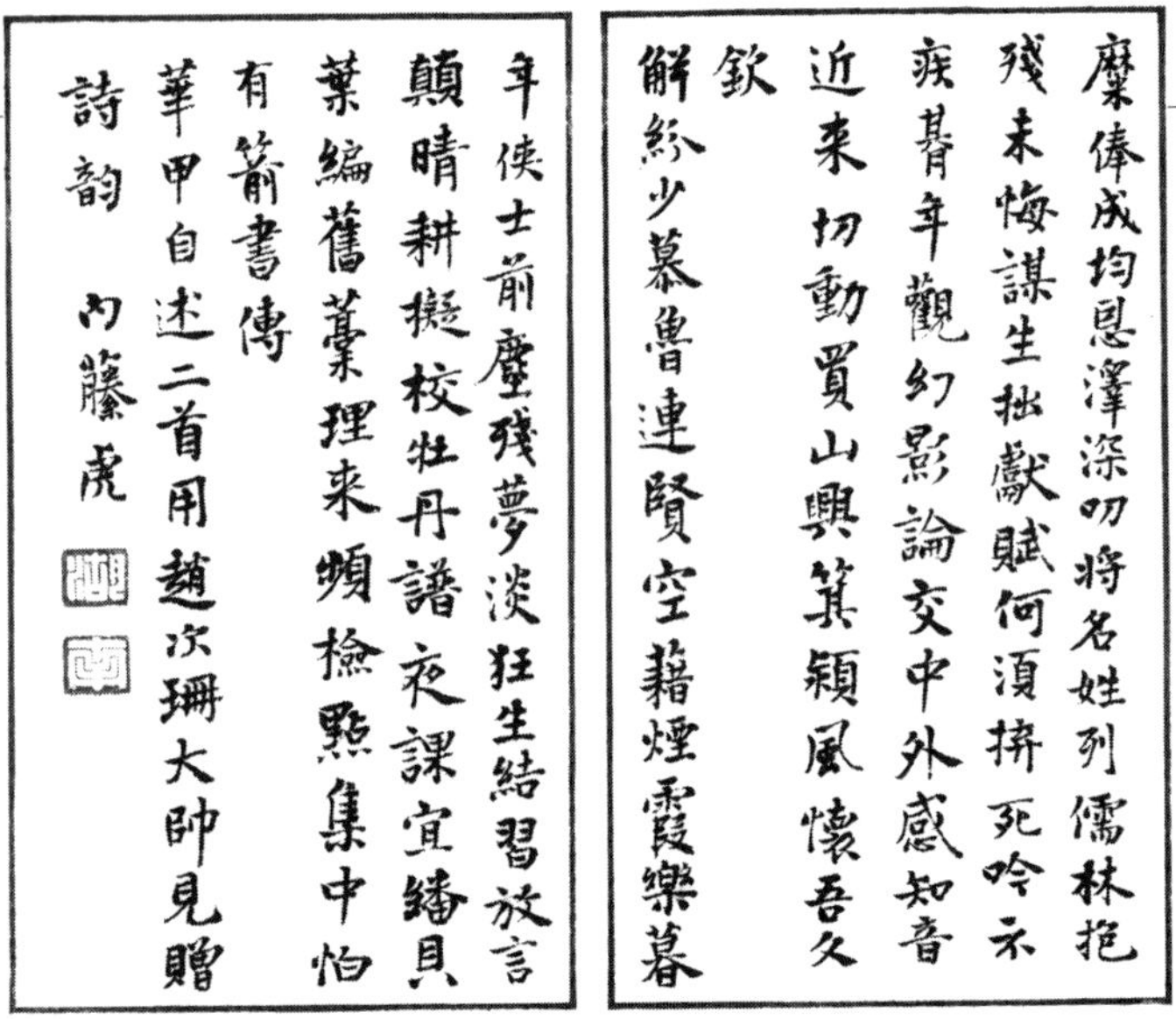
靡俸成均恩澤深叨将名姓列儒林抱
残未悔謀生拙獻賦何須拚死吟示
疾朞年觀幻影論交中外感知音
近来切動買山興箕頴風懐吾久
欽
解紛少慕魯連賢空藉煙霞樂暮
年俠士前塵残夢淡狂生結習放言
顛晴耕擬校牡丹譜夜課宜繙貝
葉編舊藁理来蝢檢點集中怕
有箭書傳
華甲自述二首用趙次珊大師見贈
詩韵　内藤虎

私家版『華甲壽言』

集』の巻頭には、「大正十三年七月写送湖南内藤博士赴欧洲　八十九叟　鉄斎百錬」と題賛された富岡鉄斎の「犠搓図」と湖南手録の「航欧」律詩一五首がコロタイプ印刷され、その後に知友から寄せられた送別詩と、伯希和（ペリオ）や董康らに与えた書簡が活版印刷されていた。

航欧とは、拙稿「内藤湖南の欧州紀行」（『湖南』二二、二〇〇二年）で論及したように、還暦と京都大学の停年退官を目前にした、大正一三（一九二四）年七月から翌年の二月までの七カ月にわたる欧州への学術調査旅行をさす。「航欧」律詩一五首は、鈴木豹軒虎雄から贈呈された送別詩の脚韻によったものであった。ちなみに、『内藤湖南全集』第一四巻の「著作目録」には、『航欧集』は挙げられているのに、『華甲壽言』には言及しない。

ところで、湖南が華甲すなわち還暦を迎えた大正一五年八月頃、天皇の病状の悪化は世間周知のものであった。一九八八（昭和六三）年の秋以降に昭和天皇の容態が悪化した際の極度な自粛ムードを体験した大谷大学の安富信哉は、神祇不拝の伝統に立つ真宗門徒が、大正末年にどのように身を処したのかを確かめるべく、当時の宗教新聞『中外日報』の記事を検索した上で、「日本的風景のなかの真宗」（『三河別院報』五、一九八九年四月）を発表した。

安富が注目した記事の一つが、湖南の論説「神社問題その他――特に青年真宗門徒の反省を促す」（『中外日報』一九二六年八月一三、一四日）であった。当時、政府は思想善導のため、神道・仏教・キリスト教の三教合同の構想をもって、第二次宗教法案の上程をしようとしていたのである。「内藤は非難をこめた口吻でいう。かつて天皇陛下の御肖像に拝礼しなかった高等学校の教員の問題が生じたことがあったが、いまの真宗門徒もこのような態度を再びとろうとするのであるか、また他の仏教の宗派の人たちがこの神社問題の事で、みな真宗の尻馬に乗って騒ぎまわっているのは正気の沙汰とは思われない、と」と安富は述べている。

注意を喚起したいのは、安富が取り上げた湖南の論説が『内藤湖南全集』に収録されていないことである。これは単なる収録漏れなのであろうか。青年期の掲載誌不詳の論説ならいざ知らず、還暦を迎えた時期の主張が、不用意に遺漏したとは思えない。私がマイクロフィルムによって、上下二回からなるこの論説を読み通した読後感から言えば、後になって湖南自身が廃棄したか、あるいは全集編者の神田喜一郎と内藤乾吉の配慮で、「著作目録」から意図的に削除したと考えたい。

●――『湖南』二九、二〇〇九年三月

内藤湖南の漢詩文

機関誌『書論』を編集発行する書論研究会（杉村邦彦会長）の発足四〇年を記念した第三四回大会が、〈京都学派とその周辺〉を主題として、立秋前の二〇一二年八月五日に、銀閣寺道にほど近い、白沙村荘橋本関雪記念館で開かれた。講演と研究発表のほか、関西大学内藤文庫や狩野直禎・杉村邦彦両氏所蔵などの遺墨資料が展示され、私は「湖南と君山ほか」と題する講演をした。以下は、その記録の一部である。

一〇年前に私が京都大学を定年退官する際、京大会館で開催の史学研究会大会で頼山陽が内藤湖南に与えた影響につき「山陽と湖南」と題して講演したのにちなんで「湖南と君山ほか」と銘打ったのであるが、前回の「山陽と湖南」が頼山陽（名は襄、一七八〇〜一八三二年）と内藤湖南（名は虎次郎、一八六六〜一九三四年）を指すことに誤解はなかろうが、今回の「君山」の場合は、いささか説明が必要であろう。というのは湖南の近辺で君山を号とするのは、史学の稲葉岩吉（一八七六〜一九四〇年）と哲学文学の狩野《かの》直喜（一八六八〜一九四七年）の二人がいたからで、ここでは狩野を指すことにする。内藤と狩野は京都帝国大学文科の創設期の教授で、支那学の開祖と目される両人である。

◎——東洋学の京都学派

京都帝国大学の創立は一八九七（明治三〇）年であるが、当初から予定されながら文科大学の開設が難航していた時期に、文科大学を設置すべし、という論陣を張った人物こそ、『大阪朝日新聞』の論説記者の内藤湖南であった。一九〇一年八月の同紙に、「京都大学の文科」「関西の文化と京都大学」「京都大学と樸学の士」と題するキャンペーン論文を立て続けに発表した。文科大学が開設されたのは、日露戦争勝利後の一九〇六（明治三九）年のことで、最初の学長（のちの文学部長）に内定してドイツに留学していた哲学者の大西祝《はじめ》（一八六四〜一九〇〇年）が病気のために帰国し、まもなく死没した。

京都大学の初代総長木下廣次は、国語学者の帝国大学教授上田萬年と相談し、在野の三宅雪嶺《せつれい》の出馬を要請することにし、その使者として雪嶺と近しい湖南を派遣して説得しようとしたが、断られた。結局、一高校長であった、秋田藩士の狩野亨吉《かのうこうきち》（一八六五〜一九四二年）が初代学長となり、中心となって教授陣の選考を行なった。

開設された講座は東京とは異なり、支那哲学と東洋史学と支那文学がそれぞれ別の学科に配属されて存在し、しかも東洋史学に三講座が置かれたのが特色であった。狩野亨吉は教授陣の選考についても、いわゆる「野に遺賢を求める」ことも実行し東洋史学の場合、すでに内定して清国に留学中の桑原隲蔵《じつぞう》（一八七〇〜一九三一年）のほかに、独創的な学者として、旧知の内藤湖南を招聘した。かれは数年前に湖南を一高の教授に呼ぼうとしたが、その折は機が熟さなかったのに、今回は首尾よく実現できたのである。

〈京都学派とその周辺〉という主題で開催された書論研究会の発足四〇年記念大会の案内ポスターとハガキには、一九一九（大正八）年六月二一日に京都円山公園の料亭「左阿弥《さあみ》」で開催された羅振玉（一八六六〜一九四〇年）の「帰国送別会に集まった京都学派とその周辺の名家」三八名の記念写真が使われた。主題に関しては、日比野丈夫に「内藤湖南が交わった学者文人たち」(『書論』一三、一九七八年)があり、文科大学設立当時の関西の文化界の状況を詳しく述べている。

日比野は言う。湖南は書において、書論において自他ともに許す大家であったが、一般書道界との交流はそれほど密接ではなかった。古い流儀の学問に新風を吹き込もうとしたのと同様、書道刷新の必要性を感じていた。明治一〇年代の書道界は、楊守敬来朝の影響をうけ、北朝の碑版石刻の書風が盛んであったが、湖南は唐以前の正統的な書道の復興を計るべきだとした。一九一一(明治四四)年に辛亥革命が起こり、羅振玉が王国維をともなって京都に亡命してきた。亡命に際し、新出土の甲骨、古銅器や典籍書画など多量の資料をたずさえ来たり、中国の新しい傾向の学問を伝え、新史料を出版紹介して、日本の特に京都の東洋学界に大きな刺激を与えたのである、と。

この頃、京都ではいろいろ風流の雅会が開かれたが、一九一三(大正二)年は永和九年後二六回目の発丑に当たるので、湖南らの首唱により、四月に京都府立図書館と南禅寺の天授菴を会場として蘭亭会が開催された。首唱者名簿には西村天囚(名は時彦)・富岡鉄斎(名は百錬)・富岡桃華(名は謙蔵)・小川如舟(名は琢治)・神田香巌(名は信醇)・内藤湖南・村山香雪(名は龍平)・上野有竹(名は理一)・桑原北洲(名は隲蔵)・藤沢南岳(名は恆)・鈴木豹軒(名は虎雄)ら、二八人が見える。狩野君山の名が見えないのは、当時外遊中だったからである。蘭亭会の当日、京都に流寓中の王国維(一八七七〜一九二七年)が長篇の七言古詩を捧げ、東京からは犬養木堂《いぬかいぼくどう》(名は毅)らが参加した。

王国維の京都滞在は一九一六(大正五)年まで、羅振王はさらに三年後で、「左阿弥」で送別会が挙行されたのである。

ちなみに日比野論文の最後には、湖南が政界の領袖として多忙な西園寺公望《さいおんじきんもち》と犬養木堂の両氏と翰墨の交わりを結んでいたことにも言及し、一九一五（大正四）年の正月に、揮毫された木堂と湖南の有名な寄せ書き、

動中静々中動　犬養　毅
忙裏閑々裏忙　内藤　虎
乙卯正月十三日

の写真が載せられている。この小品の軸装を十数年前に京都の古書店で入手したので、講演の際に持参して披露した。

犬養毅と内藤湖南の寄書（著者蔵）

◎――湖南と君山・雨山

長尾雨山《ながおうざん》（名は甲、一八六四〜一九四二年）は、岡倉天心と共に東京美術学校の創立に尽力して教授となり、熊本の第五高等学校教授として同僚の夏目漱石と親交を結んだ。東京高等師範学校教授をへて、一九〇三（明治三六）年に上海に移住して商務印書館の編訳事業を主宰していたが、一九一四（大正三）年の末に帰国して京都に居を定めた。

それ以後、雨山を中心にしていろいろ文人趣味の会が開かれるようになった。蘇東坡の生日を記念する寿蘇会もその一つで、集まった詩文は『寿蘇録』の名で編纂された。この頃、大阪と京都でそれ

ぞれ文会が組織され、漢詩の応酬がなされた。大阪のは西村天囚と籾山衣洲の発起で景社と号し、雨山をはじめ、武内義雄や石濱純太郎が参加した。京都では麗沢社と称し、湖南と君山の指導をあおいだ小島祐馬《すけま》・青木正児・本田成之・岡崎文夫・那波利貞・神田喜一郎らが参加した。

当時は中国学者以外にも漢詩漢文の達者な人が多く、京大の中では医学部の荒木寅三郎や法学部の織田萬らが湖南らとの応酬相手であった。とくに鳳岡と号し、一九一五（大正四）年から一九二九（昭和四）年まで一四年にわたって京大総長を務めた荒木は、しばしば「左阿弥」の清風閣で雅会を開き、湖南の欧州旅行の際も送別会を催した。総長退任を記念して翌年に編まれ、『鳳岡存稿』と題し狩野直喜・内藤虎次郎・鈴木虎雄三人の序を冠した線装本の漢詩文集は、「荒木寅三郎著　長尾甲校」とあって、雨山が校訂に当たったことが分かる。

日比野丈夫にはまた「鉄斎と京都学派」（『別冊　墨』一〇、「富岡鉄斎」人と書、芸術新聞社、一九八九年）という文章があり、羅振玉の帰国送別会に集まった人々のうち、羅振玉を中央にして、右に富岡鉄斎（一八三六〜一九二四年）と湖南、左に犬養木堂（一八五五〜一九三二年）と長尾雨山の五名だけが並んだ写真が載せられている。先に言及した全員の集合写真とこの写真は、内藤湖南生誕一三〇年記念の特別展に展示され、配布された『写真で見る内藤湖南の生涯』（鹿角市先人顕彰館、一九九六年）に収録されている。

湖南がしばしば狩野君山や長尾雨山に自作漢詩の添削を乞うた次第は、『内藤湖南全集』第一四巻（筑摩書房、一九七六年）所収の厖大な「書簡」によって知られていたが、未収録の君山宛の湖南の書簡を、熊本の古書店で入手したので、この機会に披露しておきたい。全集第一四巻「湖南詩存」、三一五頁に見える甲戌（一九三四年）三月の七言古詩「病中地天至自臺北因賦」に関連するものである。地天とは木村泰治のこと。湖南が逝去の四カ月近く前、京大病院で胃潰瘍と告げられて（実は胃ガン）、病床で作った漢詩である。［書簡］の三月三日の条に木村に送った際の書簡と、雨山と、君山とに添削を乞うた書簡、三月一三日の条に「鄙作は君山博士の批正をも参考し聊か訂正を加へ候間再び入貴覧候御評語は重ねて賜はるを煩し不申候」と書かれた雨山に宛てた書簡と、同封した「病中有友至自臺北因賦」と題した詩稿を載せている。私が入手した君山宛てのも三月一三日付けで、柱刻に「寶許簃」と印刷された朱色の四百字詰め原稿用紙に清書した詩稿が同封されている。

◎——評点本『内藤湖南漢詩文集』

従来は湖南が作った厖大な漢詩と、著書や書画に関して揮毫された漢文の序と跋を一括して読むことは不可能であったが、神田喜一郎と内藤乾吉が編集した『内藤湖南全集』第一四巻が発刊され、［湖南文存］一六巻と補遺、［湖南詩存］不分巻が新たに編まれ、全部で六百余点、［和歌］［書簡］［年譜］［著作目録］と相俟って、漢詩漢文の全貌が明らかになった。その学恩は測り知れない。また杉村邦彦が、『書論』の第一三号から五回にわたって「内藤湖南全集補遺」計五一点を集録した中にも、漢文で認《したた》められた詩文が含まれていた。なお全集と補遺のいずれも、白文で移録していて、句点は施されていない。

ここで紹介したいのは、中国で〈日本漢文著作叢書〉の一冊として刊行された、魏東が責任編輯で印曉峰が点校した『内藤湖南漢詩文集』（広西師範大学出版社、二〇〇九年一月）である。同じ〈日本漢文著作叢書〉の『夏目漱石漢詩文集』は同年八月に華東師範大学出版社から刊行されているので、この叢書は、同一の出版社からではなく、各地の大学出版社が手分けして刊行するのかも知れない。

この『内藤湖南漢詩文集』は、『内藤湖南全集』第一四巻に収録されている漢詩と漢文を底本として網羅するだけでなく、巻末に新たに［湖南文存新補］の項を付載し、『書論』の補遺から一三点を録出し、さらに中国で出版された書籍に散見する一三点を追加している。しかも全ての漢詩漢文に標点を付けるばかりか、時には「校」欄を設け、考証を加えて本文の文字を校訂している。誠に至れり尽くせりの出来栄えと言えよう。

印曉峰による校訂の一例を挙げておこう。三六頁に載せる「華甲自述二首用趙次珊大帥見贈詩韵」の題に見える「趙次珊大帥」は、底本の『内藤湖南全集』第一四巻の二九四頁では「趙次珊大師」となっていたのを、趙次珊すなわち趙爾巽は湖南が一九〇五・〇六年に盛京故宮で蔵書調査をしていた時期に盛京将軍であったことを指摘し、「大帥」と改正したと校訂している。いかにも鉄案である。ちなみに『湖南』第二九号に掲載の拙稿「内藤湖南の『華甲壽言』」の図版（本書一七八頁参照）にも、湖南自身はっきりと「趙次珊大帥」と揮毫している。

◎——上野コレクションと内藤湖南

書論研究会の講演では時間がなくて省略した話柄を、この機会に述べておこう。

京都国立博物館収蔵の中国書画の中核をなす上野コレクションは、朝日新聞社の創業者の一人、上野理一（号は有竹斎、一八四八〜一九一九年）によって収集され、子息である上野精一社主より、一九六〇

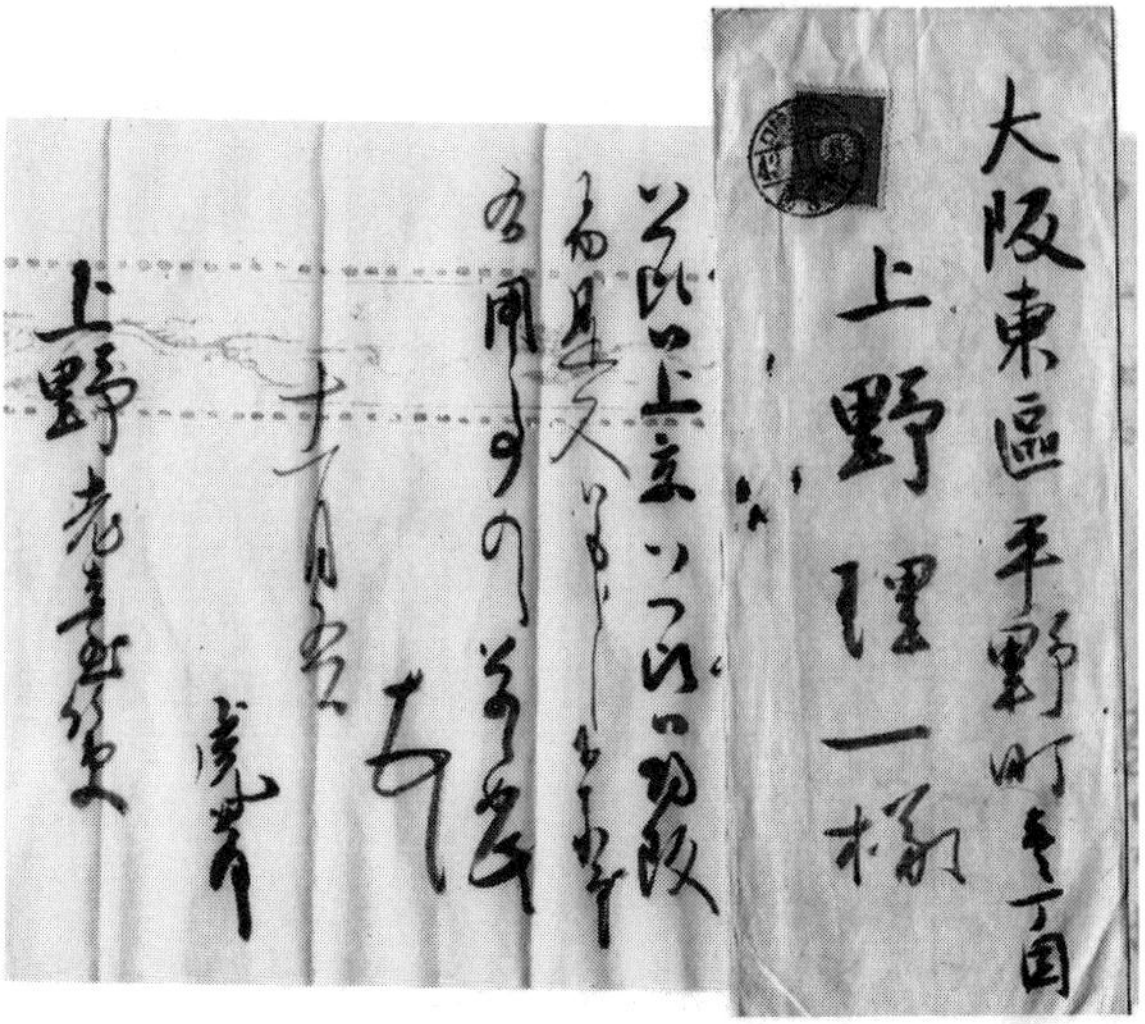

上野理一宛書簡（著者蔵）

(昭和三五)年に寄贈されたものである。理一の収集に際しては、内藤湖南が助言しており、筆墨の精神性を重視する中国文人の芸術観に依拠して、系統的に集められたコレクションとしての特色を持つ。同コレクション寄贈五〇周年記念の特別展覧会「筆墨精華——中国書画の世界」が、二〇一一(平成二三)年の正月に同館で開かれ、豪華な図録が出版された。国宝『王勃集』巻二八の唐写本も出展されたので、参考文献として購入の経緯を記している、家蔵の上野理一宛て湖南書簡を展観した。

この特別展覧会の関連行事として、土曜講座が行なわれ、私は一月二二日に「上野コレクションと内藤湖南」と題する講演をした。講演室が建て替え工事のために使えず、京都女子大学校舎五階で話した講演では、上野理一宛て湖南書簡に言及するとともに、『湖南全集』第一四巻の月報に掲載の、上野淳一「内藤湖南先生と上野三代」を紹介した。淳一によると、父精一の没後に墓所を湖南と同じ法然院に定め、祖父理一の墓碑も同じ場所に移転した。理一の墓誌銘は湖南の作銘ならびに書であり、精一の墓表は内藤乾吉の書である、と。

二〇一一年正月から始まった京博の展覧会「筆墨精華――中国書画の世界」は、実は単独の展覧会だったのではなく、中国書画のコレクションを所蔵する関西の九つの博物館と美術館が、翌年二月まで一年二カ月に亙って関連展示を次々に行なうリレー方式の「関西中国書画コレクション展」の鏑矢の展覧会なのであった。参加館の九館とは和泉市久保惣記念美術館・大阪市立美術館・観峰館・京都国立博物館・黒川古文化研究所・泉屋博古館・澄懐堂美術館・藤井斉成会有隣館・大和文華館で、東京都渋谷区立松濤美術館が協力し、京都大学名誉教授の曾布川寛を代表とする関西中国書画コレクション研究会が企画した。

リレー方式の「関西中国書画コレクション展」の開幕を期して出版されたのが、曾布川寛監修・関西中国書画コレクション研究会編『中国書画探訪――関西の収蔵家とその名品』（二玄社、二〇一一年一月）である。

まず序章に当たる「関西中国書画コレクションへの誘い」の中で曾布川は、

> 注目すべきは、湖南がこれらのほとんど全ての名品を掌握していたことで、それは作品に附した夥しい題簽や題跋、或いは各々の収蔵家が競って出版した豪華図録の序文などに明らかである。当時は書画の名品が手に入れば、内藤湖南や長尾雨山に題跋を求めるのが常であった。（六頁）

と述べ、先に言及した羅振玉帰国送別会の五人だけの記念写真を載せている。

つづく「収蔵家とその周辺人物」として、上野理一・犬養木堂・桑名鐵城・長尾雨山・内藤湖南・羅振玉・阿部房次郎ら一七人を取り上げている。その湖南の条では、京都大学文学研究科所蔵の双幅の条幅「華甲自述」二首のカラー写真を載せているが、それぞれ「二首之一」としていて、「用趙次珊大帥見贈詩韵」の説明は書かれていない。そしてコラム①「収蔵家ブレーンによる題跋・箱書・題簽」（一九頁）では、題跋には「時に作品の逓伝や鑑定、作者に関する資料のほか、入手した経緯や喜びなどが記され、コレクション形成を知るうえでの貴重な資料となっている」と述べ、湖南・雨山・羅振玉によるカラー写真を例示しているのである。

ともあれ、今回話題にした、評点本『内藤湖南漢詩文集』と『中国書画探訪――関西の収蔵家とその名品』は、漢詩漢文の作者として、また中国書画の鑑識家、能筆家としての内藤湖南の余人を許さぬ面目を余すところなく伝える名著である。

●――『書論』三九、二〇一三年八月

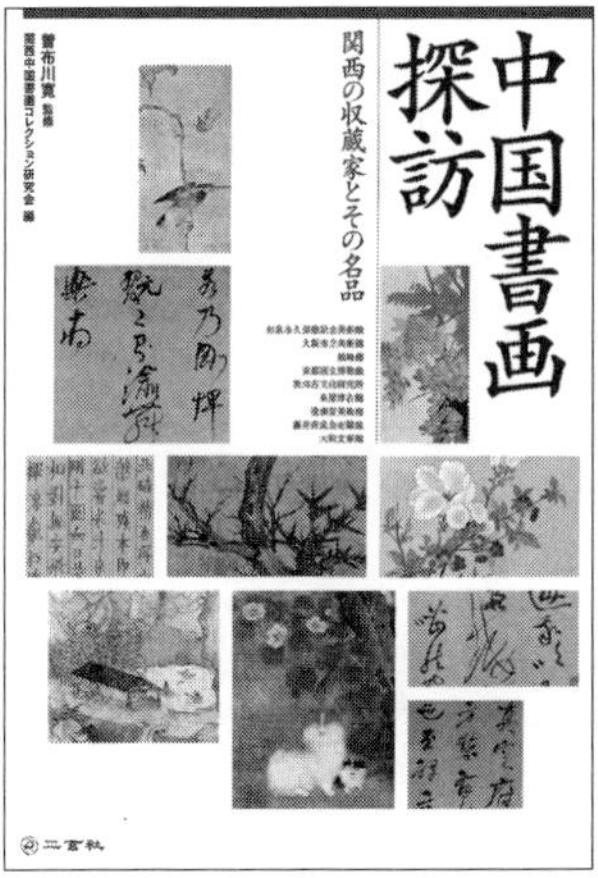

宮崎市定コレクション――西洋刊の地理書と古地図

平成一三（二〇〇一）年六月、京都大学附属図書館は総合博物館の開館記念協賛企画展「近世の京都図と世界図」を博物館北棟の展示室で開き、A4判八〇頁からなる美麗な『近世の京都図と世界図――大塚京都図コレクションと宮崎市定氏旧蔵地図』と題する解説図録を発行しました。この企画展は、図書館が最近寄贈を受けて貴重書庫に別置することになった二つのコレクション、すなわち京都在住の実業家、大塚隆氏の蒐集による江戸期から近代にいたる京都に関する地図の体系的コレクションと、京都大学文学部の東洋史学教室を長年にわたって主宰された故宮崎市定名誉教授（一九〇一～九五年）が、一九三六年から三八年まで、文部省在外研究員としてパリに滞在中に蒐集した西洋古版地図及び地図帳の中から、逸品を選んで公開したものでした。

「大塚京都図コレクション」については、寄贈に尽力された金田章裕教授が、展観期間中に「近世京都図の特性」と題して講演され、その要旨は本誌『静脩』の前号に掲載されました。「宮崎市定コレクション」については、近畿地区国公立大学図書館協議会との共催で九月二一日にAVホールで開催の、平成一三年度第一回附属図書館講演会で、私が話すことになりました。

文化功労者として顕彰され、『宮崎市定全集』全二五巻（岩波書店刊）の著者として知られる、東洋史家の宮崎は、地理学や地図史にも関心を持ち、第二次世界大戦直後の一時期には地理学講座の教授を兼担しますが、地理学教室との縁は、京都大学に入学する大正一一（一九二二）年にまで遡ります。松

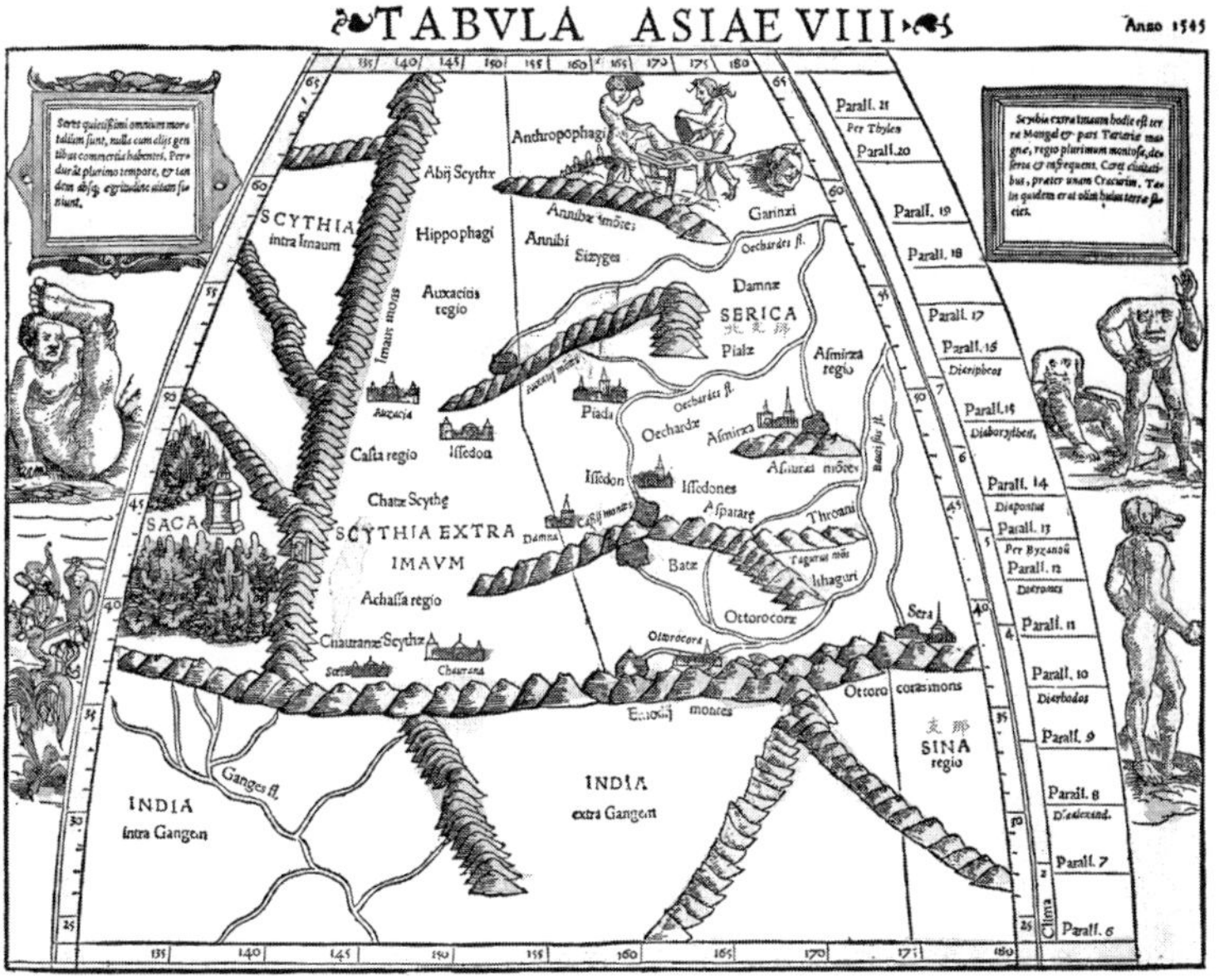

宮崎市定旧蔵「プトレマイオス　アジアⅧ（東部アジア）図」（1545年、京都大学附属図書館蔵）

本高等学校の学生時代に政治家を志していた宮崎が、京都大学の文学部を受験して東洋史を専攻するようになったのは、同文学部の地理学を卒業した浅若晃教授の適切な助言によるそうです。京都における下宿先も、浅若が住んでいた吉田山東麓の浄土寺町でした。

大学を卒業して教室の副手となり、研究者の道を進んだ宮崎は、恩師である東西交通史家の桑原隲蔵に指示され、ゲオルク・ヤーコプ著の『西洋に於ける東洋の影響』の抄訳を作成し、史学研究会の『史林』に三回連載されました。欧米の優越感を少しも感じさせないヤーコプの論考から受けた学恩は大きかった。一年志願兵として、兵役の義務を終えた宮崎は、岡山の第六高等学校教授をへて、昭和四（一九二九）年春に第三高等学校教授に着任しました。いずれも桑原隲蔵の配慮でなされました。

三高教授として、東洋史だけでなく、西洋史

の授業を担当した宮崎は、京大文学部の講師として授業を担当しました。その際、昭和七年度から東洋史教室で宋代の制度や党争などを講義したばかりか、翌八年度から三年間、地理学教室で「支那地理書講読」の授業を受け持ち、西洋刊の地理書や古地図への関心を深めました。

「支那地理書講読」の受講生名簿の中に、後に著名な地理学者となる米倉二郎・織田武雄や、中国地理学を専攻する日比野丈夫らの名前が見えるのです。

三〇歳代の半ばに、三高教授から京大文学部の助教授に転じた宮崎は、文部省在外研究員として滞在する国にフランスを選びました。宮崎は二年間を超えるフランス留学中、機会を見つけてヨーロッパ各地を旅行し、とくに一九三七年九月から二カ月半にわたって西アジア各地を歴遊した結果、史上における西アジアの先進性を確信し、帰国後に「東洋のルネッサンスと西洋のルネッサンス」といった東西交渉史に関する論考を執筆し、紀行文『菩薩蛮記《ぼさつばんき》』を出版します。

宮崎は、パリ滞在中、ヨーロッパで出版された、イエズス会士の編纂にかかる中国に関する地誌や報告書といった、厖大な古書を購入するかたわら、パリ市内に何軒となくある銅版画専門店やセーヌ河岸の古本店で、稀覯本の地図帳Atlasのほか、地図帳から出たハナレものの地図Mapを蒐集しました。たとえば、イエズス会士であるマルティノ・マルティニ（衛匡国）の一六五五年刊『中国新地図帖』、デュ・アルドの一七三五年刊『中華帝国全誌』全四冊、一六三八年刊のリンスホーテン『航海誌』のフランス語訳本、一八九七年にストックホルムで刊行のノルデンシェルド『ペリプルス』英語版といった西洋刊の地理書の稀覯本、一五一三年刊のエシュラー／ユーベリンの「現代インド図」、ともに一五五〇年刊のミュンスター「アメリカ図」と「アジア図」、一五八四年刊のヨルゲ「中国図」、一六〇八年頃刊のオルテリウス「アジア図」、一六五八年刊のヤンセン「中国図」です。宮崎がこれらの地図帳や銅版古地図の蒐集に鋭意努力したのは、渡欧直前まで地理学教室の授業を担当して、西洋におけるアジアの地図史に強い関心を抱いていたからです。

宮崎は、これらご自慢の洋書や地図帳・地図には「宮崎氏滞欧採蒐書印」と刻した朱印を捺し、それらの地図を眺めて楽しむだけでなく、折にふれて地図を活用した緻密な論考を発表して、地図の変遷からみた東西交渉史論を展開したのです。ヨーロッパで刊行された中国地図帖の双璧は、〈ブラウの地図帖〉として有名な、マルティノ・マルティニの『中国新地図帖』と、〈ダンヴィルの地図帖〉として知られるデュ・アルドの『中華帝国全誌』全四巻の随処に挿入された、四二葉の近代的な地図ですが、宮崎はそれらの両方を購入しています。

チロル生まれのイエズス会士マルティニは、一六四三年に多数の宣教師をともなって中国に入り、明末清初の動乱期に中国各地を巡回して貴重な見聞記を書くかたわら、主要都市の位置を測量し、ローマ法王庁に帰る途中に立ち寄ったアムステルダムで、地図学者ヤン・ブラウの大地図集『新地図帖』の一部として、一六五五年に『中国新地図帖』を公刊しました。これは、ヨーロッパにおいて出版された最初の中国地図帖です。明の陸応陽の『広輿記』を底本として作り、ダンヴィルの『中国新地図帖』が出るまで、ヨーロッパで最も信頼すべき中国の地理書として尊重されました。

パリ生まれのデュ・アルドは、イエズス会に入り、もっぱら編纂の仕事に従事しました。かれが在中国の宣教師から送られてきた書簡・研究などをたくみに編集して『中華帝国全誌』を出版した際、パリの王室付地図師のダンヴィルが作成した多数の中国地図を挿入しました。ダンヴィルの地図は、清の康熙帝の命によって、一七〇七年から一〇年の歳月をかけ、イエズス会士を中心に近代的な実測によって作成された中国全図『皇輿全覧図』に基づき、その実測は、北京を通過する子午線を基準経度と定め、中国本土はもとより、辺境の各地を含む約七〇〇地点の経緯度を天文測量などによって決定したのです。『中華帝国全誌』は一七三五年にパリで出版され、フォリオ判全四冊からなる巨帙でした。翌年にハーグから縮刷のクォールト判として出された際、四二葉の地図はすべて省かれましたが、その翌一七三七年に、同じハーグの書肆から別冊の『中国新地図帖』が刊行されました。これが一般に〈ダンヴィルの地図帖〉と呼ばれているものですが、もともとはパリ刊のデュ・アルド『中華帝国全誌』の随処に挿入された地図類を一冊に纏めたものです。

今からちょうど百年前、宮崎が生まれた明治三四（一九〇一）年の、一二月一六日付『大阪朝日新聞』に、宮崎の恩師の一人で、当時は朝日新聞社の論説記者であった内藤虎次郎（号は湖南。一八六六〜一九三四年）は、〈黒頭〉のペンネームで、「京都大学図書館紀念展覧会」と題する詳しい観覧記を書いています。この文章は筑摩書房刊『内藤湖南全集』全一四巻には未収録ですが、内藤湖南を特集した『書論』第一三号（一九七八年）の全集補遺に収められています。その四年前に創設された京都帝国大学は、勅令では法・医・理工・文の各分科大学を有するものとされながら、当時東京帝国大学においてさえ文科大学の学生は定員に満たなかったということもあり、京都の文科大学だけは開設が遅れていましたが、大学附属図書館はすでに開館していたのです。

この図書館観覧記によりますと、その開館第二周年紀念として去る八日より三日間、京都地理に関する図書の展覧会が開かれたので、内藤が初日に参観したところ、今しも関西文庫協会例会の最中であって、富岡謙三が図書館に対する希望を述べた演説をしていましたが、その趣旨は、寺院における古板本、古抄本の収拾を京都大学に望み、字書索引の整備を各図書館に望んでいたそうです。

参観記の終わりに、この日の来観者は富岡鉄斎ら考古好事の老大家をはじめとして、青年の文士もあって、ここかしこで談論湧くがごとく興があった、と記したのち、展覧以外の珍書としては、新宮涼庭の寄贈にかかる書の一であるとして、島文次郎館長らが示したのは、西暦一七三七年パリ（正しくはハーグ）出版の清国地図で、著者の名をダンヴィユ（D'Anvlle）という、と述べていたのです。奇しくも一〇〇年後、附属図書館の主催によって京都の地図に関する大塚京都図コレクションと宮崎市定コレクションの優品の展覧が行なわれ、西暦一七三七年パリ（正しくはハーグ）出版の清国地図ではなく、デュ・アルドの一七三五年パリ刊『中華帝国全誌』全四冊が展観されました。そして関西文庫協会の後身に当たる、近畿地区国公立大学図書館協議会との共催で、今回の講演会が開かれたことになります。

第二次世界大戦の時期、文学部の地理学講座を主宰した小牧實繁教授は、ドイツ地政学の学風に共鳴し、『日本地政学宣言』（弘文堂、一九四〇年）などを出版し、特殊講義にも「日本地政学」を講じました。敗戦後、小牧教授と室賀信夫助教授らが辞職した際、宮崎は地理学教室の主任となって同教室の再建に努め、自由主義者の織田武雄を助教授に招請したのです。

宮崎は、織田武雄『地図の歴史』（講談社、一九七三年）の序において、「十六世紀のオルテリウスのアジア地図などには、奇怪な形状をした日本・朝鮮が、いとも自信なげに描かれている。しかし知的には臆病そうに見えても、それは同時に逞しい意志を中に秘めている。いかなる困難をも冒し、どんな犠牲を払ってでも未知の世界に挑戦し、実態を極めねばやまぬぞという船乗りたちの凄じい意欲の成果が、その裏に潜んでいるのである。さてこの地図を前にした当時の人たちの間には、一航海ごとに巨万の富を手に入れ、あこがれの貴族の地位に近付こうと野心を燃やす商人もあったであろう。また、そんな成功者を見習って一攫千金の夢を抱き、これから危険な遠征に旅立とうとする無一文の青年もおったであろう。その傍らには、地図に描かれた呑舟の怪魚を指さして、息子の冒険を思い止まらせようと、涙ながらにかきくどく母親がいたかも知れない」と書いていました。

宮崎が言及した、オルテリウスのアジア地図（一六〇八年頃刊）も、宮崎市定コレクションに含まれています。今回の図録『近世の京都図と世界図』で綿密な解説をしたためた京都大学名誉教授の應地利明さんは、織田の高弟であるとともに、学生時代から宮崎の学風を景仰し、論著を読破してきた方ですが、このオルテリウスの地図の解説で、「アジア全域が黄色く彩色されていて書き込みが容易なためか、宮崎は、中国から西域へと至る多くの欧文地名に赤インクで漢字地名を添記していて、この地図を楽しみつつ読んでいた様を彷彿とさせる。宮崎にとっては、たとい古地図でも自由に書き入れをおこなうなど、それらは研究と趣味のための私的資料であって、決して骨董品ではなかったのである。その書き入れに導かれて地名をたどると、マルコポーロが帰国の際に出立した……」と書いています。今では一枚が数十万円もする古地図のあちこちに、朱筆で書き込みをしているのです。宮崎が蒐集した古地図は、あくまでも研究と趣味のためのものでした。

地図は、宮崎市定旧蔵「オルテリウス　アジア図」（1608年頃、京都大学附属図書館蔵）

八〇歳をすぎた頃、宮崎は雑誌記者の質問に対し「よく、京都大学の学問のやり方は趣味的でいかん、と批判されますが、私は逆に、趣味的にやるのが本当の学問だと思っている。それを実証したのが、私の『論語の新研究』ではなかったでしょうか」（「論語読み」の愉しみ）と答えていますが、西洋刊の地理書や地図も、同じやり方で対応したのでした。

宮崎がパリで西洋刊の地図を採蒐していた時のライバルは、朝日新聞社パリ支局長の渡辺紳一郎（一九〇〇～七八年）でした。渡辺の地図蒐集の苦心談は、渡辺の講演録である「古地図あれこれ」（『ビブリア』三二、一九六五年）に詳しく描かれている。〈古地図・地球儀・天球儀特輯〉と銘打たれた『ビブリア』の同号には、織田の講演録「世界地図の発達」や、宮崎

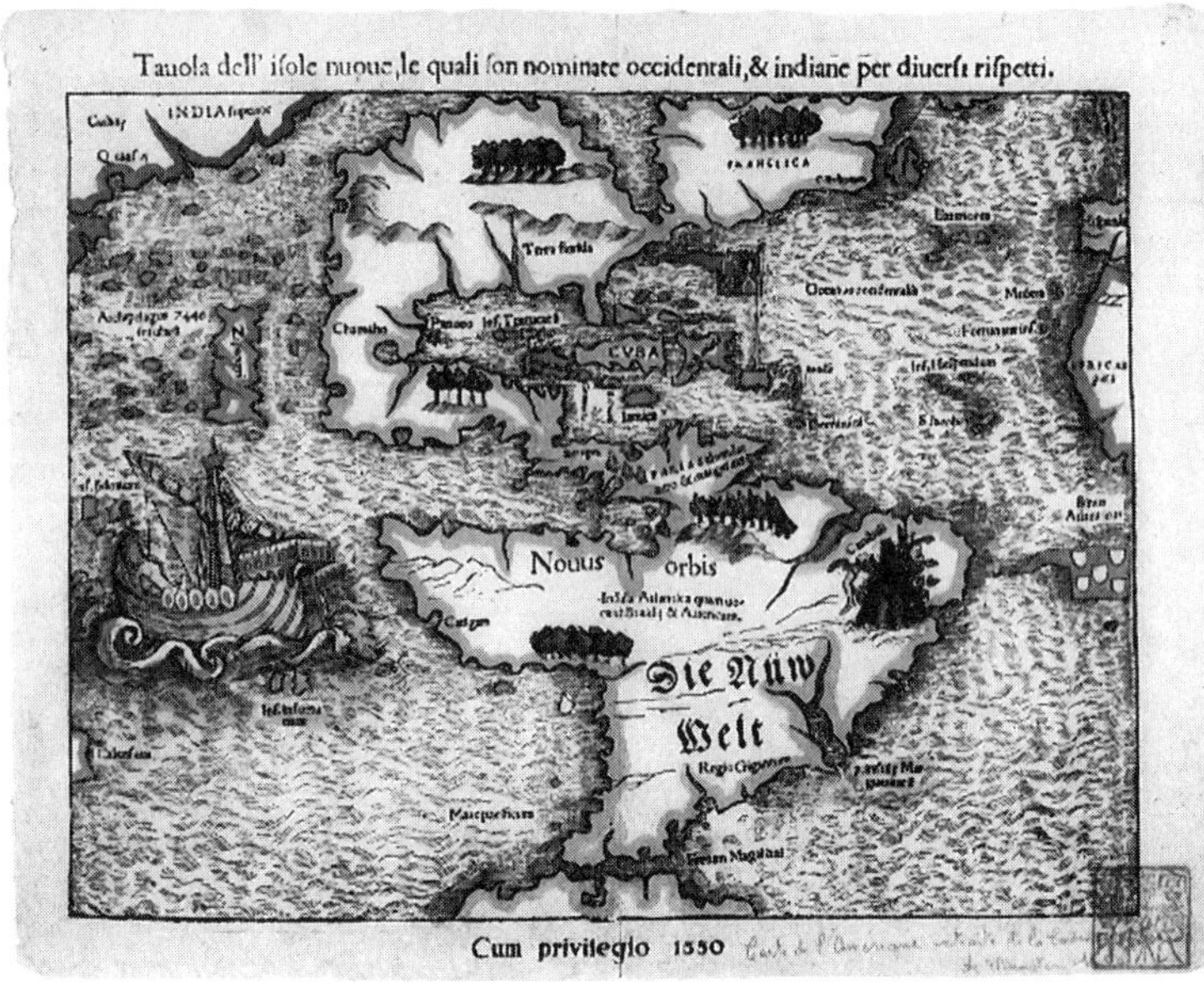

宮崎市定旧蔵「ミュンスター　アメリカ図」(1550年、京都大学附属図書館蔵)

の論文「マルコ・ポーロが残した亡霊――カタイ国が消滅するまで――」が掲載されています。また平成九（二〇〇七）年六月に神奈川県立歴史博物館の開館三〇周年記念特別展「世界のかたち日本のかたち――渡辺紳一郎古地図コレクションを中心に――」が開かれ、同名の解説図録が刊行されています。

宮崎市定コレクションの地図のうち、一五五〇年刊のミュンスター「アメリカ図」のカラー複製は、大型図録の織田武雄・室賀信夫・海野一隆編『日本古地図大成・世界図編』（講談社、一九七五年）に採録されたほか、一九八二年には外国の航空会社が配布した古地図カレンダーにも採用されました。そしてミュンスター「アメリカ図」は、同じ「アジア図」とともに、金田章裕編集代表『京都大学所蔵古地図目録』（京都大学大学院文学研究科、二〇〇一年）の巻頭図版として複製されました。この古地図目録は、平成一二年度京都大学教育改善推進費（学長裁量経費）の交付を受けて刊行されたもので、「宮崎市定コレクション」のうちの西洋刊の地理書と古地図の目録が、東洋史の杉山正明教授によって作成され、「宮崎市定氏旧蔵地図」と題して収録されています（一五〇～一六六頁）。

〔宮崎市定の西洋刊地図関係論説〕

①「南洋を東西洋に分つ根拠に就いて」（『東洋史研究』七─四、一九四二年）
②「パリで刊行された北京版の日本小説その他」（『日出づる国と日暮る処』一九四三年）
③「十字軍の東方に及ぼした影響」（『オリエント』七─三・四合併号、一九六五年）
④「マルコ・ポーロが残した亡霊」（『ビブリア』三二、一九六五年）
⑤織田武雄著『地図の歴史』序（一九七三年）

①③④は、全集第一九巻および礪波護編『東西交渉史論』中公文庫
②は、全集第二二巻および『日出づる国と日暮る処』中公文庫
⑤は、全集第二四巻および『遊心譜』中公文庫

●──『京都大学附属図書館報　静脩』三八─四、二〇〇二年三月

十七字詩と漢俳

漢詩の詩形は、五言詩が漢代に登場し、唐に至って主流となる。唐の詩人たちは、さらに七言詩の形式を完成させた。自由な形式の〈古体〉と、韻律が一定の型に従った〈近体〉すなわち五言七言の律詩と絶句の別が定まり、宋代以降に受け継がれる。

宋代になると長短句とよばれる詞も流行するが、南宋時代には俳句に似た十七字詩が現れ、民衆に口ずさまれた。その一七字の配列は五・五・七である。

先師宮崎市定は、一九七四年新春の『朝日新聞』に「十七字詩と俳句」と題する文章を発表した。十七字詩は酒宴の席の余興で作られた酒令から発生したもので、彼の地で酒令や十七字詩の実際に接した入宋僧たちが帰国後に翻案してまねたのが、連歌や俳諧として定着したのではなかろうか、と提言した。

ところで、同じ十七字詩の漢詩ながら、俳句の形式にならった詩形が、一九八〇年四月に中国仏教協会会長の趙樸初によって始められ、「漢俳」と名付けられた。その配列は五・七・五で、季語をふくみ、しかも俳句とは異なり、各句末に脚韻を踏む。

ときに唐招提寺の乾漆造りの鑑真坐像の中国揚州大明寺への回郷、すなわち里帰りが実現していた。

大明寺には一九七三年に唐招提寺の金堂を模して建立された鑑真記念堂があり、その中央には樟材木彫の鑑真坐像が安置されていたが、回郷の期間は乾漆の坐像に置き換えられた。

回郷に随伴した寺院関係派遣団は、唐招提寺長老の森本孝順が名誉団長、東大寺長老の清水公照が団長で、日本中国文化交流協会の原信之が秘書であった。一行は大明寺で記念法要を行なった後、四月二一日に北京で中国仏教協会主催の歓迎宴に参加した。その席上で、清水が揚州で作った俳句「菜の花や　目しひの聖人　里帰えり」を披露すると、通訳によって意味を知った趙居士が、俳句の格律に依って漢文に改め「遍地菜花黄　盲目聖人帰故郷　春意万年長」と作句した。漢俳の最初である。

趙樸初は五月二六日には、鑑真大師像が奈良に返るのを送ると題する漢俳三首を作った。その三首目は「万緑正参天　好憑風月結来縁　像教住人間」で、原注に「風月同天、同結来縁」は日本の長屋王子の語であって『鑑真東征伝』に見え、「像教」とはここでは鑑真像を指す、とある。

これ以後、中国で漢俳に対する関心が高まり、二〇〇五年春に漢俳の誕生以来二五周年を期して全国的な漢俳学会が成立、北京で開催された成立大会には、日本からも現代俳句協会代表団が参加した。

女性俳人の松本杏花は、二〇〇六年夏に鑑真ゆかりの江南の地を吟行した際、大明寺で鑑真像を瞻仰して、「花頭窓　口もと涼し　鑑真像」と作句した。ただちに葉宗敏女史によって訳され、「別致花頭窓　微風習習口辺涼　慈悲鑑真像」という漢俳が作られた。「花頭窓」とは上部が曲線状になっている窓を指す（松本著、葉訳『余情残心』上海訳文出版社、二〇〇七年）。

●――『全漢詩連会報』二四、二〇〇九年四月

胡宝華編著『20世紀以来日本中国史学著作編年』序言

遣隋使・遣唐使の時代以降、一九世紀末まで、中国は日本にとって憧憬と模範の国でありつづけ、東アジアの広大な地域が漢字文化圏であった。しかし今や漢字文化圏と呼べるのは、中国と日本の両国だけで、朝鮮半島でもベトナムでも漢字を使わなくなった。

京都に本部を置く日本漢字能力検定協会が、その年の世相を一字で表す「今年の漢字」を清水寺で発表するのが、日本の歳末風景の一つとして定着してきた。今年二〇一一年を表す漢字は、「絆」であると発表された。胡宝華教授の労作、本書『20世紀以来日本中国史学著作編年』は、二〇世紀になって初めて上梓された日本の代表的な中国史学者の著書の解題書目であり、まさに中国の学界と日本の学界をつなぐ「絆」となる成果である。

一九六〇年春に私が唐宋の変革と使職に関する論文を提出して京都大学を卒業して以降、隋唐時代の中国史を専攻すること半世紀を超えた。この機会に、私が隋唐史研究の先達として尊敬する唐長孺先生と張広達・張澤咸の両先生、三人の先生方が、日本の中国史学を如何に評価されているかについて述べたい。

私が大学を卒業した頃は、日本と中国の間に国交はなく、一九七二年に国交が正常化したものの、一〇年にわたった文化大革命の終結によって、ようやく活発な日中間の学術交流が始まったのであった。

一九八〇年、京都大学人文科学研究所は新しく外国人客員教授のポストを新設し、その最初として武漢大学の唐長孺教授を招請した。その経緯は、拙文「唐長孺先生在京都」（『魏晋南北朝隋唐史資料』二一・唐長孺教授逝世十周年紀念専輯、二〇〇四年。本書第Ⅳ部「京都における唐長孺先生」）に述べた通りである。唐先生は在洛中、毎日のように日本人の著作を渉猟し、重要論文は、ご自身に必要なものに限らず、門下生のために、論文の複写を依頼された。唐先生が日本の学界動向に深い関心をもっておられたことは、生誕一〇〇年を期して上梓された『唐長孺文集』八冊（中華書局、二〇一一年）の随処から察知される。

四半世紀のちに唐長孺教授と同じく人文科学研究所客員教授のポストにパリから招請されたのが張広達先生であった。張広達先生から『張広達文集』三冊（広西師範大学出版社、二〇〇八年）の贈呈を受けた。その第一冊『史家　史学与現代学術』の〈自述〉の項に収録の「我和隋唐、中亜史研究」は、『学林春秋三編』上（朝華出版社、一九九九年）に原載された自伝であるが、それによると、一九七八年に四七歳で初めて北京大学で正式に登台講課して、中国通史と隋唐至両宋時代を講義した時期を回顧され、

> 就是這様，年近半百，已成二毛的我，終于選択了隋唐、中亜為研究対象。受陳寅恪先生的外族盛衰之連環性及外患与内政関係説的啓示，我将隋唐与中亜史結合在一起；受内藤虎次郎的中国近代始自唐宋之際説和堀敏一的中国各地可能分頭発展的最後一次機会是五代十国時期説的影響，我把研究重点放在了晩唐五代；

と述べておられる。そして〈学術史〉の項に、王国維に関する二篇に続いて収録されている「内藤湖南的唐宋変革説及其影響」は、『唐研究』第一一巻・唐宋時期的社会流動与社会秩序研究専号（北京大学出版社、二〇〇五年）の巻頭に原載された大作である。

北京大学の劉俊文教授の主編にかかる『日本学者研究中国史論著選訳』全一〇巻は、一九九三年に中華書局から刊行され、二〇世紀における日本の中国史研究の代表的な数多の論文を網羅的に初めて中国語訳し、中国で大歓迎を受けた。第一巻〈通論〉所収の宮崎市定の著書『東洋的近世』を唯一の例外として、すべて学術論文の翻訳である。その第四巻、一三人の論文一九篇の論文を収録した〈六朝隋唐〉に対して、張澤咸先生は早速に書評し、『書品』一九九三年第一期（後に張澤咸『晋唐史論集』中華書局、二〇〇八年に再録）に寄稿された。まず宮川尚志「六朝時的村」、濱口重国「関于隋代郷官之廃止」と礪波護「唐代県尉」の三篇を詳しく紹介し、「上述有関村、郷官、県尉三文，都是涉及州県以下行政制度及官制的重要課題，日本学者選題精細，論証深入，是這一学術領域有価値的研究成果」と高く評価し、おわりに「通読十九篇論文，我深感諸位学者的行文各有特色，他們或治学態度謹厳，措詞一字不苟；或高度自律，勇于修正自己的失誤」と述べている。

三人の先生方のご意見に照らしても、隋唐史学の分野においては、日本の学問がかなりの貢献をしていることに誇りをもってもよさそうである。ほかの時代の分野においても、ある程度の貢献をしてきたと思われる。

本書『20世紀以来日本中国史学著作編年』は、編年体の解題書目である。このような〈編年〉という体例は、かつて南開大学出版社より刊行された楊翼驤編『中国史学史資料編年』（第一冊・先秦至五代は一九八七年刊）で採られたもので、私は重宝している。

胡宝華教授は、唐代史の研究で知られる胡如雷の次男として一九五四年に上海に生まれ、文化大革命下の一九六九年に北京の中学を卒業と同時に内モンゴル包頭市郊外の工場に下放すること一三年。一九八五年に陝西師範大学大学院の唐史研究所での修士課程を修了、一九八八年に京都大学に留学して唐代史の研究に没頭すること一二年、その間に私の主査のもと、「唐代監察制度の研究」で博士号を取得した。二〇〇〇年九月より南開大学文学部で教鞭をとっている。私の序文を冠した『百年の面影――中国知識人の生きた二十世紀』（角川選書、二〇〇一年）の後半は胡教授の自伝である。

本書には工具書は取り上げられていないが、礪波護・岸本美緒・杉山正明編『中国歴史研究入門』（名古屋大学出版会、二〇〇六年）を参考にして戴きたい。

二〇一一年師走

●――中華書局、二〇一二年六月。原掲中国語

二〇一一年の漢字「絆」のイメージ

漢字検定協会は年末に、一年の世相を表す漢字一字を全国から募集し、二〇一一年は「絆」が今年の漢字に選ばれた。第二位は、「災」、第三位は「震」だった。東日本大震災の後、国内外から絆を受けたと感じた人が多かったからであろう。「災」「震」に対し、「絆」はプラスイメージと捉えられたに違いない。

ところで、かつて一二年間にわたって京都大学に留学し、私の主査のもと博士論文を提出した天津・

南開大学の胡宝華教授は、『20世紀以来日本中国史学著作編年』と題する労作を完成させ、昨年末に序言を求められた。そこで「今年の漢字」を清水寺で発表するのが、日本の歳末風景の一つとして定着してき、今年を象徴する漢字は「絆」であった、と述べた上で、該書はまさに中国の学界と日本の学界をつなぐ「絆」となる成果である、と認《したた》めた。

まもなく届いた中国訳の「絆」の個所の脚注に、「日本語の絆の意味には幾つかあり、ここでは紐帯、連接の意味（日語〝絆〟的含義有幾種、這裡表現的是〝紐帯、聯接〟之意）」とあった。はたと気づいた。中国人には「絆」は誤解を招く字だったのだ。早速に手元の漢和・中日・国語の辞典類で「絆」を検索した。

角川書店『新字源』では「①きずな。ほだし。牛馬などをつなぐつな。物をつなぎとめるもの。②つなぐ。ほだす。つなぎとめる」とあり、講談社『中日辞典』には「①つまずかせる。ひっかける。②足払い。③人を陥れるわな」とあって、いずれもプラスイメージではない。一方、『広辞苑』では「①馬・犬・鷹など、動物をつなぎとめる綱。②断つにしのびない恩愛。離れがたい情実。ほだし。係累。繋縛」とあって、マイナスイメージは少ない。

今年になって、NPO法人「りすシステム」が、その活動や理念は「絆」の対極であり、「絆」から脱却し、「個」の発見と実現を目指している、という新聞報道があった。同じ漢字が地域と時代によって、全く異なったイメージを与えることを痛感した。

●――『漢字文化研究所開設準備室通信』四、二〇一二年七月

第Ⅳ部

先学の顕彰

◉「先学の顕彰」と銘打った第Ⅳ部には、狭義の顕彰文と追悼録を併せ収める。追悼録は依頼文なので、書く機会を逸した、佐藤長・福永光司・上山春平・竹内実・林巳奈夫の諸先生への想い出は、今回も見送ることにした。内藤湖南・桑原隲蔵・宮崎市定の全集は、私の座右の書である。武漢大学の唐長孺教授が京大に滞在された四カ月、身近で接し得たのは僥倖であった。

内藤湖南の学風

ご紹介いただきました礪波護です。現在は大谷大学で東洋史を教えています。本日、秋田大学教育文化学部に、全国漢文教育学会の公開記念講演「東洋の巨星・内藤湖南を語る」の講師としてお招きをうけましたこと、とりわけ感慨が深いのです。と申しますのは、つぎに講演される東北大学名誉教授で、鹿角市先人顕彰館名誉館長の寺田隆信さんと私とは、本学部の前身である秋田師範学校を卒業された内藤湖南先生（一八六六～一九三四年）が初代の教授であった、京都大学文学部の東洋史研究室で学んだ者だからです。レジュメは三枚用意しました。参考文献と史料と図版です。

内藤先生につきましては、これまで何度か公開講演をする機会がありました。一九九六年（平成八）一一月、京都大学の文学部九〇周年と二階建新校舎の竣工を祝う東洋と西洋の二部からなる〈公開シンポジウム〉の東洋の部の企画を私が担当することになり、「創設期の京大文科《東洋学者群像》」と銘打ち支那哲学文学の狩野君山（直喜）、国史学の三浦周行《みうらひろゆき》、そして東洋史学の内藤湖南（虎次郎）を取り上げ、それぞれの業績と今日における評価について論じました。内藤を担当したのが私でした。のちに京都大学学術出版会から、このシンポジウムで取り上げた三人をもとに、八人前後の《東洋学者群像》の評伝集を編集してほしいとの申し出がありましたので、快諾し、藤井讓治さんと共編して出版したのが『京大東洋学の百年』（二〇〇二年）で、初刷がすぐに売り切れるほど好評でした。昨年の一月末には、大阪府立中之島図書館の創立一〇〇周年の記念行事の一環として、図書館の創設に参画された内藤先生の人と学問についてお話いたしました。

当地秋田県では、一〇年前の一九九六年一一月に、鹿角市十和田公民館で開催の、〈内藤湖南先生生誕一三〇年記念文化講演会〉で、「今なぜ内藤湖南か」と題してお話し、講演録が翌年三月の内藤湖南先生顕彰会編刊『湖南』第一七号に掲載されています。本日は鹿角市から内藤湖南顕彰会の会員の方々もお見えですので、前回と内容が重複しないようにするため、最近一〇年間において国内外で発表された研究成果を紹介することに重点をおきたいと思います。

最近一〇年間における内藤湖南研究の特色は、『内藤湖南全集』に未収録の書簡を紹介しつつ、議論していることとです。

ある研究者の学風を総点検するには、何よりもその方の全業績を網羅した全集の存在が前提となるのですが、内藤湖南の場合、一九六九年四月に筑摩書房から刊行されはじめた、神田喜一郎・内藤乾吉編の『内藤湖南全集』全一四巻が、当初は隔月刊として配本され、終盤に難航したものの、生誕一一〇年の七六年七月に、漢詩文・和歌・書簡を収め、年譜・著作目録を附録した第一四巻の刊行によって完結しました。全集刊行中の一九七一年に、中央公論社刊の〈日本の名著〉の一冊として、小川環樹の編集にかかる『内藤湖南』が出版され、小川の見事な解説「内藤湖南の学問とその生涯」が世に問われ、全集が完結するや、三田村泰助『内藤湖南』（中公新書、一九七二年）などの秀れた伝記がつぎつぎと公刊されました。

湖南の学風を検証するに際しましては、全集に収録されていない文献や書簡、墨跡にも目を配るのが望ましいと思います。湖南が出生地の鹿角の学統に影響をうけたことが指摘されてきました。いかにもその通りで、とりわけ父君の調一、号は十湾からの影響は強烈でした。

湖南は慶応二年、一八六六年七月一八日に旧南部藩領の鹿角郡の毛馬内で、儒者の内藤調一の次男として生まれました。江戸時代、鹿角の儒者たちは、折衷学派とよばれる学統をまもり、朱子の学説によりながら、経書の解釈については漢唐の学を参酌するとともに、清の考証学さえも採り入れていました。

ところが父上の調一は、頼山陽の学統をひく那珂梧楼《なかごろう》（那珂通世《みちよ》の養父）に師事し、山陽の学に傾倒していたのです。湖南は父の指導のもと、漢文では『二十四孝』「四書」の素読から『論語』を読み終えた段階の九歳の年末、鹿角郡で初めて開設された小学校に入学しました。名前は小学校でしたが、江戸時代の寺子屋同然で、湖南は授業を受けないで、先生の手伝いをして下級生を教えたそうです。

父上による教育は、しばらく中断されていましたが、湖南が一二歳のときに再開され、頼山陽の『日本外史』を教えてもらったのでした。『日本外史』を読破して以降、山陽の絶妙な詩文を暗唱するほどに読みふけったのでした。湖南が秋田師範学校、すなわち本学の前身に入学したころは、自作の漢詩や作文を父上のもとに送って添削してもらったり、家にはなかった頼山陽の主著である『日本政記』を買って読んだりしていたのでした。

二〇歳で秋田師範を卒業するや、北秋田郡の綴子《つづれこ》小学校に奉職しますが、教師生活に満足できないで、二年後に東京にでて、大内青巒《おおうちせいらん》らのもとで活躍するのです。湖南が秋田で生活していた期間に、父上からの影響がきわめて強かったことは、これまでも指摘されていましたし、私もまったく同感です。

しかし私は、湖南がジャーナリズムの世界で、また京都大学教授の時期にも、父上による教育の成果が、実を結んでいったと確信するのです。

ここに持ってきましたのは、内藤十湾編著、内藤湖南校閲の『鹿角志』、明治四〇年、一九〇七年三月に三餘堂蔵板として刊行された地方志で、一九七五年四月に原本に忠実に復刊された和綴じの明治文献版です。わが国における地方志編纂の先駆をなすとして注目された書籍なので、復刻されたのです。題簽や序文は湖南が清書しています。七五歳で完成した父上の著述に対して、湖南が校閲した書物です。この本の奥書には、編輯兼発行人は秋田県鹿角郡毛馬内町の内藤調一で、印刷は秋田市大町一丁目の癸巳活版所と書かれています。ここで注目すべきは、湖南は地方志の重要性を主張した清の章学誠《しょうがくせい》の学問を尊重し、それまで知られていなかった章学誠の年譜を作成するのですが、これは父上のライフワークというべき著書が、郷土の地方志である『鹿角志』の編纂であったことと無関係ではありません。

なお、蔵書家として著名な湖南の厖大な蔵書のうち、指定文化財などの善本は武田薬品ゆかりの杏《きょう》雨書屋《うしょおく》に収蔵され、『新修恭仁山荘善本書影』(臨川書店、一九八五年)が刊行され、なおも恭仁山荘に残されていた大部分は関西大学の所蔵となり、漢籍については『関西大学所蔵内藤文庫漢籍古刊古鈔本目録』(関西大学図書館、一九八六年)が編集されました。後者の目録は、「第一部　漢籍の部」二〇四頁分につづく「第二部　『鹿角志』関係史料の部」が三〇頁分ありまして、『鹿角志』編纂の際に材料とされた史料と絵図を網羅しています。

つぎにご紹介いたしますのは、私家版の故内藤調一著『漫遊記　避寒紀行』で、『鹿角志』刊行の翌明治四一年、一九〇八年の六月刊、奥書には相続発行人内藤虎次郎とあります。本書は調一が明治二九年、一八九六年の秋に、新婚直後の湖南の案内で、関西と関東を歴遊した際の手控えである「漫遊記」と、明治四〇年、一九〇七年一〇月に調一が肺気腫療養のために逗子に避寒し、一一月に京都大学講師になったばかりの湖南の案内で京都に遊び、頼山陽の山紫水明処などを観た際の紀行「避寒紀行」を合冊しています。巻末には湖南が漢文で書いた「内藤十湾先生事略」が付されています。

湖南の学風という点で申しますと、杉村邦彦さん主幹の書道誌『書論』が、第一三号の「特集　内藤湖南」をはじめとする五冊で紹介した見事な書作品があり、さきほど拝観いたしましたが、こちらの図書館にも「学貴日新（学は日に新たなるを貴しとす）」の扁額がかかげられています。そして、秋田大学図書館長の石川三佐男教授によりますます意を尽くした解説文が用意されていまして、感心いたしました。

ところで、ここ数年、内藤全集や『書論』に未収録の書簡や墨跡が紹介され、湖南の学風や交友関係に新しい観点が提示されてきております。「学は日に新たなるを貴しとす」という湖南の扁額の見解に添い、最近の湖南研究について話題を提供したいと思います。

最初に、私自身が古書店で手に入れました湖南の書簡と墨跡を紹介いたします。まずは、神田の沙羅書房で入手しました鴛淵《おしぶち》家旧蔵の書状集で、内藤湖南からの一〇通、桑原隲蔵《くわばらじつぞう》からの一通、今西龍からの三通、稲葉君山（岩吉）からの一三通を連ね、巻物に仕立てられて『彌高録』と題されています。鴛淵一は湖南の受業生で、のちに湖南の長女の婿となる方です。私は、そのなかから湖南からの一通と桑原からの書状を取り上げ、湖南が大正一三年、一九二四年の七月に神戸から出航し、翌年二月に帰朝した欧州旅行について、顕彰会の会誌『湖南』第二二号（二〇〇二年三月）に寄稿した「内藤湖南の欧州紀行」で解説しました。湖南は帰国の翌年、一九二六年九月に、私家版の線装本『航欧集』を編集し、その口絵に餞別として贈られた富岡鉄斎の「艤搓図」を掲げています。本文の最初は「航欧十五律」と題する七言律詩一五首の手録で、すべて出発前に鈴木虎雄から贈られた送別漢詩の脚韻に次した詩。ついで鈴木や神田喜一郎ら多くの知友たちから贈られた送別詩、そして神田の送別詩の脚韻に次した「帰舟中漫成六絶」と題する湖南の七言絶句六首も、活字で印刷されています。

つぎにレジュメの三枚目の二つの図版をご覧ください。一番目の「帰舟中漫成六絶之一」は、六絶の二首目を湖南が揮毫したもので、縦一五〇センチ、横三七センチの条幅で、京都の臨川書店の目録をみて買ったものです。京都書作家協会四〇周年記念展に出品した際の図録『京の書——先達の軌跡』（二〇〇五年）からコピーしました（本書一七四頁）。「梯山航海訪収儲要為　天朝補石渠応被故山猿鶴笑難将身迹混樵漁（山に梯し海に航して収儲を訪ね、要らず天朝の為に石渠を補わん。応さに故山の猿鶴に笑わるるも、身迹を将って樵漁に混え難し）」とあります。為書きに「文求堂主人正之」とあるように、有名な和漢書の専門店、文求堂主人の田中慶太郎に贈り、「之を正されよ」と添削を求めているもので、行間に「航欧帰舟中作」の六字を後から書き足しています。

二番目は、富岡鉄斎が湖南に餞別として画いた「艤搓図」で、京都新聞社が鉄斎の生誕一五〇年記念に出版した展観図録（一九八五年刊）からコピーしました（本書二一四頁）。元来の「艤搓図」は『航欧集』の口絵に見えるように、上部の左半に鉄斎が、「大正十三季七月写　送湖南内藤博士赴欧州　八十有九叟　鉄斎百錬」と自賛を揮毫し、右半は湖南が賛を書き入れるように空白にしていました（本書一七五頁）。湖南はのちになって「帰舟中漫成六絶」の内から四首を選んで賛として書き入れたので

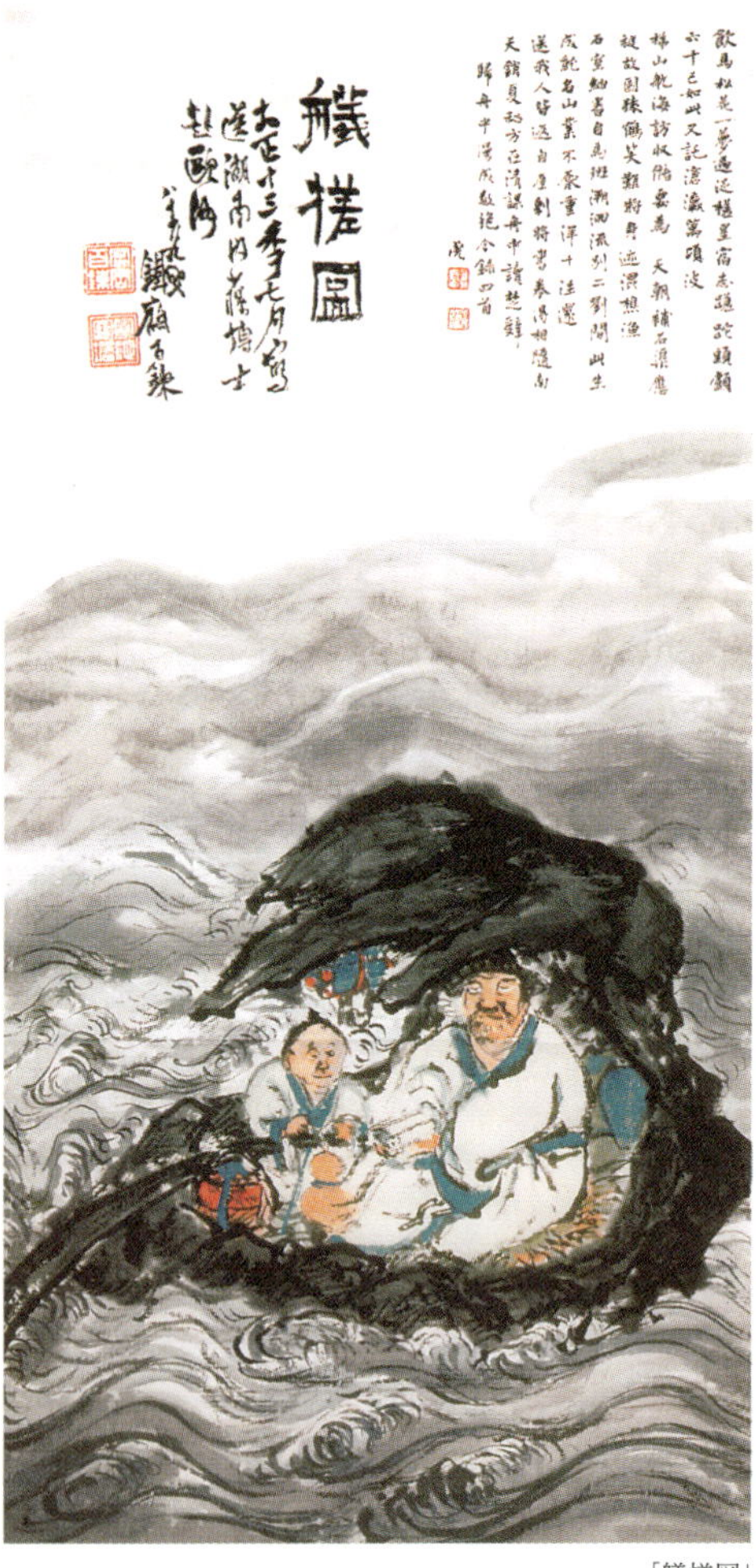

「艤搓図」
『生誕150年記念　富岡鉄斎展』京都新聞社より

す。注意深くみますと、田中に添削を請うた漢詩の三句目「応被故山猿鶴笑」が「応被故園猿鶴笑」となっています。田中が提案したのか、湖南自身が変えたのか、いずれにしろ推敲した上で「故山猿鶴」すなわち故郷鹿角の山の猿鶴とした草稿を捨て、「故園猿鶴」すなわち故郷の園の猿鶴を定稿としたことがわかるのです。ちなみに、先に言及しました小川環樹編『内藤湖南』（中央公論社、一九七一年）の口絵に、「艤搓図」のカラー図版が掲載されていますが、残念なことに、鉄斎の絵画本体だけで、上部の湖南の航欧帰舟中作の漢詩ばかりか、鉄斎の自賛もありません。

「艤搓波浪図」　提供：兎本恵宥氏

ところで三年前、私は二〇〇三年六月に京都の加茂町文化センターで開催された、内藤湖南先生没後七〇回忌記念の遺墨遺品展覧会を参観しました。その際に、富岡鉄斎が大正六年、一九一七年一〇月に画き、稲葉岩吉らと中国各地を観察する旅に出航する湖南に贈った扇面「艤搓波浪図」を条幅にしたものが湖南の三男戊申の遺族から特別出品されたのを拝見し、驚きました。鉄斎が一九二四年に欧州紀行に向かう湖南を画いた「艤搓図」のほかに、一九一七年に中国に向かう湖南を画いた「艤搓波浪図」が存在することを知らなかったからです。

中央公論新社刊の〈中公クラシックス〉の一冊として、私が編集し、巻頭に「東洋文化史家の内藤湖南」と題した解説を書いた『内藤湖南　東洋文化史』を出版したのは、一昨年二〇〇四年四月ですが、この頃、湖南の書簡類を駆使してジャーナリスト時代の湖南の交友関係を論じた二つの論考が発表されました。

第一は『湖南』第二四号（二〇〇四年）に掲載された蔵角利幸「終生の師雪嶺と内藤湖南——湖南書簡二十二通にみる交流の軌跡」で、前年に金沢学院短期大学紀要『学葉』第一号に発表されたものの転載でした。三宅雪嶺《みやけせつれい》の孫の流通経済大学名誉教授三宅立雄氏所蔵の書簡で、年次の判明するものだけでも、明治二五（一八九二）年五月四日から、渡欧直前の大正一三（一九二四）年六月三〇日に及び、すべて湖南全集に未収録のものです。まず湖南の略伝を述べ、全書簡を翻刻し、注解を加えられたもので、誠に有り難い論稿でした。

第二は『成城文藝』第一八六号（二〇〇四年）に掲載された佐伯有清《さえきありきよ》「内藤湖南と幸徳秋水の『万朝報』時代――その交友と五言律詩の贈答」です。幸徳秋水《こうとくしゅうすい》の日記『時至録』や堺利彦《さかいとしひこ》の日記『三十歳記』を駆使し、湖南の『万朝報』での執筆活動の目覚ましさや、清国旅行前後の漢詩の応酬、さては退社の事情などを見事に解明してくださいました。佐伯先生から抜刷りを頂戴した際に、邪馬台国大和説を唱えた内藤湖南を中心とする単行本を執筆している旨を伺い、昨年の賀状にはすでに出版社に原稿を渡したと書き添えておられたのに、残念ながら昨年七月に病没なさいました。今年の一月に刊行された岩波新書『邪馬台国論争』がその著書で、湖南の「卑弥呼考」が不敬にあたる内容であるとみなされたとか、東京大学の黒板勝美が、白鳥庫吉の九州説ではなく、内藤の大和説に共鳴した経緯を詳しく紹介しています。

また『中央公論』や『東京人』の元編集長粕谷一希氏は、近年「内藤湖南の旅」と題する連載をつづけ、私も時に取材を受けています。ここに持って参りましたのは、第八回「宮崎市定の位置――『アジア史論』の方法と磁場」が掲載されている『季刊東北学』第三号（柏書房、二〇〇五年四月）で、粕谷氏はまた『遠近』⑨（二〇〇六年二・三月号、特集・日中交流を歩む人たち、山川出版社）に論考「内藤湖南の見た中国――中国はどこへ行くのだろうか」を書いています。

京都大学教授時代における湖南の交友関係を考察するばあい、中国学者としては、一九一一年一〇月の辛亥革命に際して京都に亡命し、湖南や狩野直喜ら京都の東洋学者と親交を深めた古典学者の羅振玉とその娘婿の王国維を取り上げるべきでしょう。この点で、二〇〇〇年に北京の東方出版社から刊行された王慶祥・蕭立文校注、羅継祖審訂『羅振玉王国維往来書信』は第一級の史料です。この書には羅振玉の王宛て書簡六九七通と王国維の羅宛ての書簡二七三通を収め、羅振玉の孫の羅継祖が時に按語を付しています。

先月、この羅振玉と王国維の往復書簡を駆使した深澤一幸氏の「内藤湖南は日本政府のスパイだ」というショッキングな題名の興味深い論文が発表されました。そこで要旨を引用した上で、内藤全集に未収録の書簡を紹介しつつ、深澤さんの見解に疑問を呈したいと思います。

深澤論文は、研文出版刊の加地伸行博士古稀記念論集刊行会編『中国学の十字路』に収録されています。

深澤さんは、京都の浄土寺町に亡命し、古物書画の売買で生計をたてていた羅氏が、上海にもごっていた王氏に宛てた一九一七年（民国六年、大正六年）一〇月一二日（羅は旧暦を使っているので〈八月〉廿七日付け）の書簡に、

　此の間（日本）、寺内（正毅）は仍《やは》り段（祺瑞）を助くる政策を改めず。昨は湖南博士を招きて東京に往かしめ、聞くならく、将に我が国に至りて一行し、月を匝《めぐ》りて返らんとす、又は一秘使也、と〈請う秘密を守れ〉。湖南の蓄うる所は何の政策なるやを知らず、〔中略〕

　乙老（沈曾植）は久しく弟書に答えず、弟も亦た多くは筆墨を費やすを欲せず。請う便あらば此れを以って之に告げ、并せて泄らす勿かれと属すれば可也〈湖南は密使に系るに因る〉。〔下略〕

とあるのを引用し、現在東京に出向いている内藤湖南博士が、段祺瑞《だんきずい》内閣を援助する寺内正毅首相の意向をうけ、密使として、中国に赴こうとしている、ということである、と解説しています（七四九頁）。

そして羅継祖が、当時の日本の首相である寺内が、「政局の為に、特に内藤虎次郎〈湖南〉を中国に密探（スパイ）として派遣した。内藤がかつて新聞記者をつとめ、政界と関係があったからである」という按語を付していることをあげたうえで、「継祖氏は一九一二年に京都で生まれ、幼ないころには湖南とも面識があったはずだが、このコメントは冷淡きわまる」と深澤さんは述べています（七五〇頁）。ともあれ深澤論文の題名「内藤湖南は日本政府のスパイだ」は、羅振玉が書いていた「密使」ではなく、羅継祖が注記した「密探」の訳語を使っているわけです。

羅振玉と王国維は溥儀による清朝復辟《ふくへき》派に属していました。湖南の旧知で、『支那史学史』の「清朝の史学」で推奨する沈曾植は、復辟派のリーダーでした。この時の湖南の旅行記「支那観察記」は湖南全集第六巻に収録されていて、各地の収蔵家を歴訪して金石や書画をみせてもらい、悦に入っている様子が歴然としています。王国維から羅振玉に宛てた一一月八日の、湖南の上海到着を報告した書簡には、王が湖南とともに沈曾植を訪ねたが、「但だ学問を談《かた》るのみにて、他事に及ばず」とあります し、湖南自身「支那観察記」に「全く文学上の談話のみにて、政治の事に及び不申候」と書いています。羅振玉の疑心暗鬼と言うべきでしょう。

深澤さんは、この時に沈曾植が湖南に贈った七言律詩「内藤湖南の扇上の艤槎波浪圖に題す」を紹介し、湖南の「扇子」は、おそらく親友の画家富岡鉄斎から贈られたもので、木をくり抜いた丸木舟に仙人が乗っている「図」だったろう、とお書きですが、この扇子に画かれた「艤槎波浪圖」は、すでに述べたように、一九二四年の「艤搓図」とは別物です。深澤さんは湖南の上海出発に際し、王国維が贈った送別詩、「海上にて日本の内藤博士を送る」と題した長編の七言古詩を全文紹介し、力作であると評価しています。

深澤論文は、綿密な史料探索をへたものでして、題名では「内藤湖南は日本政府のスパイだ」としています。湖南が日本政府のスパイつまり「密偵」という羅継祖の按語が、荒唐無稽であることは確かなのですが、では羅振玉が書いたような、湖南は日本政府の「密使」であったのか否かにつきましては、検討する余地があります。深澤さんは、この視察旅行について、湖南自身があまたの文章を残しているが、いずれにも自らが政府派遣という告白はなく、外務省編の「日本外交文書」などの公式資料でも言及していない、と確認した上で、「しかし、その可能性はかなり高いとわたしは思う」という判断を示し（七六二頁）、その論拠として、視察の四カ月前の大正六年、一九一七年七月三日の稲葉岩吉宛ての湖南の書簡を引用しています。しかし私は、密使であった可能性はかなり低いと考えるのです。

湖南にとっての寺内正毅首相は、時事問題や中国政局について意見交換する間柄であったことは確かでしょうが、同時に中国の文物・書画類について語り合う知己だったからでした。レジュメの二枚目をご覧ください。平凡社刊『書の日本史』第八巻——明治／大正／昭和（一九七五年）の巻頭カラー図版で複製されています湖南の大正二年、一九一三年一一月二八日付け「寺内正毅伯爵宛書状」は、国立国会図書館に所蔵されている、全集に未収録のものです。大久保利謙氏による釈文を参照して移録しましょう。

昨夕ハ御晩餐ニ陪随之栄ヲ辱し
乍毎度不堪深謝候。過刻澤柳
総長ニ面会致候処、今朝御旅館
まで参趨仕候も御外出後ニて不得
拝晤残念なりし旨申居られ候。
いづれ又拝訪のつもりとの事ニ御座候。
昨夜御下問ニつき御話申上候「大
唐三蔵聖教序」帰宅後手
許捜索候処、壱部残り居候ニつき
即ち奉呈上候。もし已ニ御所
蔵ニて御重複ニも相成候はゞ
篤好之人へ御遺し被下候てもよろしく
幸ニして御間ニ合候はゞ望
外之喜ニ御座候。御旅中度々御邪
魔申上候と恐多き次第故、乍失礼
使以て差上候。御笑留願上候。乍末
令夫人へも宜敷御伝へ下され度
是又願上候。頓首再拝

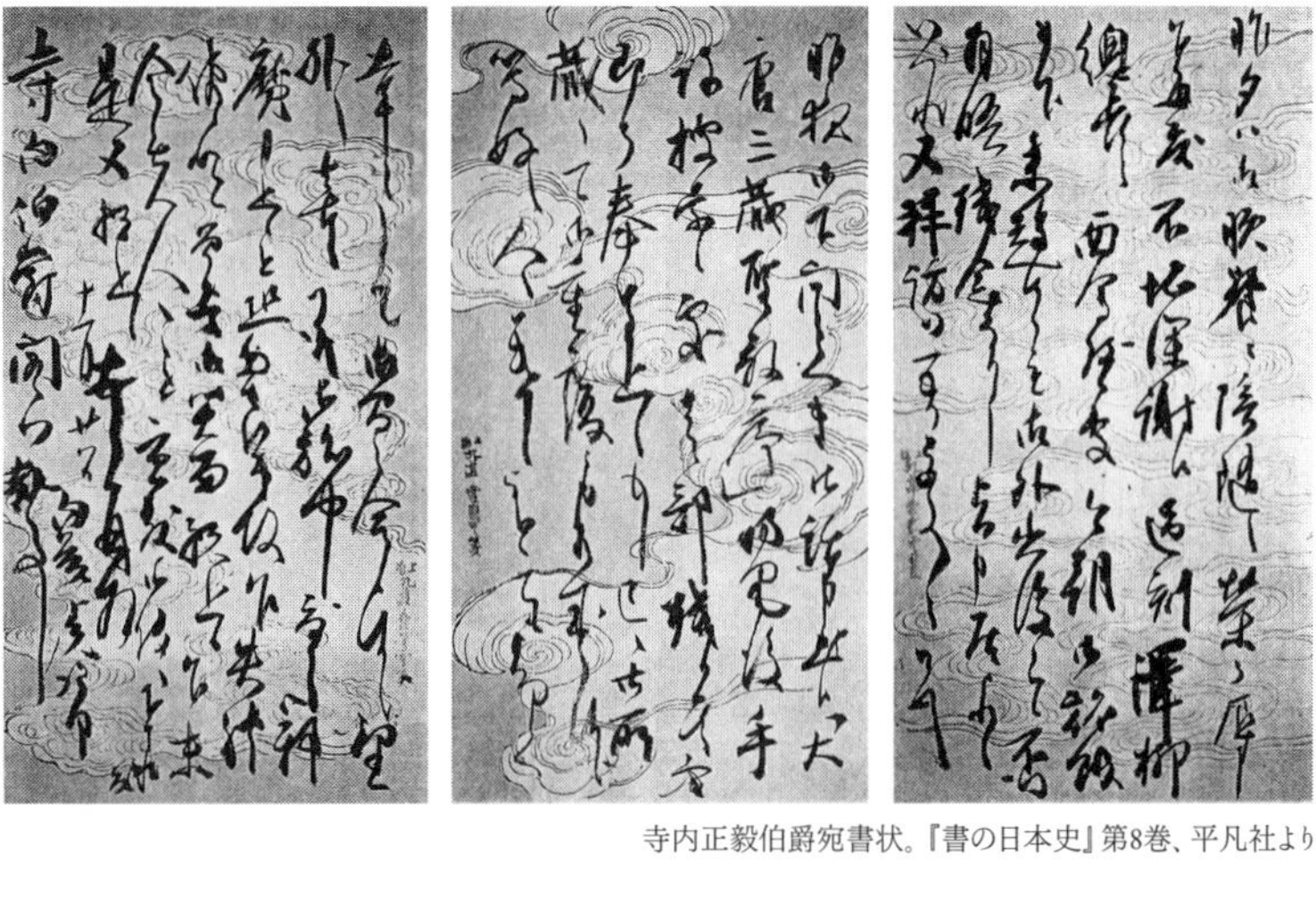

寺内正毅伯爵宛書状。『書の日本史』第8巻、平凡社より

十一月廿八日内藤虎次郎

寺内伯爵閣下執事

澤柳総長とは、〈京大澤柳事件〉で知られる澤柳政太郎京大総長のことで、「大唐三蔵聖教序」とは、明治四四年、一九一一年四月に、京都亡命の半年前の羅振玉から北宋拓本を湖南が借り受けて複製を作り、漢文で跋を付したものです。この書状から、寺内と湖南が昵懇《じっこん》の間柄であったことがわかります。湖南自身が政府派遣であったと述べず、公式資料でも言及していない以上、この視察旅行が政府の密使であった可能性はかなり低い、と考えるのが穏当ではないでしょうか。

ところで『大阪朝日新聞』に連載された湖南の「支那視察記」を読んだ羅振玉は、湖南のことを「護前庸闇の人」という、最低級の言葉を浴びせています。深澤さんは、王国維が「湖南博士」「炳卿博士」と呼んでずっと尊敬の気持ちをあらわし、心のこもった送別詩を贈ったのとは対照的に、羅振玉の書簡には、湖南を一貫して冷ややかに見つめ、蔑みの気分さえただよっていたことに気付く、と述べています。

深澤論文は、翌一九一八年一月二日の王宛て羅振玉の書簡に、董康らについてのお屠蘇気分の湖南の論評を記し、「此の議論を観れば、一笑を発す可し」とある部分をあげたのちに、次の文章で締めくくっています。

この「一笑」は冷酷きわまる蔑んだ嘲笑で、好意のかけらもない。おそらく羅氏はこの場ではこの「一笑」を一瞬でも顔にうかべることはなかったろうし、湖南がそれを察することもありえなかったろう。そして、おそらく湖南は死ぬまで、羅振玉という人物がこういう「一笑」を心中で発しうる人物だということに、以後の「互いに尊敬し合いながら」つづけた「交友関係」のなかでは、気付くことはなかったと思われる。（七六五頁）

深澤さんの結論に従いますと、湖南は全くのお人よしで、おめでたい人ということになります。果たしてそうでしょうか。実は昨年秋の東京古典会のオークションに、上野理一宛ての内藤湖南の毛筆書状一〇通が出品され、私にとっては初めての経験なのですが、入札し、落札しました。これらも内藤全集には未収録のものでした。上野理一は朝日新聞社の社主かつ文物蒐集家として有名で、湖南とはきわめて親密な間柄でした。その第三通目、大正二年一月五日付けの書状に、

拝啓　諒闇中と申口実ニて　今年ハ年賀も相省候　無性ものニは至極の好都合ニ候　近日中一度是非貴地へ参上之つもりなるも　さしあたつて游丞相本　並ニ開皇本蘭亭の件　博文ハ小生参上ヲ幸ヒ　いづれか一本ヲ御すゝめ申上るつもりなるも　これハ御見合せ可被成候〔中略〕又開皇本といふものハ　元来明人の偽作ニて　董其昌が誤鑒せしものニ御坐候　但し切角羅氏が彼国より取寄候もの　小生がぶちこはしてハ妙ならず候故　何か御手許の御都合といふ口実ニて　御断りなされ度候　且近日支那ニては　日本へ輸入する為　ムヤミによくもないものに高価を唱へる風有之　此処少しく腰ヲ折らす方が　大体ニ得策ニ御坐候〔中略〕此く小生申上候事ハ　博文へも磯野君へも御内密ニなされ度　博文ハ羅氏ヲ盲信致居候方が　商売上都合よろしくかれニ疑念ヲ起させてハ反つて妙ならず候〔下略〕

とあります。羅氏はいうまでもなく羅振玉です。博文は書画を扱い複製本を出版していた大阪の博文堂主人原田庄左衛門のことで、磯野君とは朝日新聞社の文芸記者の磯野秋渚のことです。羅振玉が博

文堂を介して上野理一に売り付けようとした『蘭亭序』などを買わないように、という趣旨を記したまさに「密書」を、湖南は上野に呈上しているわけでして、羅振玉に対する不信感をあらわにしていることに、注意を喚起しておきたいと思うわけです。

深澤論文のご紹介と、私の疑問点につきましては、以上で終えることにしまして、つぎにここ数年の中国における内藤湖南研究に言及いたします。

最初は銭婉約『内藤湖南研究』（中華書局、二〇〇四年）です。これは、『日本中国学史』第一巻（江西人民出版社）を書いた北京大学の厳紹璗の指導のもとで完成した博士論文でして、銭穆の孫娘にあたる彼女は、かつて京都大学の狭間直樹教授のもとに留学した方です。本書につきましては、寺田隆信さんが『湖南』第二六号（二〇〇六年）に掲載の「中国における内藤湖南研究」で論評されていますので、同年出版の連清吉『日本近代的文化史学家——内藤湖南』（台湾・学生書局、二〇〇四年）ともども省略いたします。

ここで特に紹介いたしたいのは、北京大学の教授を務め、現在はパリで研究生活をつづけておられる張広達先生の大作「内藤湖南的唐宋変革説及其影響」（『唐研究』一一、二〇〇五年一二月）です。『唐研究』主編者で張先生の門下生である栄新江教授らから贈ってくださったばかりの論考で、中国書を扱う書店にはまだ現れていないものです。

『唐研究』の第一一巻は〈唐宋時期の社会流動と社会秩序研究専号〉で、その巻頭論文が「内藤湖南の唐宋変革説及びその影響」と題するB４判七〇頁の長編なのです。レジュメ三枚目の後半に、その最初の頁をコピーいたしました。

ご覧のように、「歴史の研究には、創見あるを貴ぶ。近代中国の新史学発展過程の中にあって、日本の史学家内藤湖南（一八六六〜一九三四年）が前世紀の初めに提出した唐宋時代観は、疑いもなく創見に富んだ発明である」と書き出しています。つづいて内藤の唐宋変革説が画期的であることを簡潔に紹介したのち、「古往今来、たいへん多くの仮説や学説の寿命は能く長久し難い。内藤の唐宋変革説は則ちそうではなく、中国近代の史学の論域中に提出された最も早い一種の仮説として、ほとんど百年来、なおも現役で、人にいつも引用されている。宗旨に富んだ学説として、それは今日も依然として学術研究を率い動かしている」と、きわめて高く評価しています。

数年前に張広達先生が京都大学人文科学研究所に客員教授として滞在された折、内藤湖南についての研究状況について意見交換し、『湖南』誌に寄稿した文章や『京大東洋学の百年』を進呈しましたが、それらも見事に活用されています。

最後に、今年の正月に名古屋大学出版会から刊行しました『中国歴史研究入門』を紹介いたします。二十数年前に刊行された二種類の研究入門は、一つは東京大学関係の、もう一つは京都大学関係の研究者によって執筆されました。今回のは、私と東京大学の岸本美緒教授と京都大学の杉山正明教授の三人が編集し、東西の研究者が協力した成果です。全巻を通読していただきますと、張広達先生が申されたように、内藤湖南の学説が多くの分野で、現在の中国研究に甚大な影響を与えていることにお気づきになると思います。

予定の時間です。ご清聴ありがとうございました。

●――『湖南』二七、二〇〇七年三月

内藤湖南——邪馬台国から満洲史まで研究

一九七〇年前後に中央公論社から刊行された〈日本の名著〉全五〇巻は、一九巻分が明治以降の近代の大知識人の著作で占められたが、その中で歴史家は内藤湖南（一八六六～一九三四年）ただ一人であった。ところで二〇〇四年に私が編集した中公クラシックス『内藤湖南　東洋文化史』は、前半を日本関係、後半を東洋関係に充てた。内藤湖南といえば、一般には近代の東洋史学者と見立てられがちであるが、満洲族王朝の清朝史にはとくに造詣が深く、また邪馬台国大和説を初めて提唱し、応仁の乱の史的意義を強調するなど、日本史分野でも多大の貢献をしたのである。

湖南は号で、本名は虎次郎であった。前半生を論説記者として言論界で活躍し、後半生を京都大学教授として東洋史学を講じた。生涯における大きな転機は二回あり、第一回は数え年二二歳で秋田から上京して言論界に入った時で、第二回は四二歳で京都帝国大学文科の教官になった時である。

十和田湖の南の地で、南部藩の儒者の家に生まれた湖南は、父が傾倒した頼山陽の『日本外史』を読破し、山陽の詩文を暗唱するほどに読みふけった。秋田師範に進学し、山陽に縁のある関藤成緒《せきとうなるお》校長に認められたことが、のちに大内青巒《おおうちせいらん》の知遇をえ、その縁で第一級の論壇人たちと交流するきっかけとなるのである。

湖南は秋田師範を卒業後、北秋田郡綴子村《つづれこむら》の小学校の首席訓導になり、校長の職務を行なった。下宿前の宝勝寺にあった仏教書を読みふけり、国学や中国にも関心を示す。師範学校を卒業後二年間の

奉職義務が完了する直前、父に無断で東京に脱走した。東京にいた関藤に依頼して内定していた就職先は、大内青巒が主宰する仏教雑誌『明教新誌』の編集であった。

湖南は青巒から仏教について多くを学んだ。とくに江戸時代の富永仲基《とみながなかもと》（一七一五〜四六年）の著作を借覧した学恩は大きかった。本格的に中国の古典研究に没頭する時に、富永の提唱した加上《かじょう》説を古代史研究に応用することになるわけで、学術史の観点から見て、きわめて注目される。やがて青巒が創刊した『万報一覧』の編集に移り、さらに青巒が主宰する尊皇奉仏大同団の機関誌『大同新報』の編集人となり、みずから論説を執筆した。この時期に、六歳年長の三宅雪嶺《みやけせつれい》ととくに親しくなった。

やがて『大阪朝日新聞』の論説記者となり、一八九六年に同郷の田口郁子と結婚。翌年『近世文学史論』を始め、『諸葛武侯《しょかつぶこう》』『涙珠唾珠《るいしゅだしゅ》』の三冊を刊行、文名一時にあがった。台湾に渡って創立されたばかりの『台湾日報』の主筆になるが、一年後には東京に帰って小石川区江戸川町に初めて一戸を構えた。時あたかも『万朝報』の論説記者となり、同僚の社会主義者、幸徳秋水《こうとくしゅうすい》や堺利彦《さかいとしひこ》らと親交を結んだ。

一八九九年三月に自宅が火災に遭い、豊富な国学関係を中心とした蔵書を焼失してしまう。これが契機となり、唐本の蒐集に熱中しだし、それまでの日本文化に重点をおいた読書から、一転して中国研究に専念することになる。八月末から三カ月、初めて中国大陸を訪れて、一流の学者に面談した。その紀行文『燕山楚水《えんざんそすい》』は、付録された一四篇の論説集〈禹域論纂《ういきろんさん》〉と相俟って、中国専門家としての地位を確立させたのである。

一九〇二年、大阪朝日新聞社より派遣され、時局に備えて満洲を視察し、中国各地を遊歴した。日露戦争の前夜、帝政ロシアの南侵政策に対して、主戦論を主張していた湖南は、勝利を目前にして講和の気運がおこるや、満洲に渡り、奉天の宮殿から『満文老檔《まんぶんろうとう》』や『五体清文鑑《ごたいしんぶんかん》』などの貴重な満洲文の秘籍を発見して狂喜するとともに、清朝興起の史跡を踏査した。これを契機として、湖南はジャーナリズムの世界を捨て、東洋史の研究に専念する決心をする。

創設期の京都帝国大学で当初から予定されながら、設立が見送られていた文科大学が、日露戦争に勝利したことによって設置される。湖南は教授への就任を承諾し、東京帝国大学卒の桑原隲蔵《くわばらじつぞう》と協力して、史学科東洋史学講座の充実に努めた。中国史の時代区分について、宋代から近世が始まるとする説を初めて提唱、東洋史学界で今も内藤史学と称され継承されている。史学科の同僚であった国史学の内田銀蔵や三浦周行《みうらひろゆき》、西洋史の原勝郎《はらかつろう》らと陳列館での交流によって、京都文化史学の重要な役割を演じたし、また哲学文学の狩野直喜《かのなおき》とともに京都支那学の開祖と目されている。

京大に赴任する直前、叡山講演会で三日間にわたって講演したのが「日本満洲交通略説」で、着任の翌年に公刊したのが『満洲写真帖』であった。満洲族王朝清の政治と文化全般に対する考察は怠らず、最初の講義題目は清朝史とくに建国初期史であった。停年退官後も、満洲国が成立するや、日満文化協会設立のため、病軀をおして満洲国に赴くなど、最晩年まで満洲史への関心をもち続ける。没後一周忌を期して遺族の手で出版されるのが『増補満洲写真帖』なのであった。

最初の重厚な学術論文は、一九一〇年に文科大学の機関誌『藝文』第一巻に連載し、邪馬台国大和説を提唱した「卑弥呼考」であった。佐伯有清《さえきありきよ》没後の翌春、邪馬台国に関する一〇〇年の論争史をたどった『邪馬台国論争』（岩波新書、二〇〇六年）が刊行される。私信によれば、原稿完成時の仮題は『邪馬台国論争一〇〇年と内藤湖南』であった。ちなみに佐伯は本書の副産物として、幸徳秋水の日記『時至録』や堺利彦の日記『三十歳記』を駆使し、「内藤湖南と幸徳秋水の『万朝報』時代」を書いていた。

●――講談社刊『興亡の世界史』月報二〇号、二〇〇九年一一月

内藤湖南を主題とする講演

鹿角市先人顕彰館は、一九九六年一〇月から翌年三月まで、内藤湖南（一八六六〜一九三四年）の生誕一三〇年を記念する特別企画として、「写真で見る内藤湖南の生涯」展を開催し、小冊子『写真で見る内藤湖南の生涯』を刊行するとともに、一〇月二四日の午後、鹿角市と鹿角市教育委員会の主催する文化講演会を鹿角市立十和田公民館を会場として開いた。講師は関西大学東西研究所長の大庭脩教授と私であった。

私の演題は「今なぜ内藤湖南か」であって、私にとって、これが内藤湖南を主題にした最初の講演であった。講演内容は翌年三月刊の本誌『湖南』第一七号に掲載された。その主眼は、内藤湖南が国内のみならず、その時点において国際的にいかに高い評価を受けているかを、誕生の地で紹介しようとしたのであった。これ以後、二〇年近くの間に、湖南を主題とする公開講演を一二回も行なってきたが、それぞれの時点での最新の湖南研究の成果を紹介するように心掛けてきたのである。

内藤湖南が二〇年にわたって教壇に立った京都大学文学部は哲学科・史学科・文学科の三学科から構成されてきたが、一九九二（平成四）年になって、講座数の増加や学問分野の多様化に対応すべく、新たに第四学科として文化行動学科が開設され、史学科の地理学講座も文化行動学科に移された。ところが、学部の構成に大変化がおこり、人文学科という一学科に統合され、さらに文学部が創設されてから九〇年後の一九九六年四月には、大学院文学研究科の官制化、いわゆる大学院重点化が実現した。文学研究科は五専攻一六大講座に再編され、人文科学研究所の教官による協力講座が設けられた。そこで大学院重点化の実現を記念し、文学部九〇周年と二階建新校舎の竣工を祝って、東洋と西洋の二部からなる〈公開シンポジウム〉を開催することになり、東洋の部の企画を私が担当することになった。

内藤湖南の追悼会で記念配布された絵葉書（著者蔵）

そこで全体のテーマを「創設期の京大文科〈東洋学者群像〉」と銘打つことにし、同年一一月三〇日の午前、文科大学の基礎を築いた学者群の中から、とくに三人の東洋学者、すなわち支那哲学文学の狩野君山（直喜）、国史学の三浦周行、東洋史学の内藤湖南（虎次郎）を取り上げ、杉山正明の総合司会のもと、高田時雄と藤井譲治、それに私が講演し、それぞれの業績と今日における評価について論じた。これが湖南を主題とする第二回目の講演であった。講演内容は、増補して礪波護・藤井譲治編『京大東洋学の百年』（京都大学学術出版会、二〇〇二年）に収録した。

いつの時代でも、創設期の研究機構の人事などが誰の主導によってなされたのかという真相は、当事者が黙して語らずというのがふつうなので、確認しがたい。京大文科の開設に関し、この講演で私が披露した新説は、湖南の没後、いろんな雑誌が追悼録を編集した中の一つ、書道誌『書藝』第四巻第九号掲載の三宅雄二郎（雪嶺）「内藤湖南君のこと」などに依拠して、初代の文科大学長に狩野亨吉が決定する前に、総長の木下廣次と上田萬年が在野の三宅雪嶺の出馬を要請することにし、三宅と近しい内藤湖南を派遣して説得しようとした。その際に湖南は三宅に向かって、「木下総長とも、上田ともはなしたが、あなたが学長になり、私が教授になってはどういうものですか、……」と話したという記事を紹介した。

第三回目の講演は、二〇〇〇年一一月二日、京大会館で開催された平成一二年度史学研究会大会で行なった。演題は「山陽と湖南」で、講演要旨は、翌年一月刊の『史林』第八四巻第一号に掲載された。そのままに移録しておこう。

一九七〇年代に中央公論社から刊行された〈日本の名著〉全五十巻のなかで、一人で一巻を占めた歴史家は、新井白石（一六五七〜一七二五年）、頼山陽（一七八一〜一八三二年）と内藤湖南（一八六六〜一九三四年）の三人だけです。生卒年から分かるように、かれらは、百年に一人の傑出した歴史家と言えます。ここ十年ばかり『京都大学百年史』の編集に参与してきたこともあり、本日は私ども東洋史学研究室の開祖である湖南が、白石と山陽、とりわけ山陽から、どのような影響をうけたかについて、お話しします。

頼山陽を学ぶのが内藤家の家学で、湖南は十二歳の時に、山陽に傾倒した父の十湾から『日本外史』を習い、この時は長続きしませんでしたが、翌年には自発的に読み出して熱中しました。それ以後、山陽の絶妙な詩文を暗誦するほどに読み耽り、漢詩文に頭角をあらわしたのでした。秋田師範に入学するや、『日本政記』や山陽増評『唐宋八家文』を買うといった塩梅でした。

しかし一年も経つと、父あての書簡に「お仰せの如く頼先生の学問気魄は中々沾々《ちょうちょう》、自ら喜ぶ者流の企及する所に非ず。学問は兎に角、気魄は千古の一人なるべし。経緯の学に至りては、海の内外、未だ多く見得ざる所」（全集第十四巻）と述べるように、山陽の気魄に脱帽しつつも、学問については、尊敬の念が薄らいでいました。三十歳代の初年に、新聞に連載の「関西文運論」を補訂した処女作『近世文学史論』を上梓した時も、儒学上の章で、「頼山陽、私史を修めて、文名一世を蔽ひ、其の議論白石等先輩に資ること多しと雖も、文気俊逸、歩驟度に合し、叙事の妙に至りては前に古人なし。従遊極めて盛んに、関西の文柄、殆んご其の手中に帰せり」（全集第一巻）と書き、山陽の史論が白石らに依拠して独創なきことを喝破しています。

山陽の伝記について最も信頼すべき業績は、三十年前に出版された中村真一郎の『頼山陽とその時代』ですが、昨年、著者書き入れ本と執筆に用いた池辺義象訳『邦文日本外史』や梁岳碧冲訳『邦文日本政記』（一九三四年）など十冊ばかりを入手し、後者に検閲による「削除済」のスタンプが捺してあるのに、関心をもちました。今春に刊行された中村の遺稿の大作『木村兼葭堂のサロン』のここかしこにも、頼山陽が姿を現します。

〈日本の名著〉『頼山陽』の解説で頼惟勤《らいつとむ》は、川越版『校刻日本外史』は最も普及し、明治三十二年までに十四版を重ね、手間さえかければ今でも刷れるという話を聞いたことがある、と述べていました。その版木数十枚を入手し、有縁の方々に差し上げていますが、その巻十二の豊臣秀吉による発兵伐朝鮮の条と外史氏曰の部分の版木四枚をご覧にいれます。

版木といえば、近衛本『大唐六典』の版木が京都大学に保管されており、湖南は「白石の一遺文に就て」（『先哲の学問』所収、全集第九巻）と題した講演で、『大唐六典』の参考本その他につき、白石が近《この》衛《え》家熙《いえひろ》のために骨折った事情を紹介しました。ところが、数年前に、白石が自ら嘉靖本を書写して近衛家熙に献上し、家熙が跋文を清書し、その写本に二十年にわたって考訂をつづけた『大唐六典』の稿本を、京都大学附属図書館で、館員の古川千佳が偶然に発見したので、附属図書館の近衛文庫に加えていただきました。

なお、ここ数年、内藤湖南の著作が中国語に訳されるようになりました。『日本文化史研究』（一九九七年、商務印書館）、また旅行記《燕山楚水》が青木正児の《江南春》《竹頭木屑》と一緒に、『両個日本漢学家的中国紀行』（一九九九年、光明日報出版社）として印行されています。

この講演から五カ月後、二〇〇一年春に文学部長の任期を了えて京都大学を停年退官し、大谷大学文学部教授に就任し、五年間は博物館長も兼任した。この講演で披露した川越版『校刻日本外史』の版木は、巻一二の関ヶ原の戦いの条や、巻一四の織田信長による攻本願寺と本願寺の降伏の条などと、合わせて一〇枚を最近、大谷大学博物館に寄贈した。ちなみに版木を購入したのは、東京の東洋文庫の近くにあった安土堂書店である。

第四回目は、二〇〇一年一一月末に、羅振玉と王国維の東渡九〇周年を記念して、京大会館で開催された、日中共同ワークショップ「草創期の敦煌学」での講演で、「羅・王の東渡と敦煌学の創始」と題した。内容は高田時雄編『草創期の敦煌学』（知泉書館、二〇〇二年）に収録された（本書二六九頁）。敦煌の蔵経窟で発見された文物や文献がペリオとスタインによって持ち去られたことを知った清国政府は、一九一〇年に残りの約六〇〇〇点を北京に運んだ。この知らせを聞いた京都の文科大学は、直ちに八月下旬より一〇月中旬まで、狩野君山・内藤湖南・小川琢治・濱田耕作・富岡謙蔵の五人を清国に派遣して調査した熱狂ぶりは、語り継がれてきた。この調査の後半にあたる九月七日から一〇月一二日までの日記が富岡謙蔵宅に残されていて、子息の富岡益太郎から複写の提供をうけた友人の内藤戊申（湖南の三男）の随筆「回顧と前進」（『冊府』八、彙文堂書荘、一九五八年七月）を引用して、一行が九月一八日に羅振玉と王国維に会ったこと、帰国に際して羅振玉より一行に「誌一時之別」としての贈品があったことを紹介した。また従来、羅振玉と王国維の東渡に尽力した学者として内藤湖南と狩野君山の名を挙げて、桑原隲蔵の名を出さないのが通例であったが、湖南逝去の翌年に出版の『増補満洲写真帖』に寄せた羅振玉の序文の中に、辛亥国変の際に京都に寓居するよう勧めた人物として、桑原隲蔵の名が明記されているので、確実である、と述べた。

かつて〈世界の名著〉全六六巻と〈日本の名著〉全五〇巻を編集し、古今東西の思想書、教養書を刊行した実績をもつ中央公論社が新世紀に相応しいシリーズとして、宮一穂編集長のもとに〈中公クラシックス〉を創刊した。その一巻として内藤湖南を取り上げたいので、私に責任編集してほしい旨の依頼があった。そこで『内藤湖南　東洋文化史』という書名で二〇〇四年四月に上梓した。全体は「日本文化史研究」「先哲の学問」「東洋文化史研究」「支那史学史」「目睹書譚《もくとしょたん》」「京大文科の創設」「追想雑録」の七篇に分かち、それぞれ数章の論文を収めた。そして巻頭に「東洋文化史家の内藤湖南」を書下ろし、巻末に年譜を付した。これ以降の講演ではしばしばこの『東洋文化史』を参考にした。

講演の第五回目は、二〇〇四年七月一一日に東京都の印刷博物館で行なった。宮一穂の依頼で、石川九楊が所長の京都精華大学文字文明研究所が開催している連続講座〈世界古典講座6〉の東京講座で、「内藤湖南」と題し、湖南の広大な業績の内、中国史研究において時代区分の観点を重んじた点を取り上げ、後の研究者に与えた影響は大きく、宮崎市定は文化史的な内藤説を祖述しつつ、新たな学問体系を築いたことを述べた。

第六回目は、二〇〇五年一月二二日に、大阪府立中之島図書館で創設一〇〇周年記念の一環として、内藤湖南について講演するよう依頼された。『中之島百年――大阪府立図書館のあゆみ』（大阪府立中之島図書館百周年記念事業実行委員会、二〇〇四年）で特筆されているが、創設の時点で大阪朝日新聞社の論説担当記者であった湖南は、二日にわたり「図書館に就て」と題する論説を書き、新図書館への期待と目録の編成に注意を払ってほしいと述べ、その後も初代館長今井貫一の相談相手として尽力したからである。湖南が今井の在職二五年を記念する講演会で講演した「寛政時代の蔵書家市橋下総守」は『先哲の学問』に収録されている。

第七回目は、二〇〇六年五月に、湖南が学んだ秋田師範の後身である秋田大学で開催された、平成一八年度「第二二回全国漢文教育学会大会」で行なった。内藤湖南生誕一四〇年記念と銘打った大会では、先輩の寺田隆信と二人で講演した。「内藤湖南の学風」と題した内容は『湖南』第二七号に掲載されている（本書二〇八頁）。

第八回目は、二〇一〇年九月一七日、京都市生涯学習センター（京都アスニー）の「ゴールデン・エイジ・アカデミー」で、全体を京都大学人文科学研究所との共催で「知の巨人――「京都学派」を築いた巨星たち――」と銘打たれた、四週連続の講演会で、桑原武夫・今西錦司・内藤湖南・西田幾多郎の四人が取り上げられた。私の演題は「内藤湖南と東洋史学」。先着六〇〇名が満席で、山科アスニーでも同時中継されたという。

第九回目は、二〇一一年一月二二日、京都国立博物館主催の土曜講座で、博物館の講堂が改築中だったので、近くの京都女子大学の校舎で行なわれ、演題は「上野コレクションと内藤湖南」であった。内容は、次の「湖南と君山ほか」と合わせて「内藤湖南の漢詩文」と題し、『書論』の第三九号に掲載した（本書一八〇頁）。

第一〇回目の講演は、二〇一二年八月五日、銀閣寺近くの白沙村荘橋本関雪記念館で開催された書論研究会の発足四〇周年を記念した大会で、「湖南と君山ほか」と題して行なわれた。

第一一回目は、二〇一三年一二月八日、兵庫県の宝塚市立中央図書館で、鉄斎美術館と同図書館との共催で開かれた第二回聖光文庫文化講座で、「京都中国学と富岡鉄斎・謙蔵父子」と題して講演した。富岡鉄斎（一八三六～一九二四年）と湖南らとの交遊については、日比野丈夫「内藤湖南が交わった学者文人たち」（『書論』一三、〈特集　内藤湖南〉一九七八年）や同「鉄斎と京都学派」（『別冊　墨』一〇、〈富岡鉄斎　人と書〉芸術新聞社、一九八九年）でも述べられていたが、富岡謙蔵（一八七三～一九一八年）の生誕一四〇年記念として二〇一三年四月から六月にかけて「鉄斎と謙蔵」と銘打つ展覧会を清荒神清澄寺の鉄斎美術館で開き、学芸員の柏木知子によるパンフレット「鉄斎と謙蔵」を配布するとともに、年末に講演会を開催したのである。このパンフレットは、『書論』第三九号、二〇一三年八月に再録された。その富岡謙蔵小伝の項に、京都市上京区東三本木の頼山陽旧居「山紫水明処」に生まれたことや、名ははじめ健三のち謙三、明治四〇年代前半より謙蔵と称し、号を桃華といったことなどから始められている。私の講演では、鉄斎美術館の方で画像や書影をスライドに作っていただいたので、湖南が一九一七年一〇月に中国に渡航した際に鉄斎から贈られた扇面「觿搓波浪図」や一九二四年一〇月にヨーロッパに渡航した際に鉄斎から贈られた「觿搓図」などを並べてご覧いただけた。京都大学文科大学の創設期の東洋史学教室は内藤湖南・桑原隲蔵の両教授と富岡謙蔵・羽田亨の両講師で構成されていたとされる点につき、『京都大学文学部五十年史』の附録、旧職員の講師の一覧表より、羽田亨は常勤講師だが、富岡謙蔵は非常勤講師であったので、個人研究室はなかったことを述べた。なお「内藤湖南外伝」とも称すべき佐伯有清『邪馬台国論争』（岩波新書、二〇〇六年）では、邪馬台国大和説の提唱者である内藤湖南が、富岡謙蔵の古鏡研究にいかに多くを負っているか、また湖南と謙蔵がいかに親密であったかを諄々と述べている。私の講演では、謙蔵が蒐集した古鏡を収蔵する大阪の和泉市久保惣記念美術館の現況を述べた。

第一二回目は、二〇一四年一月一一日に、南禅寺門前の京都市国際交流会館で、京都府立総合資料館と京都府立大学の共催で開かれた、総合資料館開館五〇周年記念の国際京都学シンポジウム〈近代京都の学と美の新生――明治・大正期の日中文化交流の中から――〉の記念講演として「内藤湖南と羅振玉――「京都支那学」の誕生――」と題して話した。辛亥革命の難を逃れて、娘婿の王国維を同道して京都に移り住んだ羅振玉が、資料館の前身である京都府立図書館に『読碑小箋』『昭陵碑録』や王国維が京都で出版した詩集『壬癸集』など寄贈した図書が現在総合資料館に所蔵されているので、展示され解説がなされた。私の講演内容は、拙稿「京都の中国学」（『大航海』六六〈特集・中国　歴史と現在〉新書館、二〇〇八年、本書三〇三頁）ならびに前掲の「羅・王の東渡と敦煌學の創始」と重複する部分も多かった。

以上が一二回におよぶ湖南を主題とする講演の概要です。

●――『湖南』三五、二〇一五年三月

桑原隲蔵著『考史遊記』解説

本書『考史遊記』は、東洋史学創始者の一人である桑原隲蔵が、創設を間近にひかえた京都帝国大学文科大学の要員として、明治四〇（一九〇七）年四月から満二年間、清朝末期の中国に留学した折に、洛陽から長安（西安）を旅行した「長安の旅」、泰山・曲阜から開封・保定をまわった「山東河南遊記」、熱河・興安嶺から張家口・居庸関にいたる「東蒙古紀行」を集大成した書物の文庫版である。

桑原は当初、文部省からヨーロッパ留学を命ぜられて身体検査を受けたが、青山胤通《たねみち》博士の忠告によって中止され、清国留学に変更になった。ヨーロッパへの留学は困難と判断されたほどの虚弱体質で、旅行嫌いだった桑原が、東蒙古の奥地にまで苦しい旅をして、今となっては貴重そのものの写真を丹念にとっているのは、驚異的である。もし当初の計画通りヨーロッパ留学が実現していたならば、本書が生まれようはずはなかった。私は、学術史の観点から言って、二〇世紀初頭の明治末期にものされた本書は、九世紀中葉の平安時代に、唐朝末期の地理・交通・社会・習俗について書かれた日記体の旅行記たる円仁『入唐求法《にっとうぐほう》巡礼行記』に準ずるもので、『入清留学考史遊記』と名付けたいぐらいである。

私は『平凡社大百科事典』（一九八四年。のち平凡社の『世界大百科事典』一九八八年に再録）で、「桑原隲蔵」の項目を執筆し、

一八七〇―一九三一（明治三―昭和六）　東洋史学者。福井県出身。一八九六年に帝国大学漢学科を卒業、東京高師教授をへて京都帝大教授となる。ヨーロッパの史学研究法をとり入れて東洋史学の建設につとめ、初めは《中等東洋史》などによって東洋史教育に功績をのこし、京大赴任以後は、法制史、東西交通史などの分野で堅実な業績を挙げた。名著《蒲寿庚《ほじゅこう》の事蹟》をはじめとする全著作は《桑原隲蔵全集》（一九六八）に収められた。桑原武夫はその息である。

と書き、その後、雑誌『しにか』一九九一年六月号に〈東洋学の系譜15〉として「桑原隲蔵」の章（のち『東洋学の系譜』大修館書店、一九九二年に再録）を担当した際に、やや詳しく評伝をつづっておいた。今回は、本書をひもとかれる方のご参考までに、略歴をかいつまんで記すとともに、本書の書誌的な話題に触れておこう。

桑原隲蔵は、明治三年一二月七日に福井県敦賀市の鳥の子屋という製紙業者であった桑原久兵衛の二男として生まれた（明治三年は普通に西暦の一八七〇年に置き換えるので、桑原の生年は一八七〇年生まれとされがちであるが、当時は旧暦だったので、欧米の学者なら一八七一年一月二七日生まれと書くであろう）。兄が家業を継ぎ、弟が時計屋になり、二男の隲蔵も高等小学校でやめさせられるはずであったが、成績抜群だったのと、身体が弱くて労働に適さないと考えられたために、京都の府立中学に遊学でき、卒業後、ひき続き京都の第三高等中学校に進学した。中学時代から歴史学に志し、「世界的歴史家　桑原隲蔵」と落書きしていたのに、東京に行き帝国大学文科に入って漢学科を選んだのは、当時まだ東洋史の講座がなかったからだそうだ。明治二九（一八九六）年七月に卒業、ひき続き大学院に入学して、東洋史を専攻した桑原は、非常勤講師であった那《な》珂《か》通《みち》世《よ》（一八五一～一九〇八年）に師事した。三〇歳にならない大学院生時期に執筆した『中等東洋史』という教科書は、那珂通世の校閲をへたもので、教師用参考書の『東洋史教授資料』ともごも名著の誉れが高かった。

桑原は、明治三一（一八九八）年八月末に母校の第三高等学校教授となって京都に赴任し、一年後に東京の高等師範学校教授に転じ、一〇年近く在任することになる。満二年間の清国遊学を終えて、明治四二（一九〇九）年四月一四日に帰国するが、その五日前の九日に京都帝国大学文科大学の東洋史学第二講座担任の教授に発令されていた。史学科開設直後に着任していた講師の内藤虎次郎（号は湖南。一八六六～一九三四年）が教授に昇格して第一講座を担任するのは、この年の九月のことである。

創設期の京都帝国大学文科大学の東洋史教室を主宰した内藤と桑原の二人は、あらゆる意味で対照的であった。在野のジャーナリストから象牙の塔入りした内藤は、同時代の中国の政治・文化の動向にも絶えず目をくばったのに対し、桑原は厳密な考証に徹した。内藤が支那哲学・支那文学担当の同僚、狩野直喜《かのなおき》（号は君山。一八六八〜一九四七年）とともに、支那学つまり中国学を標榜し、日本学や印度学といった学科編成を希望したのに対して、歴史好きの桑原は中国史は歴史学の一部としての東洋史学でなければならない、つまり国史・東洋史・西洋史は鼎立の形で学科編成されるべきだと主張したのであった。

最終的には東洋史学の独立を主張する桑原の意見が通り、桑原の構想に沿った教室運営が継承されていく。門下生の就職の世話なども、すべて桑原がとりしきっていたそうだ。内藤の還暦に当たって友人や門下生から献呈された論文集は『内藤博士還暦祝賀支那学論叢』で、「支那学」の文字が入っていたが、桑原の還暦に当たってのものは『桑原博士還暦記念東洋史論叢』で、「東洋史」の名称が使われた。病弱の桑原が六〇歳の停年後五カ月にして、京都市上京区塔ノ段の自宅で亡くなったのは、昭和六（一九三一）年五月二四日であり、黒谷の常光院の墓地に葬られた。その三年後に内藤は隠棲地の京都府相楽《そうらく》郡瓶原《みかのはら》村の恭仁《くに》山荘で亡くなり、鹿《しし》ヶ谷《たに》法然院の墓地に葬られる。

ところで桑原の場合、教科書類を別にすると、学術書として生前に上梓していたのは、『宋末の提挙市舶西域人蒲寿庚の事蹟』及び『東洋史説苑』の二冊だけであったが、没後に東洋史研究室をあげての事業として、桑原の旧稿を分類収録した菊判の三冊の論文集、『東西交通史論叢』『東洋文明史論叢』『支那法制史論叢』が、昭和八年から一〇年にかけて京都弘文堂から刊行された。整理刊行に至らなかったのは、明治四〇年からの二年間における清国での旅行記だけであった。

それから七年後の昭和一七（一九四二）年六月、本書の親本に当たる四六倍判の豪華な『考史遊記』

が門下生の森鹿三によって編集され、やはり弘文堂書房（昭和一一年名称変更）から出版されたのである。その間の経緯は、本書の冒頭に冠せられている矢野仁一と宇野哲人の〈序〉と巻末に据えられている森鹿三の〈あとがき〉に詳しく述べられているので、蛇足を加えることもあるまい。

「長安の旅」に同行した宇野哲人（一八七五～一九七四年）の『支那文明記』は、明治四五年二月に東京市神田区表神保町の大同館から発兌されたものであって、「長安紀行」は一七六～二七〇頁にわたっている。「東蒙古紀行」に同行した矢野仁一（一八七二～一九七〇年）は、九〇歳を超えた昭和三八（一九六三）年に、門下生の宮崎市定を相手に、この旅行の思い出を語っている（『東方学』第二八輯。のち東方学会編『東方学回想Ⅲ　学問の思い出(1)』刀水書房、二〇〇〇年に再録）。なお「東蒙古紀行」に同行した日華洋行主の三島海雲（一八七八～一九七四年）は、のちにカルピスを製造する会社を創業し、三島海雲記念財団を創るが、桑原の『支那の孝道』にいたく感激し、三回にわたって私家版を出版したことを付記しておこう。ちなみに、桑原に同行した宇野哲人・矢野仁一・三島海雲の三人は、いずれも白寿前後の長命を保たれた。

昭和四三（一九六八）年に岩波書店から『桑原隲蔵全集』全五巻別冊一が、門下生の宮崎市定・貝塚茂樹・田村實造・森鹿三と嗣子の桑原武夫の五人を編纂者として刊行された。『考史遊記』は『蒲寿庚の事蹟』と一緒に第五巻に収められたが、この巻の編集を担当した森鹿三は、巻末の解説では専ら『蒲寿庚の事蹟』について論じ、『考史遊記』については、「令嗣武夫さんの依頼を受けて、主として私が編集に当ったので、いろいろと思い出もあるが、あとがきと例言で解説の用をなしうると思うので、このたびは別に起稿しないことにする」と述べるにとどまっていた。

前列左より、三島海雲、斉藤夫人、桑原隲蔵、三島夫人、斉藤進。
後列左より2人目は矢野仁一。1909（明治42）年頃、北京にて

焼き付け写真が保存されていたので、全集の図版写真は親本よりも鮮明であり、また時には同じ場面でも、差し替えが行なわれた。たとえば、今回の表紙カバーにも使われた一九二頁の「第二十一図　開元寺の榭亭における一行」は、よく似ているが、各人のポーズも異なり全くの別物である。

全集の第五巻の末尾には、桑原武夫による「桑原隲蔵小伝」と「桑原隲蔵略年譜」が付されていたが、第二次刊行の時に、補訂が施されていることに注意を喚起しておきたい。たとえば、初め「母は疋田《ひきだ》村の長谷川家から来たが、早く死に、そのあと久兵衛の妾だった女性が家に入ったため、子供たちはやや苦労したらしいが、二男は賢かったためか、一番その女性に愛護された」とあった箇所が、「母は敦賀郡東浦比田村の田代太兵衛の娘やえである。四歳のとき母を失った。久兵衛には妾があったが、妻の死後これを家に入れようとはしなかった。二男は賢かったので、一番その女性に愛護された」と訂正されているのである。

本書には石碑の拓本を採ったり、石刻拓本を購入する苦労話が散見される。それら拓本の大部分は京都大学人文科学研究所と文学部に収蔵されていることを付記しておこう。

今回の文庫化に当たっては、最初の弘文堂書房刊の単行本に従って、全集では割愛された詳細な索引も復活し、若干の補訂を施した。引用の漢文には読み下しをつけたが、漢詩については、井波陵一教授に読みをお願いした。丁寧きわまる編集をして下さった平田賢一氏に対してとともに、厚く御礼を申しあげたい。

二〇〇一年二月

●——岩波文庫、二〇〇一年三月

宮崎市定著『中国古代史論』紹介

宮崎市定（一九〇一～九五年）の学問業績は、満九〇歳を期して刊行が開始された『宮崎市定全集』全二五巻（岩波書店刊）の内容見本に「中国の史書に博通する広い視野から、その研究対象は中国史の全時代に及び、また政治、経済、文化、東西交渉史などあらゆる分野にわたっている。これら個別の実証的研究を通じて、先生は中国史を体系的に捉えなおし、これを世界史的発展のなかに位置づけられた。……精細な個別的実証的研究と闊達雄渾な通史叙述とが一人の歴史家においてかくも緊密に結合されていることは、ほとんど稀有と言ってよい」とあるのが、簡にして要をえている。

宮崎は数え年で米寿を迎えた一九八八年秋に、日本史に関する既発表の短文を集成した『古代大和朝廷』（筑摩叢書）と中国古代史に関する論考の半ばを精選した『中国古代史論』（平凡社選書）を一対の形で上梓した。いずれも私が編集と校正に参与したが、ここに名著として紹介するのは、そのうちの後者である。

古代中国について宮崎が発表していた論文箚記およそ三〇種のうちから一二種を選んで一冊に纏めたもの。なるべく一般に読みやすいものを選んだ。宮崎が停年退官する頃に京都大学で東洋史学を専攻した、平凡社の岸本武士の当初の提案では、八篇であったが、四篇を増やし全体を二部に大別するとともに、やや詳しい〈まえがき〉が冠され、収載論考の執筆意図などが述べられた。

第I部は六章からなり、首章の「中国古代史概論」は、一九五五年に上梓されたもので、講演の筆録である。旧来の中国古代史がいわば〈王代記〉、すなわち主権の交替、継承、革命を中心とした政治史で、庶民の生活にほとんど触れないのに対し、この概論は、王者をも含めて総ての居住者がいかなる聚落形体を営み、いかに相互に交渉したかに焦点を合わせて述べている。生活の最重要なる要素である衣・食・住のうち、衣と食の面は変わり方は少ないが、住居の面は時代と共に大きな変化を経験したというのである。

独創の多い宮崎の論考の中でも、私が最も感服するのは、中国の上代にもギリシアのごとき都市国

家が存在することを世界で初めて指摘し、実証したことである。中国の古代史は西洋の古代史とよく似た発展をとげたとし、まず青銅器時代で戦車の用いられた春秋時代は都市国家の時代、鉄器時代が始まる戦国時代は領土国家対立の時代、秦漢はローマと同じく古代帝国に当たると述べ、いわゆる西周時代はなかった、と述べた。

　第二章から第六章までは都市国家論を中心とした聚落形体の研究である。一九三三年に発表された「中国城郭の起源異説」は、中国に都市国家が存在することを初めて指摘した著作。中国の古記録に城郭という語が散見し、城郭のあるのが文化民族、城郭のないのが野蛮民族と判断されてきたが、城郭の城はギリシアにおけるアクロポリスのごときもの、郭は下町を囲繞する障壁である、と論定した。

「中国における聚落形体の変遷について」では、古代には後世のような郷村は存在せず、存在したのは郷亭で、首都のみでなく、これに付随する地方聚落も本質において首都とほとんど変わることのない小都市であり、各々が周囲に城壁をめぐらした自治体であったこと、それが郷であり、亭であり、その大なるものがやがて県となった、と考証している。

「戦国時代の都市」では、領土国家の時代に入っても、都市国家時代の遺制が根深く残り、ことに大都市において市が異常なる発達を見せた実情を説く。宮崎の考えでは、中国古代の市はギリシア、ローマのアゴラ、フォーラムに相当し、単なる商業地域たるに止まらず、市民消閑の交際場であり、時には政治運動も行なわれた、と述べた。

「漢代の里制と唐代の坊制」は都市内部の構成を論じる。古代の里は村と訳されがちだが、実は都市国家の内部は街路によって複数の居住区に分かたれたが、その区がすなわち里であり、里の周囲にもまた障壁をめぐらし、住民はきまった門すなわち閭から出入りした。ところが六朝時代になって、郷亭が没落して、人民は村落を造って散居するようになる。さらに唐代になると、大都市でかつての里が坊と呼ばれるようになり、この坊制は日本の都城に輸入された、と論じた。

第Ⅱ部の第七章から第一一章は、古代社会における市民生活の特色を捉え、これを描写する文章、特に『史記』の叙述法を考証しようとしたものである。

「身振りと文学——史記成立についての一試論——」では『史記』と並んで叙事文の双璧と称される『水滸伝』を取り上げ、両者を読み比べて、絶妙なる行文の裏に両者共通の基盤があること、それは両傑作は必ずしも総てが著者の創作ばかりではなく、これに先行した講談、芝居の中の対話、所作をそのまま取入れて、自己の文章としていることを論定した。

「史記李斯列伝を読む」では『史記』李斯列伝を構成する資料が甚だ多様で、まさに戦国以前の口承伝説の時代から、文書記録の時代に移る過渡期に当たり、両方の性質を兼ね備えていると、述べた。

宮崎が正史の列伝の中で興味をもつのは、権力者よりも社会の組織外にはみ出たアウトローの游侠など、世流に逆らう人物である。「游侠に就て」は『史記』『漢書』のみにある游侠伝を分析したもの。「漢末風俗」は後漢の名節の士は前代の游侠が儒学化したもので、それゆえ『後漢書』には游侠伝がない、という。

巻末に附せられた第一二章「私の中国古代史研究歴」は一九八五年に書かれたもので、本書の結論に相応しい。

●——『新しい漢字漢文教育』六〇、二〇一五年五月

佐伯富先生と井上靖『通夜の客』

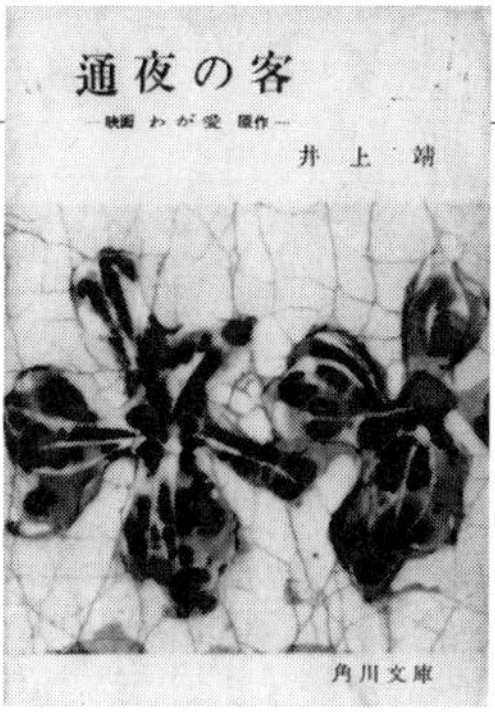

昨年七月に佐伯富先生が逝去された知らせを聞いた時、ふと思い浮かべたのは先生をモデルとした井上靖の小説『通夜の客』で、久しぶりに文庫本を書架から取り出して再読した。書き出しは、新聞の社会面に掲載の、主人公の元B新聞社東亜部長だった新津礼作の訃報記事。主人公は終戦と同時に職を辞し、家族と離れて一人で、鳥取県の田舎で専ら晴耕雨読の生活を送っていたこと、たまたまこのほど所用のため上京中だったが脳溢血のために急逝、享年四二、といった具合に報ぜられたとある。

主人公が三年半を過ごした中国山脈のてっぺんの山村にあった家の「お座敷の机の上には中国塩業史の第七章の原稿が、茂吉歌集と一緒に載って」いたし、生前には年に何回か京都の友達の家に泊って、三日ほど大学の図書館へ通い、分厚いノートに中国の塩池に関したことをいっぱい書き写していた、という文章も見えたのである。

佐伯先生は一九一〇（明治四三）年一一月六日、香川県三豊郡の名刹、弘法大師空海ゆかりの萩原寺で生まれられた。萩原寺には弘法大師筆と伝えられる、習字の手本『急就章』が所蔵されているが、一九七八年に複製が萩原寺から刊行された際、別冊の解説本を執筆される。三豊中学（現・観音寺一高）を経て、岡山の第六高等学校文科甲類に入学、剣道部に籍を置かれた。時あたかも東洋史の教授であった宮崎市定先生の授業をうけられた。ただし東洋史ではなく、漢文と地理の授業であった。

一九三一（昭和六）年春に京都大学文学部史学科に入学、東洋史を専攻し、すでに第三高等学校教授として文学部の講義を担当していた宮崎先生の学問に深い影響を受け、宋代の政治に関心を寄せられた。一九三五年に卒業するや、宋代における茶法の資料蒐集に従事するべく、東方文化学院京都研究所の嘱託となられた。

その辞令を狩野直喜所長から授けられた折、中国では茶の専売を弟とすれば、塩の専売は兄のようなものである、中国では塩の専売法は甚だ複雑で、研究をしてもなかなかわかりにくいので、塩の専売制度を研究する者を嘲笑して「塩馬鹿」というと話された。この話が先生の脳裏に強く刻まれ、茶法の次にはより重要な塩の専売法を研究しようと決心されたそうである。

東方文化学院京都研究所が東方文化研究所と改名して新発足するや、正式に助手となり、宋代茶法の資料蒐集を終えた先生は、次に塩の専売法の研究を希望されたが、研究体制の上から許されなかった。そこで新設された京都大学附置の人文科学研究所に助手として転出し、安部健夫教授のもとで研究三昧の毎日を送られた。その最初の成果が『東亜人文学報』三巻一号（一九四三年）に掲載の「塩と支那社会」で、まさにライフワークの出発を記念する、会心の論文であった。これが公刊される直前に、先生は山口高等商業学校に奉職し、東亜経済研究科で教鞭をとられた。同校では学術誌『東亜経済研究』を出しており、また同校東亜経済研究所には東亜関係の蔵書が豊富であると聞いていたので、期待をもって赴任されたが、期待外れであった。時局は苛烈を極め、授業や研究はしだいに許されなくなる。

敗戦後は食料事情の悪化から、授業のかたわら畑仕事に熱中せざるをえず、塩政の研究のため京都へ史料蒐集に出かける余裕はなかった。ちょうど、この時期に宮崎先生の推薦で文部省の科学研究費の配分をうけることができ、さっそく京都に来て史料蒐集し、重要な書籍を借用された。のちに博士論文となる『清代塩政の研究』の原稿は、山口で書かれたのである。

山口から京都大学文学部の助教授として着任されたのは、一九四九（昭和二四）年五月であった。毎日新聞社記者の井上靖『通夜の客』が掲載されたのは同年一二月刊の『別冊　文藝春秋』一四号であり、私が地理同好会の藤岡謙二郎先生に紹介されて購ったのは角川文庫『春の嵐・通夜の客』（一九五九年）であった。なお哲学科美学美術史専攻の井上と史学科の先生は、同時期の文学部の学生であった。

新任の助教授として直面されたのは、史学科の機関誌『史林』を発行していた史学研究会の財政状況が極度に悪化していたことであった。多くの維持会員を獲得するなど、財政再建のために辛酸をなめられた。また東洋史研究会も、隔月刊の『東洋史研究』の編集発行がいつの間にか不定期刊に陥っていたのが、ようやく季刊誌の体裁で、順調に刊行できるようになった一九五六年に、〈東洋史研究叢刊〉を発刊した。「東洋史研究叢刊之一」は宮崎先生の『九品官人法の研究――科挙前史――』（三月）、「之二」が佐伯先生の『清代塩政の研究』（一〇月）であった。何の宣言もなく声明もなく、この叢刊を発刊したのは、一に会長の宮崎先生の唱導によるが、販売・会計など業務万般を担当されたのが佐伯先生で、一九七四年に停年退官するに際し同朋舎に委託するまで続けられた。

この〈東洋史研究叢刊〉には、『中国随筆雑著索引』『宋史職官志索引』といった索引のほか、「之二十一」として刊行されるのが学術論文集『中国史研究』第一（一九六九年）・第二（一九七一年）・第三

（一九七七年）で、第一には一九三八年から五七年までに発表の論文が、第二には一九五八年から七〇年までに発表の論文が、そして第三には〈前篇〉に一九七〇年から七六年までの論文、〈後篇〉に処女作『王安石』（冨山房の〈支那歴史地理叢書〉一一、一九四一年）が収録されている。

私が一九五八（昭和三三）年に三回生となり、東洋史を専攻した時、教授は宮崎、田村實造と佐伯、助教授が佐藤長の各先生で、四人の先生方の講読をすべて受講した。宮崎先生のテキストは清・賀長齢輯『皇朝経世文編』の「吏胥」の巻で、文脈が全く理解できず、佐伯先生に何か工具書はないでしょうかとご相談したところ、小畑行簡訓の和刻本『福恵全書』が役に立つでしょう、私が作った、がり版の『福恵全書語彙解』（京都大学東洋史研究室、一九五二年）は品切れですから、再版を出してみませんか。初版には巻数と頁数を入れていませんが、もとのカードには巻数と頁数を記入してあるので、付け加えてはどうですかとのこと。早速カード箱をお借りして巻数と頁数を記入し、タイプ印刷した再版本一〇〇部を年末に刊行し、多少の収益を研究室の費用に充当した。一九七五年に同朋舎出版部から補訂を加えた活字本が刊行されたので、今では不要に帰している。ただし、はしがきに「本索引は昭和二十七年、編纂の上、油印に附して頒布されたが、瞬時にしてなくなり、昭和三十年、京都大学東洋史学科の学生諸君の要望により、その手で再び油印に附せられた。これも間もなく品切れとなった」とあるうちの「三十年」は「三十三年」の誤りである。

『中央公論』の一九五七（昭和三二）年二月号から六月号まで五回にわたって連載された井上靖の小説『天平の甍』に感動したこともあり、四回生になって卒業論文のテーマを決めようと主任教授の宮崎先生の研究室にうかがい、唐代の浄土教史をしようと思いますが、と申し上げた。すると先生は「仏教史はたいそう面白いようだから、今はやめておきなさい。初めに仏教に深入りすると、その周囲にあるものが詰まらなく思えてしまうから」と、善導についての修士論文を書いた先輩の例をひきつつおっしゃった。しかし、何をしたらとは言われない。そこで佐伯先生に相談にうかがうと、具体的に宋代の財務大臣である三司使について調べては、と言われた。先生のアドバイスに従って、「唐宋の変革と使職――特に三司使の成立について――」と題する卒業論文を提出し、翌年『史林』に寄稿する際、題名と副題を入れ替えた。当時の佐伯先生は、講読のテキストに宋代の財政経済の基本文献『宋史』食貨志を用い、まず資料の多い宋代から研究を始めるのが宜しい、と口酸っぱく言われたのであるが、私の論文は結局、唐と五代の社会を対象とし、宋代には及ばなかったのである。

先生がお住まいの桃山合同宿舎の隣り棟に、私も助手時代に三年ばかり住んだが、お会いする機会はほとんどなかった。しかし、先生が停年後に比良山の東麓、和邇の丘のてっぺんで晴耕雨読の生活をなされた三〇年、お盆とお正月前後の二回、三時間ほどお邪魔してお話を伺うようになった。いつも辞去する前にお寿司をいただき、帰りには取り立ての新鮮な野菜の入った大袋をもって坂道を下った。そうめん南瓜など珍しい野菜をごっさり。

お話の内容は、古今の学界の状況について、宮崎・安部の両先生への敬慕の念を語られることが多かったが、しばしば〈東洋史研究叢刊〉を発刊しつづけられた苦労話もされた。そして停年の際に、誰も引き継いでくれず、すべての業務を同朋舎に委譲せざるをえなかったこと、その結果、定価が高くなり、若い人が購入できなくなったことを嘆かれた。従って、私が東洋史研究会の会長の時、同朋舎の経営が悪化して〈東洋史研究叢刊〉の業務から撤退したいとの申し出を受け、京都大学学術出版会に全部を委譲し、定価がぐんと安くなったことを、たいへん喜んでいただけたことを嬉しく思い出す。

京都女子大学の植松正教授編集の『佐伯富博士著作目録』を繙くと、先生は現役時代のみならず晩年まで、論考はもちろん、厖大な索引類を作成し学界に貢献されたことを実感する。それらの編集や校正に当たり、受業生の方に協力を求められたが、私にはお声がかからなかった。私のささやかな貢献は、『王安石』を中公文庫に入れるに際して斡旋し、喜んでくださったことである。『宮崎市定全集』全二五巻の編纂の際には、編集委員は先生を筆頭に、島田虔次・岩見宏両先生と私の四人であったが、実務に関しては全て任せてくださった。ただ全集に講義ノートを入れることを主張されたが、宮崎先生とご相談した上で、編集の困難さを申して、諦めていただいたのが、今となっては心残りである。

先生は昨二〇〇六（平成一八）年七月五日に老衰で逝去された。享年九五。ライフワークの『中国塩政史の研究』を一九八七年に完成し、恩賜賞学士院賞を受けられた次第は改めて触れるまでもあるまい。

佐伯富と吉野夫人。和邇の自宅前にて

最後にお目にかかったのは、ちょうど半年前の正月、ご自宅から程近い堅田の、琵琶湖西岸に面した施設で、持参した『中国歴史研究入門』などを話題にし、何となく最後のお話かも知れないと予感しつつ、一時間をメドにお暇乞いした。室内の机の上には、前年春に〈東洋史研究叢刊之六十六〉として刊行された、琉球大学教授の西里喜行著『清末中琉日関係史の研究』がおかれていた。

●――『以文』五〇、二〇〇七年一一月

京都における唐長孺先生

一九八〇年、京都大学人文科学研究所は新たに設立された「外国人客員教授」（公式には「京都大学外国人研究員」と称される）の名義で武漢大学の唐長孺教授を招聘した。先生が来日されたのは、一九八〇年一一月一九日から一九八一年三月一八日までの四カ月で、もう一人は厦門《アモイ》大学の傅衣凌教授であった。唐先生の来日計画は、竹内實教授の協力を得て、熱心に推進されたのは故川勝義雄教授であった。唐先生が京都に滞在された期間、先生に提供しました個人研究室の部屋は、北白川に位置する京都大学人文科学研究所の分館内で、私の個人研究室の並びでした。先生は私の研究室の蔵書を借用するために、しばしば同行されていた胡徳坤講師と一緒に私の研究室に来られました。また私自身もしばしば先生の研究室と、宿舎の近衛ホールを訪問し、それらの機会に唐先生から多くの教示を得ました。先生の許に留学したような感覚を覚えたのです。先生の故郷が江蘇省呉江県平望鎮耕読村であることをお聞きした時、「耕読」という村名に感嘆したことが印象に残っています。

私が忘れ難いのは、初めて唐先生にお供して奈良の東大寺と唐招提寺に参詣した一日であり、また先生にお供して龍谷大学図書館で大谷文書を閲覧した時の情景も忘れ難い。しかし、本稿は多岐に渉るのを避け、僅かに唐先生の詩文についてのみ述べておこう。

唐長孺先生は帰国される際、自ら創作された一首七言律詩を美しい色紙に揮毫され、川勝教授と私に贈って、記念とされた。以下に移録する。

現説天涯若比隣、
蓬瀛飛渡覚身軽。
唐風已自忘遊旅、
漢学由来重洛京。
史跡千年勒禹域、
霊文三洞探玄経。
流風幾輩伝薪火、
合向鴻都問老成。

現に説く　天涯は比隣の若く、
蓬瀛　飛渡すれば、身の軽きを覚ゆ。
唐風　已にあり、遊旅を忘れ、
漢学　由来　洛京に重んぜらる。
史跡千年　禹域に勒し、
霊文三洞　玄経を探る。
流風　幾輩か　薪火を伝え、
合に鴻都に向かいて老成に問うべし。

庚申孟冬、余応京都大学人文科学研究所之邀、束装東遊。居東四月、川勝　礪波両先生、厚意殷拳、俾忘客旅。臨行率為長律、書奉礪波先生、以識鴻爪。

辛酉孟春唐長孺題。

（庚申孟冬、余　京都大学人文科学研究所の邀に応じ、束装して東遊す。東に居ること四月、川勝　礪波両先生、厚意　殷拳にして、客旅を忘れ俾む。行に臨み率として長律を為り、書して　礪波先生に奉り、以て鴻爪に識す。辛酉孟春、唐長孺題す。）

唐先生はこの色紙を私に手渡された時、詩中の「鴻都」の「老成」とは、京都の宮崎市定先生のことを指します、と説明された。先生のこの色紙を入れた額は珍蔵し、拙宅の書斎に掛けて、唐先生と宮崎先生のお二人に対する記念としている。

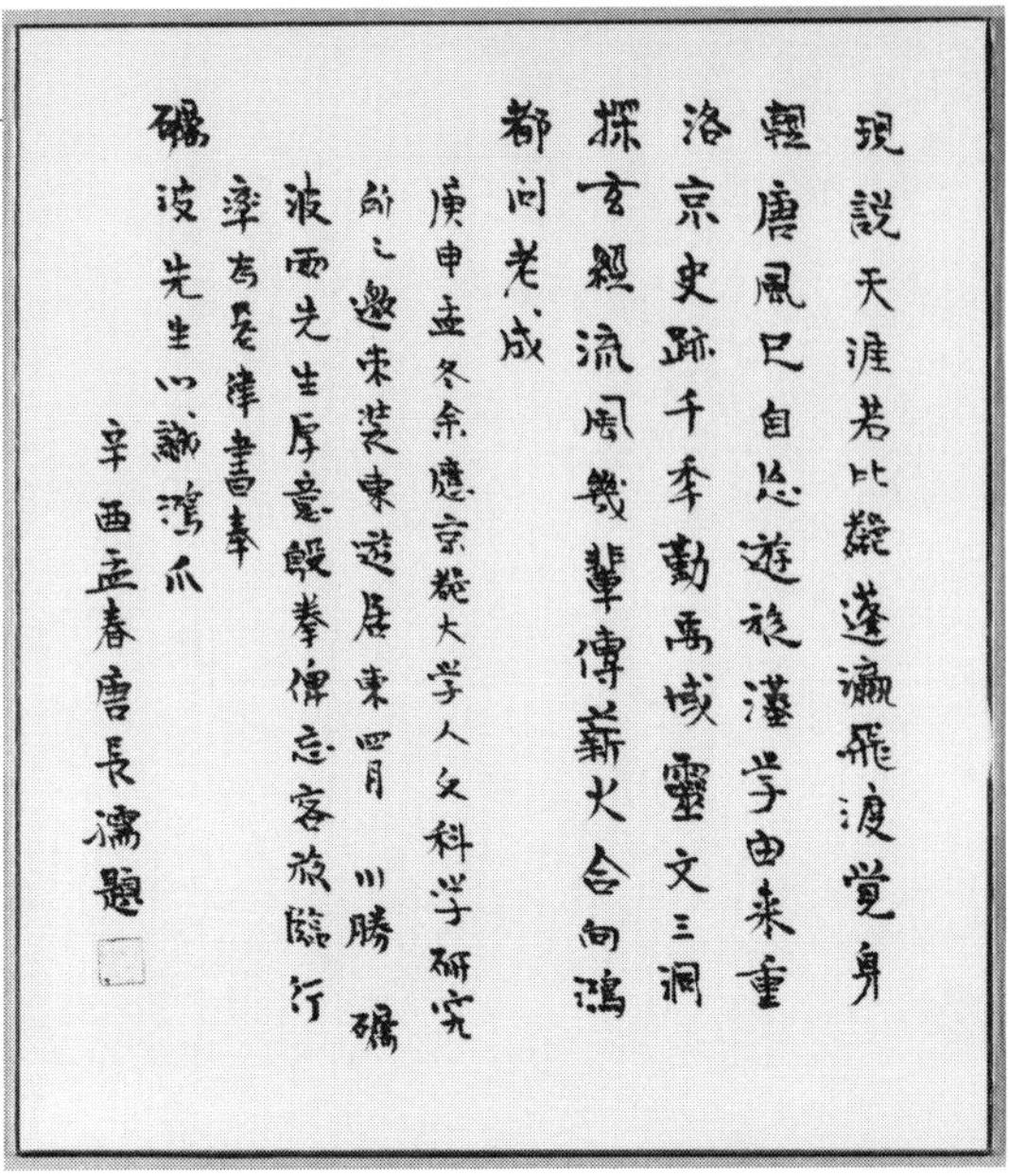

唐長孺揮毫の色紙（著者蔵）

唐先生はかつて京大人文科学研究所内外の関係ある研究会の席上、何度も講演をされた。題目は「解放後の魏晋南北朝隋唐史の研究概況」「新出トルファン文書の発掘整理経過および文書の簡単な紹介」「新出トルファン文書中に見られる仏教関係の記載」「桃花源記に関する問題」などであった。それらの中、最後となる講演は、帰国される前日の一九八一年三月一一日で、これは人文科学研究協会と東方学会が共同で開催された学術会議で、場所は京大人文科学研究所本館の会議室で、竹内實教授が通訳された。

この講演のために、唐先生は新たに「魏晋から唐前期に至る客と部曲」と題する原稿を起草され、実に二〇〇字詰め人文科学研究所の原稿用紙の九九枚に書かれ、そのうえ所々に細かい字で注釈が加えられていた。先生のこの講演原稿は、分かって「一、客の卑微化と農業労働への普遍使用」「二、晋代における蔭客の特権への制限」「三、北方の大族と蔭戸」「四、南北朝後期の部曲と隋初の浮客」「五、新出トルファン文書中に見られる唐代の部曲」「六、唐代の浮客と佃食客戸」「七、余論」などの七節となっていた。唐先生は講演ではその中の主要な内容を論述された。

唐先生のこの講演原稿「魏晋から唐前期に至る客と部曲」は、日本語に翻訳して、最初は東方学会の機関誌『東方学』に載せようとしたが、分量が多かったので、二つの刊行物に分載されることになり、前半部分は宮崎市定先生が会長の東洋史研究会の機関誌『東洋史研究』に、後半部分は『東方学』に掲載された。

論文の「一」から「四」までの部分は、川勝義雄により翻訳され、「魏晋南北朝の客と部曲」と題して『東洋史研究』第四〇巻第二号（一九八一年九月）に発表され、唐先生の中国語の原稿は、「魏晋南北朝時期的客与部曲」と題して、唐長孺著『魏晋南北朝史論拾遺』（中華書局、一九八三年五月）の巻頭に収められた。

論文の後半部分は、竹内實により翻訳され、「唐代の部曲と客」と題して『東方学』第六三輯（一九八二年一月）に発表された。唐先生は原稿に修正を加えられ、原稿の「五」を「一」に改め、「六」を「二」に改め、「七」を「三」に改めた上で、冒頭に「唐代の部曲と客については、中国と日本の学者の論述が多いから、ここではただ参考に供する資料若干、および、わたしの未熟な意見を提供して、批評と指正をあおぎたい」という文章を付加された。そして後半部分の中文原稿は、中国ではまったく発表されていなかったが、かなり大幅な増補と修正をへて、「唐代の客戸」と題して唐長孺著『山居存稿』（中華書局、一九八九年七月）に収録された。なお元来の原稿「魏晋至唐前期的客与部曲」は、帰国される際に、わたくしにくださった。

そのほか、唐先生が準備されていた「新出吐魯番文書整理経過及文書簡介」と題する講演原稿を、人文科学研究所の紀要『東方學報　京都』第五四冊（一九八二年三月）に、わたくしの責任で中国語のまま印刷し、校正などをしました。そこで先生は帰国後、中国では、僅かに「新出吐魯番文書簡介」とたいそう簡略した文章を前掲の『山居存稿』に収録されたのです。

唐長孺先生はまた一九八三年九月の初め、国際会館で開かれた国際東方学者会議に出席するため、再び京都に来られたが、当時わたくしは文部省の在外研究員として英国のケンブリッジ大学に留学していたので、唐先生に再会し、ご高論を拝聴できなかったのは、たいそう残念でした。

●――『魏晋南北朝隋唐史資料』二一、二〇〇四年一二月。原掲中国語

左より、胡徳坤、唐長孺、宮崎市定、著者。1980年、宮崎宅にて

追悼・谷川道雄博士

京都大学名誉教授の谷川道雄博士が、二〇一三（平成二五）年六月七日に腎不全のため逝去された。一九二五（大正一四）年一二月二日の生まれなので、享年八七。〈谷川道雄先生をしのぶ会〉が、一〇月六日に御所西側の京都ガーデンパレスで開かれた。

谷川道雄は熊本県水俣市の開業医の三男で、長兄は民俗学者の谷川健一、次兄は詩人かつ思想家の谷川雁、末弟は日本エディタースクール創設者の吉田公彦。大学紛争の時期に、雑誌で〈谷川四兄弟〉と題して取り上げられたこともある。熊本県立熊本中学、大阪府立浪速高校をへて、一九四五（昭和二〇）年四月に京都大学文学部史学科に入学するも、七月に徴兵を受け福岡で入営し高射砲隊に属する。八月一五日の敗戦で大学に戻り、一九四八年九月に史学科（東洋史学専攻）を卒業した。卒業論文の題目は「府兵制とその基礎条件」。同年三月に卒業していた川勝義雄と西村元佑ともども、奇しくも〈唐代史研究会〉の創設期のメンバーであった。

谷川は旧制大学院に籍をおきつつ亀岡高校講師、洛北高校教諭を勤める。一九五二年一一月に名古屋大学文学部助手となり、初めは唯物史観・階級闘争史観に基づく唐代史研究を進めたが、やがて魏晋南北朝史研究に研究領域を転換する。北朝の史書を綿密に読破することを通して、被支配者たる民衆の中にある人間としての自由に着目するようになった。そして支配者と被支配者の自律的共存関係を重視した豪族共同体論を提唱する。その最初の成果が、一九五八年に『史林』に掲載された「北魏末の内乱と城民」であり、当時の心境を吐露したのが、一九六一年に京都民科歴史部会の機関誌『新しい歴史学のために』に寄稿した「一東洋史研究者における現実と学問」である。

谷川は一九六一年、京都大学人文科学研究所助手の川勝義雄と一緒に、京都大学と名古屋大学の東洋史専攻の大学院生や先輩に呼びかけ、〈中国中世史研究会〉を発足させた。当初は三ヵ月に二回、京都と名古屋で交互に発表会を開き、宇都宮清吉教授が豊かな話題で座を盛り上げられた。ところが、一九六七年から翌年にかけ、病魔に襲われ右足を切断せざるをえず、義足と杖をつく生活が始まった。そのため〈中国中世史研究会〉が編集し、一九七〇年春に東海大学出版会から発行した論文集『中国中世史研究　六朝隋唐の社会と文化』の「総論1　中国中世史研究における立場と方法」の筆者は、川勝義雄と谷川道雄の連名になっているが、清水純一訳のフェデリコ・シャボー『ヨーロッパの意味』に依拠したり、また「あとがき」に明記されているごとく、文責は川勝にあって、谷川は目を通しただけであった。そういう理由で、川勝の没後に編集された『中国人の歴史意識』(平凡社選書、一九八六年。一九九三年に一篇を増補して平凡社ライブラリー)に収録されたのである。

やがて学位論文となる主著の『隋唐帝国形成史論』(筑摩書房、一九七一年)を刊行し、まもなく『中国中世社会と共同体』(国書刊行会、一九七六年)を上梓すると共に、研究室を主宰した段階で、『名古屋大学東洋史研究報告』を創刊され、今も号を重ねている。

一九七八年一一月に母校の京都大学文学部教授に配置替えとなり、洛北の岩倉の地に居を移し、終の住処とした。京都の住人になった谷川は、大陸および台湾からの中国人留学生への指導や研究者との交流に情熱を傾けるようになった。また名古屋大学の森正夫との共編で、『中国民衆叛乱史Ⅰ〜Ⅳ』

谷川道雄（右）と著者。
1975年、箱根で開催の唐代史研究会にて

を平凡社の東洋文庫として出版した。還暦をすぎた谷川は、一九八七年秋に『中国中世社会と共同体』の続編ともいうべき『中国中世の探求　歴史と人間』を日本エディタースクール出版部から上梓する。

一九八九年春に停年退官し、龍谷大学教授となる。一九九四年には名古屋大学にゆかりのある河合文化教育研究所（河合塾の付属研究機関）の主任研究員に着任し、まもなく研究所内に「内藤湖南研究会」を立ち上げ、二〇〇一年に『内藤湖南の世界』を共編著として、近年は中国に出現した維権農民という、暴動ではなく法によって社会の矛盾を克服しようとする新たな農民層に着目し、二〇一〇年に王国林著の『土地を奪われてゆく農民たち』を監訳して、いずれも同研究所から出版された。本稿の冒頭で言及した〈谷川道雄先生をしのぶ会〉も、同研究所が主体となって挙行されたのである。

なお谷川が生前に企画していた二つのシンポジウム、〈Ⅰ　アジアの歴史と近代⑩〉と〈Ⅱ　近代における中国と世界の相互認識――内藤湖南と中国――〉、の報告書たる河合文化教育研究所『研究論集』第一一集（二〇一四年三月）には、谷川を追悼する文章が数篇含まれているが、とりわけ胡宝華「内藤史学の継承と発展についての初歩的考察――谷川道雄を中心として――」は読みごたえがある。

以上はいわば公的な訃報である。つぎに私的な追憶の文を記すことにしたい。

初めてお目にかかったのは、私が修士課程の一回生であった一九六〇（昭和三五）年一一月三日、京都大学人文科学研究所の講堂で開催の東洋史談話会の大会（のちに東洋史研究会と合体）の懇親会の席で、たしか先輩の森正夫に紹介された。そのとき卒業論文では、唐から宋に至る財政機構の変遷、三司使の成立に焦点をあてて「唐宋の変革と使職」と題したと申すと、唐後半期の朋党である〈牛李の党争〉が面白いよ、と言われた。結局、修士論文で牛李の党争を分析し、使職による辟召制の史的意義を論じる切っ掛けになった。翌一九六一年に中国中世史研究会が発足し、秋に第一回の研究発表会が京都大学に寄贈されていた清風荘（西園寺公望旧邸）で開かれた際、私が修士論文の予備発表をしたのである。

中国中世史研究会では、回を重ねるにつれて、いつしか川勝・谷川が提唱した南北朝時代の中国は豪族共同体の社会であったとするのが会員の共通認識となっていった。しかし今の時点で言挙げする話柄ではないかもしれないが、制度史や財政史の観点から隋唐時代の中国を考察し続けた私には、なんとなく違和感があり、自身の論著や概説には豪族共同体という言葉を使うことはなかったのである。ともあれ谷川の『隋唐帝国形成史論』と『中国中世社会と共同体』が上梓されるたびに、『日本読書新聞』紙上で書評をした（ともに『京洛の学風』中央公論新社、二〇〇一年に再録）。

前者では、「内容的には『五胡北朝政治史』とする方が適当であったろうに、あえて『隋唐帝国形成史論』と題されたのは、隋唐帝国という時代をどう理解するかという長年に亙る氏の問題意識が、本書を生みだした直接的な動機だったからなのである」と書き、「谷川氏が初期に書かれた唐代史に関する諸研究に導かれて研究生活に入った私は、氏が一度は足を踏み入れた挙げ句にそこを脱出された地点に、いまだに未練を感じ、立ち去りかねている。率直に申して、氏の余りに精神史偏重の共同体論を、いまだ十分には理解しえないでいるが、本書の出版を慶賀する点では人後に落ちない。同時に、本書に収録されなかった精神史的側面を強調された諸論文や、一九五〇年代に執筆された数多の唐代史研究を、形成史論につづく『隋唐帝国論』として、一日も早く一書に纏められ、われわれ後進を誘掖されんことを衷心より希望したい」と締めくくった。そして後者では、「本書で展開された谷川氏の共同体説は、今後も多くの研究者から論評の対象とされるであろう。論争は歓迎すべきであるが、これまでのあるもののように、イデオロギッシュな色彩をつよく帯び、学問的批判を逸脱した切り捨てだけは御免こうむりたい、と願わずにはおれない」と述べたのであった。

それから数年後に谷川が京都の住人となられて以後、三五年の歳月を閲し、互いの交流は深まり、私の学位論文の主査も務めていただいた。ただし京都大学を停年されてからは、意外と面談の機会は少なくなり、互いの論著の往来のみという状態が続いた。仕事の最後は、共通の門下生である南開大学教授の胡宝華の『20世紀以来日本中国史学著作編年』（中華書局、二〇一二年）の編集と出版であった。原稿の点検から、初校・再校まで二人は別々に意見を述べ、序文は私がしたためた。

二〇一三年の正月に、河合の『研究論集』第一〇集に掲載された論文の抜き刷り二篇を頂戴したが、その五カ月後に訃報に接した。かつて希望した『隋唐帝国論』の拝読は、ついに叶わなかったのである。

●――『唐代史研究』一七、二〇一四年八月

第V部

京都の中国学

◉京都の中国学は、江戸時代一八世紀前半における近衛家熙考訂『大唐六典』と伊藤東涯撰『制度通』の成果を別にすると、一九〇六年の文科大学と、三四年の東方文化学院京都研究所の創設が画期となった。その間、辛亥革命を避けて、羅振玉と王国維が亡命してきたことは、敦煌学の創始に寄与したにとどまらず、古典学の確立に貢献した。巻末の「京都の中国学」の初出誌、季刊誌『大航海』が休刊となったのは残念である。

『京大東洋学の百年』まえがき

本書は、京都大学文学部の教壇に立って東洋学を講じた、八人の著名な先生方の評伝集である。刊行にあたり、編集の経過と方針について述べておこう。

同文学部が、一九〇六(明治三九)年に、京都帝国大学文科大学の名のもとに創設された際、既存の東京帝国大学文科大学に対していかなる特色を出すかについて苦心が払われた。その特色の一つは、「支那学」として知られた支那哲学・東洋史学・支那文学が、それぞれ哲学科・史学科・文学科の三学科に分属する別の講座として設けられ、特に東洋史学に三講座が置かれたことで、これは東洋学の発展に重きを置くとの大学創立時の方針の一つが具体化されたものであった。

東洋学に対する期待は、京都大学の創立構想「京都大学条例」を作成した帝国博物館長の九鬼隆一が、一八九二(明治二五)年一〇月に京都で開催された関西地方教育家大集会に寄せ、『日出新聞』に掲載された文章のなかで、京都に設置する大学は、欧州の諸大学と遜色がなく、世界の文化に参与すべき責任があることはもちろんであるが、それ以外に一種の特色があるべきで、東洋学の主盟者たることがそれである、と表明されていた。

文学部が創設されてから九〇年後、文学部の構成に大変化がおこり、人文学科という一学科に統合され、一九九六(平成八)年四月には、大学院文学研究科の官制化、いわゆる大学院重点化が実現した。その文学研究科は五専攻一六大講座に再編され、人文科学研究所の教官による協力講座が設けられた。そこで、大学院重点化の実現を記念し、文学部九〇周年と二階建新校舎の竣工を祝って、東洋と西洋の二部からなる〈公開シンポジウム〉を開催することになり、東洋の部の企画を歴史文化系の私が担当したのである。

　そこで全体のテーマを「創設期の京大文科〈東洋学者群像〉」と銘打つことにし、同年一一月三〇日の午前、文科大学の基礎を築いた学者群の中から、とくに三人の東洋学者、すなわち支那哲学文学の狩野君山（直喜）、国史学の三浦周行、東洋史学の内藤湖南（虎次郎）を取り上げ、杉山正明の総合司会のもと、高田時雄、藤井譲治と私が講演し、それぞれの業績と今日における評価について論じた。竣工なったばかりの新校舎での講演要旨は、午後に行なわれた西洋文学系のシンポジウム、「西洋における表象文化〈文学と芸術のあいだ〉」の講演要旨とともに、文学部の同窓会誌である『以文』第四〇号（一九九七年）に掲載されている。

　一九九七年一一月、京都大学創立一〇〇周年の記念事業が行なわれた。『京都大学百年史』全七巻のうちの部局史編三巻が上梓され、記念式典が挙行されるとともに、「知的生産の伝統と未来」と銘打った記念展覧会が、総合博物館と附属図書館とで開催された。総合博物館を会場とした展覧会は、「古代への情熱」などの一〇個の展示テーマからなり、五番目のテーマ「東洋学の系譜」の展示の実務について、私に依頼があった。依頼の時点で、すでに取り上げる先生方、すなわち内藤湖南・狩野直喜・桑原隲蔵・羽田亨・宮崎市定・吉川幸次郎・貝塚茂樹の七人が決定されていた。

　そこで私は、最初のパネル〈東洋学の系譜〉において、「文科大学（文学部）では、初代学長（学部長）の狩野亨吉らの構想により、中国を中心とする東洋学が重視された。それ以後、狩野直喜・内藤湖南を始めとする中国学派と、桑原隲蔵に始まる東洋史学派が、二大潮流となって研究と教育につとめ、国内外から〈京都学派〉と呼ばれる精密な学風を形成し、今に至っている」と書き、系譜を図示した。そして家蔵の各先生方の著作や書簡類を展観するとともに、東洋学関係の学術誌を例示した。

文学研究科の公開シンポジウムが好評を博したので、翌年以後も継続して企画された。ただし二つのテーマではなく、一つのテーマを掲げ、土曜日の午後に、数人のスタッフによる講演が行なわれ、第六回の昨秋は「日本文化の基点――中世から近世へ」と題された。そして、公開シンポジウムが回を重ねるにつれ、成果を出版して江湖の多くの読者に話題を提供するようになったのである。

数年前、京都大学学術出版会から、第一回シンポジウム「創設期の京大文科〈東洋学者群像〉」で取り上げた狩野直喜・三浦周行・内藤湖南の三人をもとに、創立一〇〇周年記念展覧会の展示「東洋学の系譜」で紹介した方々のうちの幾人かを含めた、二〇世紀の全時期にわたる、八人前後の〈東洋学者群像〉の評伝集を編集してほしいと慫慂された。

展示「東洋学の系譜」では東洋史学の先生方が五人と極端に多く、研究室間のバランスを失していた点を考慮し、また執筆していただく著者の有無をも斟酌した上で、最終案を決定した。すなわち、当初の三名のほか、日中戦争期に京都大学総長の重責を担った考古学の濱田耕作と東洋史学の羽田亨、人文科学研究所の初代所長を兼ねた支那哲学史の小島祐馬、それに戦後の京大東洋学を領導した東洋史学の宮崎市定と中国文学の吉川幸次郎、計八名を対象とする評伝の論考を作成することにしたのである。

八人を時代順に分けると、明治の末年に教授に着任した狩野・三浦・内藤の三人、大正年間に教授に昇格した濱田・羽田と昭和初年に昇格した小島の三人、敗戦前後に教授となる宮崎・吉川の二人が、それぞれ同時期に活躍したということになる。そして帝国大学文科大学の選科を卒業した三浦と、秋田師範卒業の内藤の二人が、大学行政に関与しなかったのを除き、ほかの六人はいずれも文学部長を経歴して大学行政に携わり、学界の重鎮として、それぞれの時代に脚光を浴びた。

これら八人の先生方の評伝によって、『京大東洋学の百年』の潮流を提供できるであろうと確信する。ただし、念のために申し添えると、学者列伝に取り上げるべき傑出した群像は、これら八人にとどまらない。もともと歴史文化系に所属し、中国学を専攻する私が企画した公開シンポジウムと展覧会に基づいたために、東洋史学・国史学・考古学と中国文学・中国哲学の先生方に限ってしまい、東洋学と称しながら、インド学や国文学の先生方に及ばなかったのである。

また分野としては、国史学や東洋史学あるいは中国文学であるにも拘わらず、創設期の史学科の将来構想を練った国史学の内田銀蔵（一八七二～一九一九年）や東洋史学の桑原隲蔵（一八七一～一九三一年）、あるいは中国文学の鈴木虎雄（一八七八～一九六三年）らを取り上げなかったのは、分野別のバランスと執筆陣の有無を考慮した結果であって、他意はない。

執筆を快諾してくださった時点における著者の所属部局は、文学研究科の協力講座を担当する人文科学研究所教授の高田時雄と、併任教授である総合博物館の山中一郎の二人を除き、ほかの七名は全て文学研究科の専任教授であった。また、執筆者全員が対象とした先生方の教室における孫弟子あるいは受業生である。論考の配列順は、文学部教授に着任した年月日により、生年月日順あるいは没年月日順にはしなかった。

執筆の依頼に当たり、評伝の体裁については、統一した要綱を示さなかった。というのは、すでに詳細を極めた評伝が書かれている場合もあれば、本格的な伝記は初めてという場合もあるといった事情を勘案したからであるが、それのみでなく、文学研究科の教官は個性豊かな方が多く、規制せず自由に筆を振るっていただくのが最善であると思慮した結果である。体裁を統一すべきか、自由にすべきか、いつも悩ましい課題なのである。

体裁についてのみならず、用語や引用文の扱い方に関しても執筆者の意向を尊重し、統一をはかりはしなかった。したがって、悩ましい用語である「支那」あるいは「支那学」についても原稿のままにし、「中国」あるいは「中国学」に置き換えなかった。結果的に、固有名詞のなかに含まれる「支那」という用語、すなわち「支那語学支那文学講座」や「支那哲学史講座」という場合、「シナ語学シナ文学講座」や「シナ哲学史講座」に表記する執筆者はいなかったことを付記しておこう。

ご多忙の故に執筆に手間取られた方もあって、はやばやと原稿を出してくださった執筆者の方に多大のご迷惑をお掛けしたこと、編者としてご寛恕を乞うばかりです。

本書の出版にあたり、財団法人京都大学教育研究振興財団から助成金の交付を受けることができた。関係各位のご配慮に対し、厚く御礼を申し上げる。

二〇〇二年三月

●――『京大東洋学の百年』京都大学学術出版会、二〇〇二年五月

羅振玉・王国維の東渡と敦煌学の創始

◦——敦煌文献の発見と羅・王

敦煌の名がとくに有名になったのは、二〇世紀の冒頭に、敦煌県城の南東一七キロメートルにある莫高窟の第一七窟、蔵経窟とよばれる仏洞から、住職の王道士によって大量の経巻、古文書や書画の類が発見され、世界の東洋学および仏教美術の研究に寄与したためであった。一九〇七（光緒三三、明治四〇）年以来、イギリスの探検家オーレル・スタインとフランスの東洋学者ポール・ペリオ、日本の大谷探検隊などが将来した古文献や書画が、中国の社会経済史、古文書学、仏教学、美術史あるいは俗文学といった研究に刺激を与え、活発ならしめた貢献は特筆に値する。それとともに、スタインが一九〇六年から〇八年にいたる第二次中央アジア探検において、敦煌付近の長城の遺跡から辺境守備隊関係の漢代木簡七〇五点を発見した学術史上の功績も看過してはなるまい。

スタインは一九〇七年以来、数回にわたり大量の経巻・古写本・画巻・刺繡を購入し持ち帰る。スタインに遅れること一年、一九〇八年二月に敦煌莫高窟に到着したペリオは、王道士から五〇〇〇点余りの経巻・古写本と約一五〇点の画巻を購入し、持ち出すとともに、各窟に番号をつけ、壁画の写真を撮影した。ペリオは写本類をフランスに送り出すや、一旦ハノイの極東学院に帰った。

翌一九〇九（光緒三五、明治四二）年、ペリオはふたたび敦煌にやってきて、王道士から敦煌文献を購入するや、その一部数十点を北京で、蔣伯斧・董康・羅振玉や、時あたかも北京に住んでいた文求堂主人の田中慶太郎に見せた。救堂生というペンネームで、田中が北京在住の日本人居留民が発行していた『燕塵』誌の第二巻第一二号に「敦煌石室中の典籍」と題して紹介したという次第は、神田喜一郎の『敦煌学五十年』（二玄社、一九六〇年。筑摩書房、一九七〇年）所収の「敦煌学五十年」に詳しい。羅振玉（一八六六～一九四〇年）と田中は、旧知の京都帝国大学の内藤虎次郎（字は炳卿、号は湖南、また黒頭尊者。一八六六～一九三四年）と狩野直喜（字は子温、号は君山、また半農人。一八六八～一九四七年）に報告したのである。

羅振玉は、早速に「敦煌石室書目及発見之原始」や『莫高窟石室秘録』を執筆し、写真を添えて、内藤と狩野のもとに送ってきた。内藤は、同年一一月の二四日から二七日まで、四日間にわたって『朝日新聞』に「敦煌発掘の古書」と題する詳しい紹介記事を書き、二八日と二九日の両日に、京都大学の史学研究会の第二回総会が、岡崎に新築なったばかりの府立図書館で開催され、北京から到着したばかりの敦煌文献や絵画彫刻の写真など、三〇〇点を展観するとともに、小川琢治をはじめ、内藤湖南、富岡謙蔵、濱田耕作、羽田亨、狩野直喜、桑原隲蔵、すなわち中国学の全教官による講演がなされた。

スタインやペリオによって大量の文物が海外に持ち去られたことを知った清国政府は、翌一九一〇（明治四三）年に蔵経窟に残されていた経巻の全て、約六〇〇〇点を北京に運んだ。この運搬の途中に、監督した役人自身により、かなりの経巻が抜き取られたらしい。それはさておき、北京へ運搬されたという知らせを聞いた京都の文科大学は、同年八月下旬より一〇月中旬にわたり、狩野・内藤・小川・

濱田・富岡の五人を学術調査のため、清国に派遣して北京収蔵の敦煌遺書の調査をするという熱狂ぶりを示し、同じ時期に東京の國華社から、瀧精一が北京に派遣された。これらは長廣敏雄「敦煌石窟と敦煌学」（『橘女子大学研究紀要』一〇、一九八三年）の〈三　日本敦煌学の揺籃期〉に要領よく叙述されている。

一九一一（光緒三七、明治四四）年一〇月一〇日（旧暦八月一九日）に、武昌で辛亥革命が勃発する。革命の混乱を避けるため、羅振玉一家に日本へ来るように誘ったのは、大谷探検隊を派遣していた、西本願寺門主の大谷光瑞であり、北京在住の本願寺の僧侶を遣わし、神戸六甲山の中腹に営んだ別邸・二楽荘に迎えようとした。羅振玉は光瑞と面識がなかったので、はじめは躊躇したが、北京に在住していた藤田豊八（号は剣峯。一八六九〜一九二八年）と、京都の内藤湖南・狩野直喜・桑原隲蔵・富岡謙蔵らの尽力によって、光瑞の資金援助を受け、王国維や家族を伴って京都に亡命し、京都大学近辺に仮寓することになった。

羅振玉と王国維が日本へ東渡して、長期にわたって京都に滞在したことこそ、京都の地での敦煌学の勃興を実現する役割を果たした、と言えよう。この間の経緯は、白須浄真「トゥルファン諸古墳群出土漢文墓表・墓誌研究のはじまり——第三次大谷探検隊将来墓表・墓誌と羅振玉——」（『唐代史研究』四、二〇〇一年）の第二章〈羅振玉と大谷光瑞〉に詳しい。ただし、羅振玉と王国維の東渡に尽力した京都の学者の中に、白須のように桑原隲蔵の名をあげないのが通例であるが、湖南逝去の翌年に出版の『増補満洲写真帖』（小林写真製版所出版部、一九三五年）に寄せた羅振玉の序文の中に、辛亥国変の際に京都に寓居するように勧めた人物として、桑原隲蔵の名が明記されているので、確実なのである。

羅・王二人の在洛中の住居については、銭鷗の紹介「京都における羅振玉と王国維の寓居」（『中国文学報』四七、一九九三年）が参考になる。

羅振玉が、ペリオから送られた写真の影印版『鳴沙石室佚書』（一九一三年）と『鳴沙石室古籍叢残』（一九一七年）を出版し、スタイン発見の漢代木簡を網羅し考釈した『流沙墜簡』（一九一四年）を王国維との共著として上梓したのは、いずれも京都滞在中のことなのであった。

王国維（左）と羅振玉（右）

羅振玉が果たした敦煌学史上の貢献は、詳細な林平和『羅振玉敦煌学析論』（文史哲出版社、一九八八年）に譲るとして、王国維の敦煌学については、周一平・沈茶英『中西文化交匯与王国維学術成就』（学林出版社、一九九九年）の正篇「第六章　史学」の〈五、敦煌学〉と付録「王国維著述年表」が、『観堂集林』所収の論文などを検討して、的確な評価を与えている。ただし王国維が京都滞在中に、日本人の経営にかかる『盛京時報』に寄稿した数多の学術的な文章、『東山雑記』や『閲古漫録』などは、『王国維遺書』に収録されていなかったので、言及されなかった。ところが最近、趙利棟が輯校した『王国維学術随筆』（社会科学文献出版社、二〇〇〇年）が刊行され、王の書き入れを生かした、それらの定稿を目の当たりにしうるようになった。なかでも『東山雑記』巻一の「敦煌石室古写本書」は、興趣あふれる証言をしている。たとえば、敦煌から北京に運搬されてきた際、監督した役人自身により、経巻の一部が抜き取られただけでなく、

黠者又割裂以售，或添署年号，書人姓名，其流伝在外者，不下数百巻。

であった状況を活写しているのである。

◎——羅・王と桑原隲蔵との交遊

羅振玉からの資料提供を受けて、京都大学の教授陣、内藤湖南をはじめ、狩野直喜、羽田亨（一八八二〜一九五五年）らが熱に浮かされたように敦煌、敦煌と口にしていたという一九〇九年一一月から、ちょうど一〇年を遡る一八九九（光緒二五）年一一月、羅振玉の創立にかかる上海の東文学社にいた王国維（一八七七〜一九二七年）は、同年生まれの樊炳清《はんへいせい》（一八七七〜？年）が漢訳し、羅振玉が題簽を署した桑原隲蔵の『東洋史要』のために、序文をしたためていた。樊炳清は、長春市政協文史和学習委員会編『羅振玉王国維往来書信』（東方出版社、二〇〇〇年）一頁の注記によると、辛亥革命後に商務印書館編輯に任じ、その長子豊令は羅振玉の孫女を娶ったそうである。

中国における新国学の旗手たる二人の学者、羅振玉と王国維が、長期にわたって京都に滞在するという絶好の機会が到来したのは、東京帝国大学文科大学の漢学科を卒業した藤田豊八が、一八九七（明治三〇）年に二九歳にして中国大陸に渡って、羅振玉と肝胆相照らす仲になっていたからである。羅振玉撰「藤田博士墓表」（池内宏編『剣峰遺草』私家版、一九三〇年）を参照されたい。

藤田豊八の評伝「藤田豊八」（江上波夫編著『東洋学の系譜〔第2集〕』大修館書店、一九九四年）を書いた

江上波夫は、つぎのように述べる。藤田は、一八九七（明治三〇）年に中国本土に渡ることになったが、この年に日本における女医の先駆者の一人丸橋光子と結婚し、好伴侶をえて後顧の患なく、その才幹を十分発揮することができた。藤田の中国行の動機は必ずしも明瞭でないが、小柳司気太《おやなぎしげた》の「藤田豊八博士略伝」によれば、中国に渡った藤田ははじめ馬建忠らと新聞社を経営したが、日ならずして上海で農学報館を主宰していた羅の識るところとなり迎えられ、農学に関する書籍の漢訳等に当たったらしい。また羅らが翌年同地で東文学社を創立した時もこれに加わり、日本語をもって中国学生の教育に従事したので、これが清末新学勃興の先駆をなしたのである。

江上は、東文学社の学僕であった王国維が「藤田の推薦で羅の聟《むこ》となり、相並んで羅王時代とも謂われた中国新実証主義国学のリーダーとなった。この中国における古典・金石学史上画期的な新運動の蔭に藤田が居たことは間違いなく」と書いている。いかにもその通りであろう。しかし王国維が、藤田豊八の『中等教育東洋史』を漢訳した『東洋史要』の序文を書いた、と特筆大書するのは、全くの誤解なので、この機会に注意を喚起しておきたい。

江上は、藤田の東西交渉史研究の成果を要約したのち、「そうしてここに至れば、藤田の東京大学漢学科の一年後輩であり、互いに同じ学問・教育の道を歩くに至ったと同時に、好論敵でもあった桑原隲蔵について一言しないわけにはゆかないであろう」と述べ、その一環として、

東洋史が中等教育の科目になると藤田は逸速く明治三十年（一八九七）に、『中等教育東洋小史』（全二冊）を、同三十二年にその改訂版の『中等教育東洋史』（全二冊）を出版して、中等学校の新しい歴史教育の場に自ら名乗りを挙げたが、桑原もまだ大学院生であった明治三十一年に早くも

那珂通世校閲の名のもとに『中等東洋史』（全二冊）を編著して、その教科書先陣争いに加わったのである。この藤田対桑原の『東洋史』教科書争覇戦は、結局は全国の中等歴史教育界に絶大な支配力をもっていた東京高等師範学校のバックアップで桑原に軍配が上がったが、藤田の『中等教育東洋史』は彼が羅振玉を援けて上海で教授をしていた東文学社から漢訳の『東洋史要』として一八九九年に出版され、彼の地の学生の間で読まれるようになった。その書に羅振玉が題簽を、王国維が序文を書いたのも、そのような事情があったからである。

と書いている。

しかし、森鹿三がすでに「桑原先生と藤田博士」（『桑原隲蔵全集』月報6、岩波書店、一九六八年）に、明治三十一年羅氏によって上海に東文学社が創立されると（藤田）博士はここで清国学生の教育を担当した。この年桑原先生の『中等東洋史』（本全集第四巻所収）が刊行されるが、東文学社では早速に中国語に翻訳し翌三十二年にこれを『東洋史要』と題して出版している。王国維の序文（挿図参照）によると「吾師藤田学士此書の大旨を論述し国維に命じてその端に書せしむ」とあって、この書の翻訳も藤田博士によって推進されたものと思われる。樊炳清なる人が翻訳を担当し、羅氏が題簽を署している。藤田博士にも桑原先生のに先立って『中等教育東洋史』（全四冊）の作があり、明治二十九年に出版されておるが、中国語に翻訳するのには桑原先生のを選定されたのである。このあたりに博士の見識と度量がうかがわれて興味深い。

と書き、『東洋史要』巻頭の王国維の序の書影を挿図として載せていた。江上の文章は、まさに鷺を烏と言いくるめるものである。陳鴻祥『王国維年譜』（斉魯書社出版、一九九一年）によれば、王国維は一八九九年の春に東文学社で影印した那珂通世撰の『支那通史』に羅氏の代作で序を作成し、一一月に、樊炳清が漢訳した桑原隲蔵の『東洋史要』のために、序を作成した。この『東洋史要』序について、「此系今所見王氏署名的第一篇闡発其史学観点的序文」と特筆している。なお王国維『宋元戯曲考』（平凡社、東洋文庫、一九九七年）を訳注した井波陵一は、「訳者あとがき」の最後で、桑原隲蔵の『中等東洋史』を『東洋史要』という題名で中国語に翻訳された際の王国維の序文は中国では見過ごされてきたらしく、陳鴻祥『王国維年譜』に佚文として収録されている、と注記する。

藤田と桑原は、第三高等中学校（のちの第三高等学校）と東京帝国大学文科大学漢学科を通じて、藤田が一年の先輩であった。座談会「先学を語る――藤田豊八博士――」（『東方学』六三、一九五七年。東方学会編『東方学回想』I、刀水書房、二〇〇〇年に再録）の巻末に、藤田の『東西交渉史の研究』南海篇より移録された、小柳司気太「藤田豊八博士略伝」が付されている。その一〈修学時代〉の条に、

博士は郷里の小学校を経、徳島中学校に入学し、明治十九年（十八歳）卒業す。翌年大阪に赴き、第三高等中学校の予科に入学し、二十三年（二十二歳）本科に進み、二十五年（二十四歳）卒業、直ちに東京帝国大学文科大学漢文科に入る。二十八年（二十七歳）同科を卒業し、進んで大学院に入り、支那哲学史を専攻す。同時の卒業生は京都大学名誉教授狩野博士である。

とあるように、藤田は徳島中学校を卒業の翌年、大阪にあった第三高等中学校の予科に入学した。その第三高等中学校は、藤田が本科に進んだ明治二二（一八八九）年九月に、大阪城西域の地から京都府下の愛宕郡吉田村（現在の京都大学本部敷地内）に移転した（『神陵史――第三高等学校八十年史――』三高同窓会、一九八〇年、第二部第九章「京都移転」）ので、それから三年間、藤田は京都の吉田山周辺で学生生活を

送った。かたや福井県敦賀生まれの桑原が、京都府立中学で五年間学んだのち、移転なったばかりの第三高等中学校に入学したのは、明治二三年九月。その三年後に東京帝国大学文科大学漢学科に入り、藤田の一年後輩となるのである。藤田にとって、桑原のいる京都はなつかしい土地であったので、羅振玉と王国維から京都へ亡命する件を相談された際、賛成したのだと思われる。

ペリオによる敦煌遺書発見のニュースを文求堂主人の田中慶太郎が救堂生というペンネームで、北京在住の日本人居留民が発行していた『燕塵』誌に紹介したことは、日本における敦煌学史では有名である。この『燕塵』誌に桑原がしばしば寄稿していた点について述べておこう。

『燕塵』は明治四一（一九〇八）年一月の創刊にかかる月刊誌で、清国における唯一の邦字雑誌であった。同年八月の第八号の時点で、毎月八〇〇部を発行していた。ちなみに、当時の北京在留の日本人戸口数は、約一五〇戸、八〇〇人足らずであった。創刊当初、桑原は京都帝国大学文科大学史学科の教授に就任するのを前提に、文部省から派遣されて清国に留学し、清国各地を旅行していた。この頃、東京高等師範学校の出身者が清国各地で教鞭を執っていたので、桑原がしばしば彼らの好意をうけたことを、この時の紀行文『考史遊記』で語っている。

桑原は、清国滞在中、『燕塵』誌初年度の第一〇号と第一一号に「入竺求法の僧侶」を掲載した。翌四二（一九〇九）年三月三〇日付で、帰国を前にした挨拶がわりに編集部に宛てて書いた書簡「南京より」が第二巻第五号に載り、帰国二年後には「観耕台」を寄稿し、ともに『考史遊記』の巻末に再録されている。「南京より」に、

拝啓その後御無沙汰申おり候処益御多祥の条奉賀候、過日は『燕塵』第三号御郵送に預り難有御

礼中上候辱知諸彦の近況を詳にし得てさながら身再び燕京中に在る思を致候、その後小生は淫雨に辟易致しおりしが三月上旬小晴を得たるを機とし藤田剣峯、長尾雨山等の小生の先輩諸兄と杭州、紹興方面に出かけしに前後十三日中晴天一日という天気廻りにて呉山の第一峯にすら得登らず散々の体にて帰滬致し候、云々。

とあり、二年にわたる清国留学の最後に、藤田豊八や長尾雨山らの先輩と一緒に江南各地を観光旅行していたのである。桑原の旅行については、『考史遊記』（岩波文庫、二〇〇一年）の巻末に付した私の解説（本書二三七頁）を参考にされたい。

なお、桑原武夫「桑原隲蔵小伝」（『桑原隲蔵全集』第五巻、岩波書店、一九六八年）に指摘するように、隲蔵は早くから外国語を重視していたが、少年時代から耳が悪かったので、会話は不得手であったし、生まれつき蒲柳の質で、持病の耳疾で二度手術をうけたほかに胆石病、丹毒などにもかかり、幾度も危険なところまで行き、停年の一年以上も前から病床に伏し、停年後すなわち還暦後、半年も経たない一九三一（昭和六）年五月二四日に逝去した。私が書いた評伝「桑原隲蔵」（江上波夫編『東洋学の系譜』大修館書店、一九九二年）でも述べたように、西洋風の科学的研究法をとった桑原が、一般に中国の学者の研究成果に批判的であったことは事実であるが、第一級の学者である羅振玉と王国維、そして陳垣（一八八〇～一九七一年）の学問に対しては敬意を抱いていたことを忘却してはならない。

◎――羅・王と内藤湖南との交遊

王国維が桑原隲蔵の『東洋史要』のために、序文を書いたのは一八九九（明治三二）年一一月。その一一月の下旬に、内藤湖南は羅振玉と初めて上海で会った。湖南の第一回清国旅行の帰途であった。その際の紀行文『燕山楚水』（博文館、一九〇〇年。『内藤湖南全集』第二巻、筑摩書房、一九七一年）の「禹域鴻爪記」〈其十二　最後の筆談。時務。金石。帰路の驚聞〉（全集版では一〇一頁以下。王青訳『両個日本漢学家的中国紀行』光明日報出版社、一九九九年に漢訳された『燕山楚水』では六九頁以下）に、

漢口より帰りて、上海に留まること、僅かに四日なりしが、此間に羅叔韞振玉と金石を評論し、張菊生元済、劉氏学詢と時務を論ぜしは、掉尾の佳興なりき。

と書き始め、張元済との筆談を紹介したのち、

羅叔韞との談は、多く金石拓本を披きて、此れ一句、彼れ一句、相応酬したれば、零細にして録し難きこと多し、羅は其の著たる面城精舎雑文甲乙篇、読碑小箋、存拙斎札疏、眼学偶得を贈られ、吾は近世文学史論を以て之に報じ、吾は携へ来し、延暦勅定印ある右軍草書、法隆寺金堂釈迦仏、および薬師仏光焔背銘、二天造像記、……風信状、小野道風国字帖等を贈り、羅は秦瓦量、漢戴母墓画象、漢周公輔成王画象、北斉張氏白玉象、唐張希古墓誌、及び高延福墓誌、南漢馬氏買地券、晋永康甎、及び無年号甎、宋元嘉甎等の拓本を以て報じたり。

と記録している。

羅振玉がこれらの文字精善ではない拓本を贈呈したのは、個人では所蔵しても市肆間では購求できない品であったからである。ともあれ、初めて面会したともに丙寅の年生まれの羅振玉と湖南の二人は、互いに拓本を贈呈しあいつつ、中国と日本の金石と書道を話題にして、意気投合する仲になったのである。

左より、長尾雨山、犬養木堂、羅振玉、富岡鉄斎、内藤湖南。
1919年、左阿弥（京都・円山公園）で開かれた羅振玉帰国送別会にて

内藤湖南が第一回清国旅行の帰途、一八九九年一一月下旬に、初めて羅振玉に会った直後から、二人の親密な交遊がつづいたことを証言する、貴重な湖南の書簡が、杉村邦彦「内藤湖南博士が羅振玉にあてて書き投函されなかった書簡」（『湖南』一五、一九九五年）と題して紹介されている。それは一九〇一（明治三四）年三月二八日の日付で書きながら、投函されなかった書簡であって、上年すなわち一九〇〇年に、羅振玉から「書及石本古墨数種」を、安村を介して賜ったのに、貴国の変乱すなわち義和団事変の混乱で、お礼状を出しそびれていたこと、さきごろ松平定信編輯の『集古十種』内鐘銘記足本を入手したので、友人の西村天囚が上海に行くのに寄託すること、などが記載されている。この未発出の書簡が湖南の手許に残されていたのを見た吉川幸次郎が、湖南から貰っていた。一九四三年に京都で教鞭をとっていた、羅振玉の孫の継祖が、それを写しとっていたものを、半世紀ぶりに見つけて、杉村邦彦に宛てて送

ったのである。羅継祖によれば、松平定信の『集古十種』は確かに羅家にあり、また羅振玉が京都から帰国するに際して開かれた送別会で、富岡鉄斎・犬養木堂・長尾雨山・内藤湖南と一緒に撮った写真（鹿角市先陣顕彰館『写真で見る内藤湖南の生涯』一九九六年、にも掲載されている）を大事に保存しているそうである。

内藤湖南の第二回清国旅行（明治三五年一〇月から翌年一月にかけて）の日記を整理した、内藤戊申編「内藤湖南記・清国再遊記要――禹域鴻爪後記――」（愛知大学国際問題研究所『国際政経事情』二〇、一九五六年。『内藤湖南全集』第六巻、一九七二年、には「禹域鴻爪後記（清国再遊記要）」と改題し、戊申の〈まえがき〉を省いて再録）の〔上海〕の項の、一二月一三日以降の日記には、連日のように羅振玉、狩野直喜、藤田豊八との往来の様子が記録されている。

内藤が、一九〇九（光緒三五年、明治四二）年一一月の二四日から二七日まで、四日間にわたって『朝日新聞』に書いた「敦煌発掘の古書」と題する紹介記事は、のちに内藤乾吉によって整理出版された『目睹書譚』（弘文堂、一九四八年。『内藤湖南全集』第一二巻、一九七〇年）に再録された。この『目睹書譚』には、内藤湖南と余人との合作に成るものも収められ、一九一一（明治四四）年二月五日付の『大阪朝日新聞』に内藤湖南が狩野・小川・濱田・富岡と合作で書いた「清国派遣教授学術視察報告」も収録されている。京都の文科大学が、前年八月下旬より一〇月中旬にわたり、五人を学術調査のため、清国に派遣して北京収蔵の敦煌遺書の調査をした際の簡単な報告記事である。その〈一　敦煌の古書〉の項は、

敦煌の古書は何れかと言へば稍失望の結果であつた。勿論仏国人ペリオ氏が東洋学に精通して居

つて、敦煌の古書の中で目ぼしいものは大抵皆持つて行つたといふことは自分も明言して居つたさうであるが、併し多数の中には或は珍らしいものも残つて居りはしないかといふ望みを持つて行つたが、今度調査した結果に依れば、殆ご全部仏経である。

と書き出されていて、内藤湖南らの失望感が伝わるとともに、ペリオの慧眼に更めて敬意を表したくなる文章である。

この公式の記事の裏付けとなる日記が、富岡謙蔵宅に残されていて、子孫の富岡益太郎から複写の提供をうけた友人の内藤戊申が、その一部を「回顧と前進」（『冊府』八、彙文堂書荘、一九五八年）と題する随筆の中で引用している。日記の前半は濱田、後半は富岡の筆に成り、九月七日から一〇月一二日まで三二頁分あるそうだ。

九月一八日（雨）の中秋節の条には、

余〔濱田〕を除き一同午餐のため外出、林ホテルにて午餐、小村〔俊三郎〕氏宅にて羅振玉と王国維に接せらる。

とある。

つぎに帰国を目前にした一〇月八日（晴冷気強し）の条を見ると、朝に羅振玉より一行へ「誌一時之別」としての贈品があったことを、各人ごとに列記され、例えば内藤氏へは宋陶盞三枚（此盞得之常州張奕墓中）、明搨論坐帖、漢陶竈、翁相国書虎字（翁生之年月日時皆値虎、故平生喜書虎字）が贈られたことがわかる。そして、

午後隆福寺街の古書肆を渉猟し内藤氏は満文、狩野氏は詞曲に関する珍書を得て各満足せられた

り、余〔富〕も幸に満文満洲祭神祭典礼一套禁扁一部を得たり。云々。

などと見える。

その翌九日（晴）の条には、

一同藤田〔剣峯〕氏を訪問。午餐後内藤氏富岡は藤田、小野、橘三宅の諸君と西直門外に出で驢馬にて元代城壁の遺跡を踏査して撮影せり。大元廟・大鐘寺展覧。……此日狩野氏は王国維氏を訪問せり。〔下略〕

と記録されている。

内藤戊申の「回顧と前進」が掲載された『冊府』は、京都にある中国書専門店の彙文堂書荘が出していた書目で、昭和四〇（一九六五）年正月刊の第二一号で終刊した。今では稀覯本に属するであろうから、やや詳しく紹介することにした。

●——高田時雄編『草創期の敦煌学』知泉書館、二〇〇二年一二月

土肥義和編『燉煌氏族人名集成（氏族人名篇・人名篇）（索引篇）』

敦煌学界が待望していた敦煌人名大事典、土肥義和《どひよしかず》編の『八世紀末期〜十一世紀初期　燉煌氏族人名集成』が、汲古書院から、昨春刊の本巻（氏族人名篇・人名篇）、Ｂ５判・総一二六四頁の巨冊に続き、（索引篇）総五〇〇頁が出版され、見事に完結した。

中国甘粛省北西部酒泉地区に属するオアシスの町敦煌は、シルクロードの中国側の出入り口に当たる最重要の地であった。ただし、世界的に有名になったのは、その東南、鳴沙山の東麓にある莫高窟（千仏洞）の蔵経洞に封蔵されていた、古写本・古文書・絵画類が、一九〇〇年に住持の王道士によって発見され、〇七年にイギリスのオーレル・スタイン、〇八年にフランスのポール・ペリオの両探検隊によって買い取られ、それぞれ一万点の経巻が本国に持ち去られ、国家図書館に収蔵されてからである。清国政府は驚いて、一〇年に残っていた一万点あまりを北京に取り寄せたが、その後に訪れた日本の大谷探検隊も二〇〇〇点ばかりの経巻を、またロシアのオルデンブルグ、第三次のスタイン探検隊も若干点を取得した。

敦煌学とは当初、莫高窟から発見された古文献を研究する学問であると認識されていたが、一九四四年に莫高窟の現地に敦煌芸術研究所が設立され、五一年に敦煌文物研究所に改組され、石窟の保護と調査、壁画の模写が続けられた。これ以後、壁画と塑像の研究を敦煌学の範囲に含めるようになった。どの学問分野でもまず必要なのは、充実した文献目録である。古写本・古文書に関しては、商務

敦煌学十八讲
荣新江 著
敬呈 礪波護 先生
栄新江 於京都
北京大学出版社
·2001年·

印書館篇『敦煌遺書総目索引』(商務印書館、一九六二年)が、石窟と壁画・塑像に関しては、謝稚柳『敦煌芸術叙録』(上海出版公司、一九五五年)が編まれたのである。敦煌学の現状については、北京大学での講義録、栄新江『敦煌学十八講』(北京大学出版社、二〇〇一年)が最も有益である。

日本における敦煌学が飛躍的に発展するのは、榎一雄氏の尽力により、スタイン将来文献の全複写が東京の東洋文庫に備え付けられてからである。その整理に当たられた土肥義和氏が最初に編纂されたのが『西域出土漢文文献目録初稿・古文書類Ⅱ・寺院文書』(東洋文庫、一九六七年)であり、半世紀後の成果が集大成の本書である。北京の国家図書館の徐自強氏の主編にかかる『敦煌莫高窟題記彙編』(文物出版社、二〇一四年)ともども、世界の敦煌学者が常に閲読する書となることは疑いようがない。

●——『中外日報』二〇一六年七月二二日

文

京大以文会

文学部卒業生の同窓会である「京大以文会」が成立したのは、京都帝国大学文科大学が創設された一九〇六（明治三九）年から数えて半世紀、創立五〇周年記念事業を翌年に控えた一九五五（昭和三〇）年四月三〇日で、「京大倶楽部」が発展的解消し、会名を変更したのである。成立には当時の高田三郎文学部長が尽力し、初代理事長は吉川幸次郎であった。

文学部の同窓会を作ろうとする試みは早くからあったが、国史学の西田直二郎が発起した時には教授会で否決され、結局、同窓会ではない有志の集まりとなり、「文学部」の名をつけずに「京大」の名をつけた「京大倶楽部」が、一九三三（昭和八）年春に結成され、初代理事長に西田が就任した。しかし、第二次大戦前後の困難な事情から、一九四二年秋の総会と懇親会を最後に、有名無実の存在となっていたのである。

創立五〇周年記念事業として企画されたのは、『京都大学文学部五十年史』と『文学部五十周年記念論集』の編集で、一九五五年一一月二三日に刊行された。『五十年史』の編集委員長は臼井二尚で、各研究室が提出した資料をもととし、また文学部に保存する公文書のすべてを点検しつつ、実際の執筆にあたったのは佐藤長と岸俊男であり、題簽は鈴木虎雄であった。費用については以文会がかなりの負担をした。『記念論集』の編集委員長は宮崎市定で、『京都大学文学部研究紀要』の第四と第五の合冊号でもあった。執筆は現職の全教官で、題簽は新村出であった。両書とも序は文学部長の吉川幸次

以

郎が執筆した。

一一月二三日に時計台の二階、本部講堂の東半部で挙行された記念式典は、瀧川幸辰京大総長をはじめ、内外からの参会者約六〇〇名を数え、引き続き西半部で記念祝賀会が行なわれた。学生祝賀会は、文学部第一講義室を会場として開かれ、参集の学生は三〇〇名、立錐の余地のない状態であったという。記念講演会は、翌二四日に毎日新聞社京都支局ホールで、哲学科は田中美知太郎、史学科の宮崎市定、文学科の伊吹武彦の各教授が、二五日に朝日新聞社大阪本社ホールで、哲学科の臼井二尚、史学科の原随園、文学科の野間光辰の各教授が講演し、両日とも満員の聴衆であった。

「京大以文会」の名は、『論語』顔淵篇にみえる「曾子曰。君子以文会友。以友輔仁（曾子いわく、君子は文を以て友を会し、友を以て仁をたすく）」を典拠とする。したがって〈以文会〉という名は、文系の親睦会の名称にしばしば使われ、〈以文会友〉という四字句は国内の文化交流のみでなく、国際交流の際にも用いられた。たとえば、京都大学の創設期に全学の親睦団体として誕生したのが「京都帝国大学以文会」で『以文会誌』を発行し、法科・医科・文科・理工科の各分科大学に所属する学生のみならず、職員と卒業生有志を会員としていた。また京都大学人文科学研究所の前身の一つである独逸文化研究所が、一九三四年に当時の日独両国の親密さを背景として設立された際、所屋の正面玄関の上に掲げられた扁額にも、元首相の清浦圭吾の揮毫にかかる「以文会友」の四字が刻されていたのである。

発足当初の規約によると、文学部職員および出身者を以て会員とし、会員相互の和親を図り各種

の研究を助成することを目的とし、会員名簿および会報の発行と親睦会・研究会・講演会等の開催といった事業を行ない、都道府県単位に支部を設けることができ、支部は文学部内におかれた本部の承認をえて、各自規約をつくることができた。

最初の会報は、一九五五年九月に発行された『京大以文会会報』第一号であり、一九五八（昭和三三）年第三号まで、B5判の紙質の悪いパンフレットであった。第三号には「学部便り」欄と「地方便り」欄が登場した。一九五九（昭和三四）年九月の第四号以後、誌名が『以文』に改められてA5判の冊子となり、表紙題字は鈴木虎雄が揮毫し、写真は狛犬で、この表紙は第四三号まで踏襲される。なお『以文』の第五号から「教室だより」欄と「支部だより」欄が新設された。一九九一（平成三）年度以前の文学部は哲学科、史学科、文学科の三学科からなっていたが、翌一九

京大以文會會報

第二號　（文學部五十周年記念特集）

昭和三十二年四月

京都市左京區吉田本町
京都大學文學部內
京　大　以　文　會
振替　京都12668

目次

式辞（要約）

文学部長　吉川幸次郎

文学部が京都帝国大学文科大学として明治三十九年に設立され、その後色々苦難の道をへて満五十年に達したことは、学部一同の大きな喜びである。我々は常に前進を目指しており、それだけに過去の時期、ことに近い過去をかえりみることはあんがい稀であるが、近い過去というのは現在の我々ともっとも密接に繋がっている時期であって、機会を得てこれを回顧するのは現在の我々が如何にあるかをよりよく知る機会である。また過去の伝統のうち継承すべきものを確認すべき機会でもあるし、学部創設以来学部の為に尽力された方々に謝意を表する機会でもある。そういう意味で新しい前進の跳躍台とするために、この記念式典を行い、物故教官追憶展その他の催しを行う。展覧会が市民にも公開されるのは、我々の周囲にあって、創立以来有形無形の援助を学部に与えられた市民各位への謝意の一端でもある。

文学部五十年の歴史をふりかえってみると、創設時の諸教授の一番苦心されたものそれは当時ただ一つの兄貴分の大学であった東京大学とちがった、新しい学風を樹立することにあり、その方向として期せずして一致したことは、当時なお啓蒙的であった日本の学問の水準を高めて、学問の方法を厳密にすることにあった。すなわち哲学科の人達は画期的に精密な論理によって人間の本質を考え、史学科の人達は画期的に広範な史料を収集して、その上に実証的な

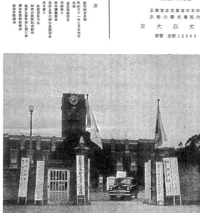

九二年度から文化行動学科が新設されて四学科四四講座となった。さらに学部改組の大規模な再編が計画され、九五年度以降は文学部は人文学科だけの一学科で、六系一六大講座からなる新組織へと移行し、翌年度から文学研究科の組織もこれに呼応して編成替えされ、いわゆる大学院重点化が実現する。一九九七（平成九）年の『以文』第四〇号に、文学研究科の「公開シンポジウム」の講演要旨とお知らせの掲載が始まり、二〇〇一（平成一三）年刊の『以文』第四四号からは、判型がB５判となり、鈴木虎雄の表紙題字は踏襲されたが、表紙の狛犬は消えて、書影のカラー写真となり、毎号かえられている。

毎春の卒業式の昼には、以文会主催のビールパーティが続けられているが、一一月初めに行なわれていた総会と講演会は、出席者が淋しい状態がつづいていた。文学研究科では一九九六（平成八）年一一月三〇日、大学院重点化の実現を記念し、文学部創立九〇周年と二階建新校舎の竣工を祝って、「創設期の京大文科〈東洋学者群像〉」と「西欧における表象文化〈文学と芸術のあいだ〉」という二つの〈公開シンポジウム〉を開催した。それ以後、毎年秋冬の交に開かれた〈公開シンポジウム〉は、第六回目から以文会が協賛することになり、従来の以文会講演会は発展的解消となった。二〇〇五（平成一七）年一二月に、文学研究科と北京大学歴史学部との交流協定締結記念の〈国際シンポジウム〉が、旧法経第一教室を改装した時計台・百周年記念ホールで開かれた際も、以文会が協賛した。

最初の会員名簿は一九五八（昭和三三）年に発行され、その後はほぼ一〇年ごとに刊行されてきた。『京都大学文学部卒業生名簿』一九九五年度につづく名簿が、『京都大学文学部卒業生・大学院文学研究科修了生名簿』二〇〇五年（二〇〇五年三月発行）と題名が替わったのは、大学院重点化に対応して、規約が「本会は京都大学文学部・文学研究科職員及び出身者を以て会員とする」と替わったからである。なお、個人情報保護法が二〇〇五年四月に施行されたので、今後の会員名簿の発行はむつかしいようである。

二〇〇五年に創立五〇周年を迎えるにあたり、以文会の活性化をはかるべく、創立以来「京都大学文学部長を名誉会長とする」としてきた規約を、「本会に名誉会長一名をおく。理事長が之を選出し委嘱する」に改正し、社会学卒の平井紀夫が着任した。記念式典は四月二九日に時計台・百周年記念ホールで開かれ、参加者は一六六名にのぼり、祝辞と挨拶ののち、室内楽演奏の催しが行なわれ、ついで東洋史学卒の礪波護と西洋哲学史卒の岡崎満義による記念講演があった。式典終了後に、同記念館・国際交流ホールで懇親会が行なわれ、盛会であった。

なお京都大学文学部編『以文会友――京都大学文学部今昔』（京都大学学術出版会、二〇〇五年五月）が発刊された。『以文』の第四三号までに収載された随想のなかから、主に大学や学部の動静にかかわる六七編を選んで集成したものである。本書は、全体を文学部において伝統的であった三分類、哲学・史学・文学の三部で構成し、「Ⅰ　哲学の風景」「Ⅱ　史学の律動」「Ⅲ　文学の諧調」と題されている。これはシリーズ『以文会友』の第一冊で、このほかの多数のエッセーも、順次とり纏められるそうである。

●――『京都大学文学部の百年』京都大学大学院文学研究科・文学部発行、二〇〇六年六月

宮崎市定の「地理学教室主任」兼担

一九四六（昭和二一）年一月二三日、史学科教授打合せ会の席上、東洋史講座教授の宮崎市定（一九〇一～九五年）に地理学教室の主任を兼担し、教室を再建することが決められた。宮崎の「自訂年譜」によれば、史学科陳列館の各教室の中、地理学は戦時中に小牧實繁教授が地政学に心酔してより、教室の学風が一変し、すでに崩壊の兆しがあり、教室の図書は持ち出され、学生は目標を失って右往左往するのみであったらしい。なお教室主任とは俗称で、単なる教室の代弁者にすぎなかったので、発令はなかった。

宮崎は「もとより地理学には不案内なるも授業の一端を受持ち」と述べているが、もとより謙遜の辞である。一九二九年に岡山の六高教授から京都の三高教授に転任して以来、もっとも親交したのは地理学教授の藤田元春であり、一九三三年度から三年間、文学部の講師として地理学教室で「支那地理書講読」の授業を担当した。その受講生名簿の中に、後に著名な地理学者となる米倉二郎・織田武雄・日比野丈夫らの名前が見える。一九三四年には「水経注二題」を『史学雑誌』に寄稿し、史学研究会で「天明地理図に就て」と題する講演をするなど、地理や地図に造詣が深かった。また一九四三年出版の『日出づる国と日暮るる処』所収の「パリで刊行された北京版の日本小説その他」には、ヨーロッパ刊の日本古地図が活用されている。

敗戦直後の一九四五年一〇月、ＧＨＱから日本政府に対して「日本教育制度に対する管理運営に関する件」と「教員及教育関係官の調査、除外、認可に関する件」が発令され、京大では、まず瀧川事件の際に休職ないし辞職した元教官の処遇をめぐる問題が取り上げられた。しかし、勅令「教職員の除去、就職禁止及復職等の件」とその施行に関する文部省令などが一斉に発令されるのは、一九四六年五月であり、教職追放や公職追放についての審査委員会が設置されるのは六月のことである。したがって宮崎による教室主任の兼担は、小牧が辞表を提出して前年末の一二月二七日に自発的に退職したのに伴う善後策であり、この時点ではまだ公職追放はされていなかったのである。

どの教室も、応召されていた学生たちが戦陣からつぎつぎと復学し、繰り上げ卒業予定生も加わって、教官は多忙となっていた。宮崎は立命館大学教授の織田武雄に白羽の矢を立て、二月二八日付けで非常勤講師とするとともに、吉田敬市を助手に任じて教室運営の中心としたのである。助教授の室賀信夫は三月三〇日付けで退職した。新年度の四月からは、宮崎が中国地誌を、国史学教授の西田直二郎が歴史地理学を、考古学教授の梅原末治が日本先史地理学を講じ、織田が人文地理学の特殊講義と演習を担当した。しかし、西田が教職追放者に指定されて七月末に退官したので、後期からは、織田が普通講義として人文地理学概説を講じ、翌四七年三月に助教授に就任した。宮崎は後見役に徹し、すべては織田による教室の再建が始まったのである。宮崎は引き続き中国地理関係の特殊講義と演習を一九五〇年度前期まで継続担当したが、九月に文学部長の任に就いたので辞退した。同年一一月に、織田が教授に昇任して、名実ともに織田教授時代が始まることになる。織田「宮崎市定先生と私」（『宮崎市定全集』第三巻月報）によると、織田が地図学史研究に志向するようになったのも、宮崎所蔵のヨーロッパの古地図を拝見し、古地図に関心を抱くようになったからである。

この機会に、兼担以前の宮崎と京大地理学教室との関わりについて触れておきたい。一九八三年春に回顧した「来し方の記」（『宮崎市定全集』第二三巻）によると、飯山中学校から第一期生として新設の松本高校に進学し、当初は政治に関心をもった宮崎が、やがて大学では歴史を学ぼうと考え、志望校について意見を請うたのが、地理学教室を卒業した浅若晃教授であった。浅若は歴史をやるなら、京都へ行って東洋史をやりなさい、京大の東洋史には内藤虎次郎、桑原隲蔵という世界的な大先生がいて、それももう老齢だからそう長くは在職されない。今が絶好のチャンスだ、と断言されたそうだ。宮崎は東京に向かう多くの学友に背を向け、「西に走って京大の門をくぐったのだが、今でも私はあの時の浅若先生の助言に感謝している」と述べている。

宮崎市定。1960年頃、自宅応接間にて

京大に入学したのは一九二二（大正一一）年四月、新入生は史学科全体で一〇人そこそこで、一回生の間に聴講できるのは史学科共通の普通講義であった。人文地理学の普通講義は、すでに理学部地質科の教授に移っていた小川琢治（一八七〇〜一九四一年）による自然地理学で、必須科目であった。宮崎はこの年の普通講義のうち、「地理学とは何ぞ」から始まる、小川の『地理通論』の受講ノートだけは、終生手放さなかったのである。一九三二（昭和七）年に上海事変が勃発し、予備役陸軍少尉であった宮崎は突然召集令状を受けたが、軍装が整わずに困惑した際、小川は秘蔵の宗正銘の名刀一口を貸し与えた上、「従軍行」と題し、「筆を投じて軍に従うには吾老いたり、羨《うらや》む君が国に徇《したが》いて身を忘れんと欲するを」と詠ずる絶句を寄せた。

織田が地図学史研究に志向するきっかけとなったという、宮崎が一九三六年から二年間パリに滞在中に購入したヨーロッパ刊の古地図は、没後に京都大学附属図書館に寄贈され、〈宮崎文庫〉として別置されている。そのうちの優品二〇点が、京都大学総合博物館開館記念協賛企画として展観され、解説図録『近世の京都図と世界図』（二〇〇一年）が刊行された。その解説は名誉教授の應地利明が一八点を、礪波護が二点を担当するとともに、織田『地図の歴史』（講談社、一九七三年）に冠した宮崎の序を再録している。

●――京都大学文学部地理学教室編『地理学　京都の百年』ナカニシヤ出版、二〇〇八年八月

森鹿三と人文科学研究所

京都大学人文科学研究所の前身である東方文化学院京都研究所は、外務省の管轄下に一九二九年四月に創立された。最初は京都帝国大学文学部陳列館の一階東南隅の一室を無償で借用し、翌年一一月になって北白川に、西ヨーロッパの僧院をおもわせるスパニッシュ・ロマネスク様式の新所屋が完成

した。発足当初の七研究部門の一つが支那人文地理学で、研究テーマは「水経注の研究」と「清代疆域図及び索引の編纂」であった。部屋の配分は、小川の意見で、西北隅の大部屋と東隣の小部屋とを合わせて地理研究室とすることになった。

研究所の開設と同時に、文学部の東洋史を卒業したばかりの森鹿三（一九〇六～八〇年）が助手、ついで研究員となり、評議員の小川琢治が指導員となった。森は地理研究室の東側の個室に入って、『水経注』のテキストの研究に専念し、「水経注に引用せる法顕伝」「戴震の水経注校定について」「最近における水経注研究」を『東方学報　京都』誌に発表した。

本格的な中国地図の編纂を目標に、研究の基礎となるベース・マップを作成するため、一九三二年末に地理学出身の太田喜久雄が嘱託として、小川の監修のもとに「清代疆域図及び索引の編纂」に従事した。まず現勢地図を作成することになり、基礎資料を蒐集して比較吟味の上、銅版彫刻にするという手の込んだもので、満洲国の成立などご予想もされなかった頃に計画されたものだから、その後の情勢の変化に従って、大幅に修正を加えねばならなかったが、一九三六年の春に東洋史を卒業したばかりの日比野丈夫（一九一四～二〇〇七年）が嘱託員として入所し手伝ったので、編集作業が進捗し、翌年秋に東京の冨山房から『東亜大陸諸国疆域図』として刊行された。一ミリメートルほぼ一里にあたる四〇〇万分の一の縮尺を採用したもので、同時に索引も出版されたのである。

森は一九三七（昭和一二）年度に東洋史学と共通の非常勤講師として、支那歴史地理研究法を講じたが、三八年度に外務省文化事業部の在華特別研究員として一年間中国に留学した森が帰国するや、日比野が同じく二年間留学し、資料蒐集と実地調査に努め、帰国後に副研究員に昇格したのである。なお、三七年から東洋史を卒業した佐伯富が地理研究室で宋代茶法資料の編纂に従事し、四〇年からは佐伯に代わって荒木敏一が『資治通鑑』の地名索引の編纂に従事した。佐伯の研究報告は、四一年に『宋代茶法研究資料』として公刊されたが、森の報告書は公刊に至らず、日比野が蒐集した宋代物産資料は、戦争末期に大阪で印刷中に米軍の空襲に遭って焼失した。その間、三八年四月に東方文化学院は東京と京都が分離して独立し、京都研究所は東方文化研究所と名を改め、新しく出発することになり、支那人文地理学研究室は地理学研究室と称されることになったが、研究活動に何らの変更はなかった。

森鹿三。1965年、京都大学人文科学研究所にて

　敗戦の前後、東方文化研究所は財政難に陥り、一九四九年になって、京都大学附置の人文科学研究所及び西洋文化研究所（敗戦前の独逸文化研究所）と合体し、新しく一一研究部門を擁する京都大学人文科学研究所として再発足することになった。東方文化研究所の研究体制は、人文研の東方部としてそのまま継続し、地理学研究室も何らの変更はなかった。研究所全体の教官の定員は、教授一一名・助教授一四名・講師四名・助手二九名であった。文系の附置研究所であるのに、助手の定員が理系なみであったのは、申請の際に大学事務局が化学研究所の定員表を参考にして作成したのがそのまま国会を通過したため、得をしたという。地理学研究部門の定員は、教授一名・助教授一名・講師一名・助手二名の計

五名であったが、研究所内の運用上、地理研究室には教授一名・助教授か講師一名・助手一名の計三名が割り振られた。研究活動の重点は共同研究におかれることになった。合併後一〇年の一九五九年春の時点では、教授が森鹿三、助教授が日比野丈夫、助手が米田賢次郎で、いずれも文学部東洋史の卒業生であった。米田が転出した六一年以降、地理学出身の船越昭生が一二年間、ひきつづき秋山元秀が五年間、助手として地理学研究室を母体とする共同研究班の世話をするとともに、個人研究に従事した。

森は一九五三年度以降、停年退官する七〇年春まで、文学部人文地理学の学内授業担当として、講義を続けた。学術論文集として、東洋史研究叢刊の『東洋学研究　歴史地理篇』『東洋学研究　居延漢簡篇』のほか、没後に『本草学研究』（杏雨書屋、一九九九年）が出版され、略年譜と日比野による「あとがき——森先生の学問と人がら——」が収録されている。日比野は五四年度以降、停年退官する七七年春まで、同じく人文地理学の学内授業担当として講義を続けた。学術論文集として、東洋史研究叢刊の『中国歴史地理研究』がある。

一九六八年に文部省が、同一大学においては複数の部局で同じ名称の講座あるいは研究部門は認められない旨の指導をした結果、人文科学研究所の地理学研究部門は歴史地理研究部門に改名された。また大学の附置研究所教官に大学院に対する協力を求め、文学研究科に人文研分として修士一三名・博士一二名の学生の増員がなされた。歴史地理部門は修士一名、博士一名である。その結果、文学研究科地理学専攻の定員は、修士三名・博士二名となった。

二〇〇〇（平成一二）年春に人文科学研究所は大幅な組織改革を行ない、それまでの一七研究部門・

三客員部門と東洋学研究センターを、数名の教授を核とする五大研究部門制と漢字情報研究センターに改編した。歴史地理研究部門は制度史系に改めて「文化構成研究部門」に含まれ、地理研究室は制度史研究室に改名された。こうして、七〇年つづいた地理部門は姿を消したのである。

●——京都大学文学部地理学教室編『地理学　京都の百年』ナカニシヤ出版、二〇〇八年八月

近衛家熙考訂本『大唐六典』の研究

唐以前における中国の行政機構と官僚制を考察するに当たって、最も有用な書である『大唐六典』三〇巻は、唐の玄宗の御撰で、勅を奉じて宰相の李林甫らが注をつけたもので、最良のテキストは、摂政かつ太政大臣という、位人臣を極め、予楽院と呼ばれた、近衛《このえ》家熙《いえひろ》（一六六七〜一七三六年）が、致仕後の二十数年、その精力を傾倒して綿密に考訂し、稿本が成った後もその死に至るまで側近の侍臣と検討を続け、没後三周忌の前日に漸く上梓された、いわゆる〈近衛本〉であることは、世界の東洋学界で周知の事柄である。

近衛家伝世の名宝を収蔵する「陽明文庫」については、週刊朝日百科『日本の国宝』一七号（朝日新聞社、一九九七年六月一五日）で紹介されたが、現在の陽明文庫の建物を建築する段階で、〈近衛本〉『大唐六典』全巻の厖大な版木が、京都帝国大学に寄託された。文学部はその版木を用いて、大正三（一

九一四）年と昭和一〇（一九三五）年に印刷した。

先年、その縮刷の海賊版たる洋装本が台北で出版されていたが、昭和四八（一九七三）年に至り、〈近衛本〉『大唐六典』の全巻に対して句読・訓点および書き入れをした広池千九郎の成果が、内田智雄による補訂をともなって、広池学園事業部より出版されて、〈広池本〉と呼ばれるようになり、その影印本が西安の三秦出版社から出されたのである。ところが、〈広池本〉の句読や書き入れに妥当でない個所が散見されるので、吟味し直さなければならない。

そして、平成四（一九九二）年には、北京大学の陳仲夫によって、詳細な注記をともなった待望の点校本『唐六典』が中華書局から出版されたが、その凡例において、前人の功績として、日本の近衛家煕を特記して顕彰しているのである。

ところで、内藤湖南（一八六六〜一九三四年）は、大正一三（一九二四）年五月三日に開かれた、新井白石二百年記念講演会で「白石の一遺聞に就て」と題する講演をし、京都大学に寄託されている近衛家煕と新井白石（一六五七〜一七二五年）との間で交わされた書簡類を紹介した（『歴史と地理』一五—五、のち『先哲の学問』に収録された。『内藤湖南全集』第九巻、筑摩書房）。その際、

家煕公は大唐六典を校正したのが一生の大事業になつてゐて、出来上つたのは白石の死後になるが、随分長くかゝつたので、其頃から着手してゐて、色々六典のよい本を集めてゐた。白石がそれを聞いて、自分も一本持つてゐると、急飛脚で江戸から取寄せて献上した。どれだけよい本か、案外つまらぬ本だつたかも知れぬが、兎も角一つの材料になつたには違ひない。その本に就て色々講釈を云つて跋を家煕公に書かせた。何でも元禄の末の大地震に、……これは今度の大地震とご

つちかといふ位の地震でしたが、その本を保存するに非常に苦心したことを、手紙で、乍恐言上で始まつて詳しく書いてある。……本に泥のよごれのあるのは当時の記念であると、効能を述べたが、それが大変家熙公のお気に入つたので、すぐ何か題跋を加へてくれとの注文で、家熙公が跋を書いた。尤もそれは白石が江戸に帰つてから後で、家熙公としては大いに奮発して漢文で書いてよこした。白石がそれに意見を加へ、所々直して返却し、家熙公が直しの通り清書して白石に下された。その直した原文も清書の下書も近衛家に今もあります。

と述べていた。そして参考として、「乍恐言上」で始まる、〔宝永七年十二月十三日附書状〕などの書状の全文を移録していた。新井白石が『折たく柴の記』上で、元禄末の大地震の際に、坑を掘って埋めた「賜りし所の書ども、また手づから、抄録せしものども」のなかに、この『大唐六典』が含まれていたのである。

これらによれば、内藤湖南は書状は見ていたが、新井白石が宝永七年すなわち一七一〇年に近衛家熙に贈った、泥でよごれた『大唐六典』そのものを確かめることはできなかった。ところが数年前、京都大学附属図書館の古川千佳が、部屋の棚の上におかれている未整理の該書を発見し、私に相談されたのである。まぎれもなく、内藤湖南が言及していた本そのものであったので、京都大学附属図書館の近衛文庫に加えて貴重書扱いにしていただいた。近衛家熙は、新井白石から贈られた嘉靖本（一五四四年刊）の白石自筆の写本に、跋文を清書した上で、二〇年にわたって考訂を書きつづけたことが判明した。

今回、研究費を与えられたので、全文をマイクロ複写するとともに、家熙自身の手によって正史や

『通典』など対校され、朱と墨のみならず、藍色などの多色の筆づかいがなされているので、多色による注記や張り継ぎの個所など一六〇枚については、特にカラー撮影することができ、泥で汚れた部分も目のあたりにすることができた。

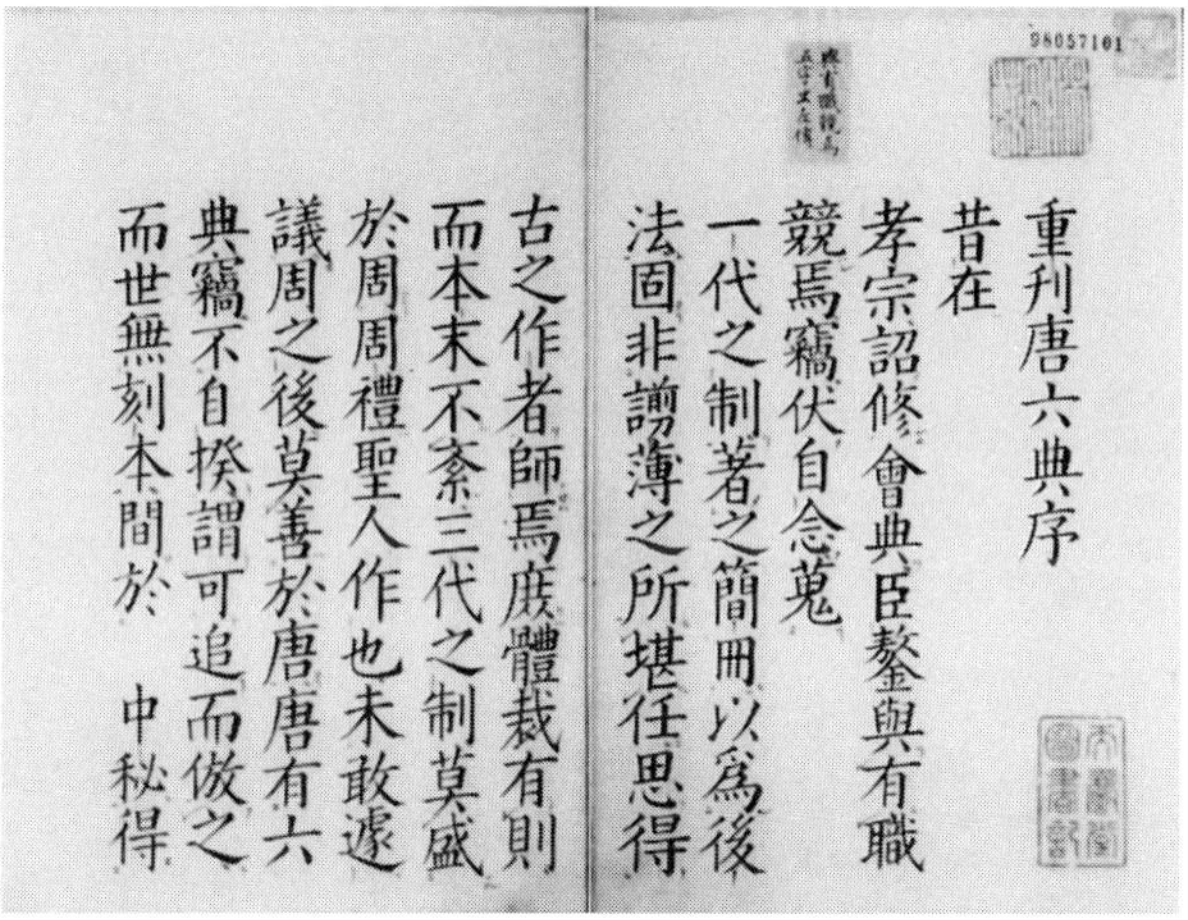
重刊唐六典序
昔在
孝宗詔修會典臣鏊與有職
競焉竊伏自念蒐
一代之制著之簡冊以爲後
法固非謭薄之所堪任思得
古之作者師焉庻體裁有則
而本末不紊三代之制莫盛
於周周禮聖人作也未敢遽
議周之後莫善於唐唐有六
典竊不自揆謂可追而倣之
而世無刻本間於　中秘得

新井白石手写の『唐六典』の冒頭部

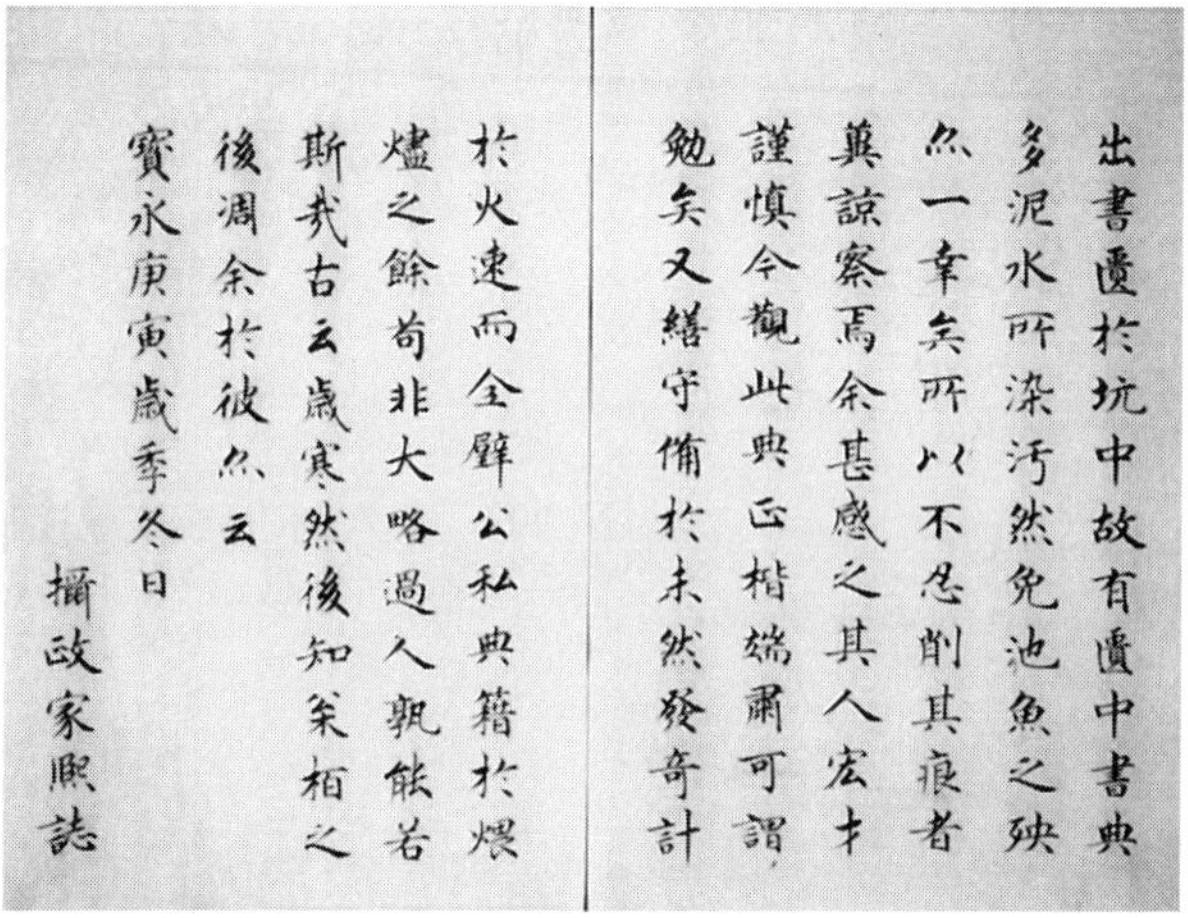
出書匱於坑中故有匱中書典
多泥水所染汚然免池魚之殃
亦一幸矣所以不忍削其痕者
冀諒察焉余甚感之其人宏才
謹慎今觀此典正楷端肅可謂
勉矣又繕守備於未然發奇計
於火速而全璧公私典籍於煨
燼之餘苟非大略過人孰能若
斯哉古云歳寒然後知松栢之
後凋余於彼亦云
寶永庚寅歳季冬日
攝政家熙誌

近衛家熙撰写の『唐六典』の末尾

参考までに、新井白石の添削を経たという近衛家熙の跋文の大要を移録しておこう。

【近衛家熙考訂『大唐六典』稿本の自跋】

唐六典者、明皇勅宰臣李林甫等所撰、百官経緯、千古典刑也。余蚤歳捜索四方、未嘗購得、以為遺憾。今茲幕下士新井君美、啣命来洛、其為人豪邁卓偉、読書不撰何書、学以適用為本。余一見之、如旧識垂青話、心不覚日之暮夜之旦。只恨相見之晩。一日譚及六典之事、君美云、昔講習之暇、偶得一本、手写以珎蔵焉、請備于覧可乎。余甚喜之。無幾送致之。蓋飛駅以取来也。且其言云、此典巻未斑斕乎、有泥汚之痕也。往年江府地大震山崩、屋側書庫、四壁迸裂、若亀文拆、而後震動未息者弥月、上下皆不安逸。竊自以為、不久必有欝攸之変。乃命匠泥其壁隙、以脩補之。果大火、蔵書於庫中而去。……故有匱中書典、多泥水所染汚、然免池魚之殃、亦一幸矣。所以不忍削其痕者、冀諒察焉。余甚感之。其人宏才謹慎。今観此典、正楷端粛、可謂勉矣。……苟非大略過人、孰能若斯哉。古云、歳寒然後知松栢之後凋。余於彼亦云。

宝永庚寅歳季冬日　　摂政家熙誌

なお、近衛家熙が晩年に正徳本を得て欣喜雀躍した模様は、山科道安筆録の『槐記』、享保一一（一七二六）年一二月五日の条に見える（『近世随想集』日本古典文学大系九六、岩波書店、一九六五年）。

●——「古典学の再構築」研究成果中間報告書、二〇〇〇年一〇月

京都の中国学

二〇〇八（平成二〇）年の正月と二月、東京国立博物館で陽明文庫創立七〇周年記念特別展『宮廷のみやび――近衛家一〇〇〇年の名宝』が開かれ、豪華な図録が発行された。全六章のうち、第三章と第四章が「家熙の世界」であって、近衛家第二一代当主で、いかに名のみの官位であるとはいえ、関白・摂政・太政大臣を歴任し、出家して予楽院と号し、当代きっての学術文化人として、書画や茶道、花道などに多くの業績をあげた、江戸中期の近衛家熙（一六六七～一七三六年）の全貌を伝える展観である。

家熙筆の臨書の数々、とりわけ藤原佐理筆「離洛帖」臨書の素晴らしさに圧倒された。しかし残念だったのは、家熙が太政大臣在任中の休日に没頭し、退職後の二十数年、京都鴨川の西岸にあった別邸で精力を傾注して考訂し、一旦稿本が成った後もその死去に至るまで側近の侍臣と検討をつづけ、没後三周忌の前日にようやく上梓された、いわゆる〈近衛本〉『大唐六典』三〇巻の考訂作業について、全く言及されなかったことである。

この〈近衛本〉『大唐六典』こそ、当の中国の学界のみならず世界の中国学者から絶賛をあびてきた、京都の中国学が世界に誇る最初の業績なのである。その版木は近衛家から京都大学文学部に寄託され、同学部はその版木を用いて一九一四（大正三）年と一九三五（昭和一〇）年の二回にわたり印刷頒布し、京都の臨川書店と台湾の書店から縮刷本が出された。またこの近衛家熙考訂『大唐六典』全巻に対して句読・訓点および書き入れをした広池千九郎の成果は、内田智雄による補訂をともなって、一九七三（昭和四八）年に広池学園事業部から出版され、その影印本が西安の三秦出版社から出されている。

ちなみに京都堀川の東岸にあった私塾の古義堂に、近衛家熙より三歳だけ年少で、『制度通』一三巻と『唐官鈔』三巻の著者である伊藤東涯《とうがい》（一六七〇〜一七三六年）がいたが、町人身分で終始したためか、家熙と直接に交渉をもった気配は全くなかった。なんと家熙が『大唐六典』を校勘する際に底本としたのは、江戸の新井白石（一六五七〜一七二五年）から贈られた明〈嘉靖本〉の白石自筆の写本なのであった。その写本は現に京都大学附属図書館に蔵されている。

◎——文科大学と東方文化学院の創設

近衛家熙考訂の『大唐六典』はさておき、明治時代以降における京都の中国学の歴史をたどるに際して、画期をなす出来事として、二つの学術研究機構の創設をあげることができる。第一は一九〇六（明治三九）年の京都帝国大学文科大学（現在の京都大学文学部の前身）の創設であり、第二は一九三四（昭和九）年の東方文化学院京都研究所（現在の京都大学人文科学研究所東方学研究部の前身）の創設である。

まず第一の、京都帝国大学の創立から九年おくれて文科大学が創設された際、既存の東京帝国大学文科大学に対していかなる特色を出すかについて苦心がはらわれた。当初予定されていた四分科大学のうち、文科大学の開設が日露戦争後となったのは、日露間の緊迫状況という対外的な要因とともに、文部省の一部に東京の文科大学で学生数が定員に満たない時に、京都に文科大学を置くのは、「不急《ふきゅう》の事をおこすもの」という議論があったからである。京都大学の創立構想を作成した帝国博物館長の九鬼隆一《きりゅういち》が、東洋学の発展に重きを置くべしと述べていたことが具体化し、「支那学」として知られた支那哲学・東洋史学・支那文学が、それぞれ哲学科・史学科・文学科の三学科に分属する別の講座として設けられ、とくに東洋史学に三講座を置いたことが東京とは異なる特色となったのである。

『京都帝国大学文学部三十周年史』（一九三五年）によると、創設当初には教授の人選についても、東京とは異なる方針がとられた。つまり人材を広く求めて学府の権威を高めることに力を尽くした。たとえば内藤湖南を操觚《そうこ》界の中より東洋史学に迎え、幸田露伴を文芸作家中より国文学に迎えたごとく、いわゆる野に遺賢を求めるの態度は京都大学文科大学がまさに世に示したところであった、と。

左より、中村圭爾、著者、劉俊文、氣賀澤保規。
1991年、京都大学人文科学研究所正門前にて

　中国学に関する創立当初の教授陣としては、支那哲学と支那文学の両講座を兼ねたのが狩野直喜（号は君山、一八六八～一九四七年）で、東洋史学が内藤虎次郎（一八六六～一

左より、著者、井上進、韓国磐、冨谷至、堀敏一。
1985年、京都大学人文科学研究所中庭にて

九三四年、号の湖南でよばれることが多い）および桑原隲蔵（一八七一～一九三一年）の二人であった。これら狩野・内藤・桑原の三人の業績については、『大航海』六四号（二〇〇七年）の特集〈近代日本の学者101〉に掲載された井波律子と私の文章に譲るとして、三人の初期の学生であった小島祐馬（一八八一～一九六六年）が書いた回想録「開設当時の支那学の教授たち」『京都大学文学部五十年史』（一九五六年）に、次のような証言がある。

　狩野は京大の教授になるまで、世間では全く名前の知られていない方であったが、東大卒業後三、四年たって、将来京大文科開設の場合教授の任に当たるべき人として、文部省から中国へ留学を命じられたのであったから、学界では早くから嶄然頭角を見《あら》わしていたことは明らかである。桑原は狩野より一年後れて東大を出たが、卒業の翌々年『中等東洋史』二巻の名著を出し、その後まもなく高等師範学校の教授になり、東洋史家としてすで

に名声の高い方であった。そして内藤は、狩野・桑原とは経歴を異にし、中等学校を出ただけで、雑誌記者や新聞記者をしていたが、その著書や新聞雑誌の論文によって、中国に関する学識の非凡なことが、早くから一般に認められて、文科開設の際広く人材を四方に求める方針の下に京大へ招聘され来任されたような次第であった。

小島によれば、狩野は文科の講座の構成を哲学・史学・文学の三科に大別することをやめ、日本学・支那学・印度学などといったような分けかたにし、その支那学科の中で哲学・史学・文学を専攻させるという風にすることを望んでいたが、学生時代に東大の漢学科から東洋史学を独立させた張本人であった桑原は狩野の主張には反対したそうである。また研究方法において、狩野と内藤が主として清朝風の実事求是《じつじきゅうぜ》の方法で行こうとするに反し、桑原は中国人の研究はすべて疎漏で信用できないとし、西洋風の科学的研究方法を採っていたが、双方とも実証的で、従来の明学風の漢学に反対した点においては全く一致していた。これが京大中国学の特徴であった、と述べている。

また小島によると、三人はいずれも中国文化について深い理解をもっていたが、中国文化に対する態度において、狩野と内藤が中国文化を非常に愛好し、中国の文化人と親交を結び、自身でも中国的教養を身につけることに力《つと》めていたのに反し、桑原は中国文化に対しては大体批判的であり、中国人を概して好んでいなかったが、それにも拘わらず中国の研究には多大の興味をもっていて、多方面のことに通じていたのであった。

内藤について、中等学校を出ただけだと、小島が述べるのは事実誤認で、内藤は寺子屋同然の小学校を卒業後、秋田師範学校に入学・卒業しただけなので、当時のいわゆるエリートコースである中学校・高等中学校を卒業しない傍流であったことは確かである。傍流の者が大学で学ぶ方法として、選科というコースがあった。『京都帝国大学文学部三十周年史』によれば、哲学科開設の最初より、本科一六名の外に選科一七名の入学があったが、これらの人には一定の試験をへて本科学生となるを許し、大学予科よりの入学生以外の好学の徒のために門戸を開放した、という。

ところが、東京の場合は全く違っていた。『図書』創刊の頃の一九四二（昭和一七）年一一月号に掲載され、二〇〇八年二月号に再録された、西田幾多郎の思い出「明治二十四五年頃の東京文科大学選科」に、一八九一年頃の大学時代について、

当時の選科生というものは、誠にみじめなものであった。無論、学校の立場からしては当然のことでもあったろうが、選科生と云うものは非常な差別待遇を受けていたものであった。今云った如く、二階が図書室になっていて、その中央の大きな室が閲覧室になっていた。併し選科生はその閲覧室で読書することがならないで、廊下に並べてあった机で読書することになっていた。三年になると、本科生は書庫の中に入って書物を検索することができたが、選科生には無論そんなことは許されなかった。（中略）高校時代には、活潑な愉快な思出の多いのに反し、大学時代には、先生にも親まれず、友人と云うものもできなかった。黙々として日々図書室に入り、独りで書を読み、独りで考えていた。

と、回顧している。これでは東京帝大の選科生がのちに同大学のスタッフに採用されるなどというのは、希有の事例であったことがわかる。

ちなみに、京都大学文科大学が、一九一九年二月の大学令の改正によって、文学部となっても、大

2001年、京都大学文学部陳列館前にて

した変化はなかったが、それまで正規に帝国大学に入学者を送りえた高等学校は八校であったのに、この年に新潟・松本・山口・松山の四高等学校が新設され、そののちも毎年のようにその数を加え、数年のうちに官立と私立を通計すると実に三四に達した。かくて文学部の入学者数は本科と選科を合計してほぼ平均して六〇名前後だったのが、一九二六（大正一五）年には三三〇名にまで激増した。その結果、研究施設の狭隘を解消するための増築をしたが追いつかず、同年ついに学部規定を改正して、まず選科生を制限する方策をとった。すなわち「選科生に対しては試験を行わざることを得」の一項を追加して、学年試験を廃し、かつ修了証書を授与しないこととしたのである。もともと選科の制度は正規の高等学校卒業生以外の傍系入学志願者のために設けられたもので、一定の試験をへて入学を許可するとともに、その後さらに成績を考査して本科への編入を認めたことが、文科大学創立以来の特色で、ほとんど本科生に準じていた選科生を、本科生とはっきりと差別した。西田幾多郎が嘆いていた東京文科大学と同じ状況になったわけである。

◎——東京帝大への烈しい対抗意識

それ以前だと、選科生として中国仏教史の塚本善隆（一八九八～一九八〇年）や東洋考古学の水野清一（一九〇五～七一年）のような例もあった。塚本「羽田先生の思い出」（『東洋史研究』一四—三、一九五五年）によると、塚本は膳所中学校を卒業した後、仏教専門学校で三年間、最近ロシアから帰られたスマートな洋服の貴公子然たる若い京都大学の羽田亨に英語と歴史を習い、最終年の「仏教東漸史」という講義によって仏教史学への道を決心した。宗教大学研究科、京都帝大文学部の印度哲学史選科をへて、一九二六年に同学部の東洋史学選科を了えた。いずれも選科であって、羽田が何回か「学士試験をうけておき給え、就職に都合がよいから」と勧めたのに、そむいたので学士号はなかった。また塚本「想い出」（『京都大学文学部五十年史』）によると、印度哲学史の選科生の時期に美術史の澤村専太郎に可愛がられ、リクリエーションをかねた近郊社寺見学に誘われたり、自宅にも遊びにいったりしたばかりか、大学の個人研究室を自由に使ってもよいといわれ、夜の九時まで独占使用する恩恵を受けたそうである。

水野清一の場合、『水野清一博士追憶集』（一九七三年）巻末の略年譜に、

大正　七年三月　神戸市兵庫高等小学校第一学年修了。

大正一二年一月　兵庫県立神戸第一中学校施行の専門学校入学者学力検定試験合格。

大正一三年四月　京都帝国大学文学部史学科に東洋史学専攻選科生として入学。
昭和　三年二月　第三高等学校施行の高等学校文科卒業学力検定試験に合格。
　　　　三月　京都帝国大学文学部史学科に東洋史学専攻本科生として入学。

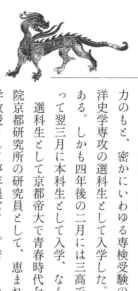

　　　　四月　右卒業。

とある。青物業の家業をつぐはずであった水野は、友人の森鹿三（歴史地理学者、一九〇六〜八〇年）の協力のもと、密かにいわゆる専検受験の準備をして、中学五年卒業の検定に合格し、京都帝大文学部東洋史学専攻の選科生として入学した。スクーリングとしては小学校から一躍して大学に入ったわけである。しかも四年後の二月には三高で施行された高校文科卒業学力検定試験に合格し、その資格によって翌三月に本科生として入学、なんと翌四月には卒業したのである。

選科生として京都帝大で青春時代を過ごした塚本と水野は、京都に設立されたばかりの東方文化学院京都研究所の研究員として、恵まれた研究環境を満喫、獅子奮迅の活躍をして三十数年後に京都大学教授として停年退官する。若き日の塚本と水野が入所した、この第二の研究機構の設立事情と、東京研究所との違いは、山根幸夫『東方文化事業の歴史――昭和前期における日中文化交流』（汲古書院、二〇〇五年）の「第四章　東方文化学院の設立」に詳しい。

山根は言う。外務省は当初、研究所は東京に設立することしか考えていなかったが、京都側の研究者の強い要望によって最初の構想を変更せざるをえなかった。その背後には、東京帝国大学と京都帝国大学との烈しい対抗意識が存在していた。一九二九年四月に、東方文化学院はその事業を開始し、規程に基づいて、東京と京都の両研究所は指導員、研究員、助手などを依嘱した。ところが、依嘱された研究スタッフの格は、東京と京都で全く異なったのである。東京では研究員の殆どすべては評議員であったのに、京都では指導員は殆ど評議員であるが、研究員はすべて専任研究員で、評議員は一人も含まれていなかったことが注目される。つまり京都では中堅、若手の研究者を養成し、その活躍を期待したのに対し、東京では権威主義が幅をきかせていた。京都では研究員に採用される者でも、東京では助手にしか採用されなかったということであろうか、と。

塚本については『大航海』六四号で取り上げたので省略する。水野は、個人研究としては殷周青銅器などの中国古文物に関する論著を発表したが、共同研究としては美術考古学の長廣敏雄（一九〇五～九〇年）とともに調査隊を組織し、塚本らの協力を得て、『響堂山石窟』（一九三七年）・『龍門石窟の研究』（一九四一年）や『雲岡石窟』全一六巻三二冊（一九五一～五六年）の大著を刊行した。とりわけ『雲岡石窟』の第一冊が出版されるや、吉田茂総理はサンフランシスコ講和条約に持参し、戦時中の日本の学術調査の成果として世界に誇示したことで知られる。

さるにても、京都帝大文科が教官人事に「野に遺賢を求め」てジャーナリストの内藤湖南を招聘し、学生としては好学の徒のために門戸を開放した結果、選科生の塚本善隆や水野清一がのちに京都の中国学の一翼を担う機会が生まれた。かれら三人がいない状況は、選科生の西田幾多郎のいない哲学の京都学派を想像できないのと同様である。

日中戦争が勃発した前後から、中国の古い伝統文化を研究するだけでなく、現代中国の理解に役立つような研究にも取り組むべきではないか、という軍部の意向をうけた外務省の照会に対して、京都は伝統的な中国古文化の研究を固守する意図を回答したが、東京は積極的に現代中国の研究に従事する意向を明言。結果的に分裂して、京都は東方文化研究所として独立するが、研究体制には全く変更は見られず、敗戦後の一九四九年に至って、一九三九年に京都大学に附置されていた人文科学研究所に、西洋文化研究所とともに合併される。一九七九年刊の京都大学『人文科学研究所五十年』が明瞭に示すように、東方文化学院京都研究所からの継続が公認されるのに対し、一九九一年刊の東京大学『東洋文化研究所の五十年』からもわかるごとく、東方文化学院東京研究所は消滅してしまったのである。

◎――京都支那学に潜在する対立

第二次大戦後における京都の中国学の特色を紹介するには、ごく最近に、『アステイオン』六七号（阪急コミュニケーションズ、二〇〇七年）の特集〈世界の思潮〉に掲載された三浦雅士「白川静問題――グラマトロジーの射程」が、格好の手掛かりを与えてくれる。この論文は、「1　藤堂明保の批判」「2　吉川幸次郎の立場」「3　貝塚茂樹の立場」「4　白川静の孤立」の四節からなっている。まず白川静の『漢字――生い立ちとその背景』（岩波新書、一九七〇年）への藤堂明保の書評と白川の反論をくわしく紹介した上で、東大卒の加藤徹『貝と羊の中国人』（新潮新書、二〇〇六年）が白川静には一言も言及していないことに注意を喚起する。

三浦は「学界においては白川静を黙殺し藤堂明保を称揚すべしという掟が東京大学にはあるということになる。そして、それを黙認する風潮が、ほかならぬ京都支那学の発祥地・京都大学にもあるということになる。その元凶を吉川幸次郎に求めることはたやすい」として、『吉川幸次郎全集』第一巻

（筑摩書房）の自跋の文章を引用しつつ、まるで白川静批判であるが、「むろん、当時、吉川幸次郎は中国文学の大御所である。白川静のことなど歯牙にかけるはずもない。批判は京都大学の同僚で中国古代史の当時の大御所、貝塚茂樹に向けられていたほうが自然だ」と議論を進める。そして貝塚茂樹を内藤湖南の、吉川幸次郎を狩野直喜の直系とかりに考えれば、京都支那学に潜在する対立がここで明らかになったと見うる、という図式を提示する。

この三浦の指摘に関連する資料を一つ付け加えると、『宮崎市定全集』第五巻（岩波書店、一九九九年）の月報、藤縄謙三「宮崎史学の辺境から」である。宮崎の「論語と孔子の立場」と題された最終講義を聞いた西洋史家の藤縄が、九年後に『ギリシア文化と日本文化』を出版した際、注で『論語』についての宮崎の新解釈に言及したところ、吉川から巻紙三メートルにも及ぶ達筆の書簡を寄せられ、延々と感想を述べ、最後に、

興に乗っての老人の長談議これにてやめます　重ねて好漢自重せよ　論語については宮崎貝塚　共に歴史家なるに由　奇説多き感じ　古代の原義はしばらくおき　中国人民が普通に読み伝えて来た解釈についてては　まず誰よりも小生の注（朝日新聞社もしくは筑摩版）ごらんのこと

と記されていた。要するに、宮崎は歴史的人物としての孔子の思想の本来の意味を明らかにしようと努力しているのに対し、吉川にとっては、中国文明の伝統の中での意味こそが重要なのである、と藤縄はコメントしている。

三浦は「博士号請求を勧めながら、以後、いっさいその仕事に言及しないという吉川幸次郎の立場はそれなりに潔いとしなければならない。好き嫌いは別として、学者としての膂力は認めたというこ

となのだろう。両者は切り結びえない場にあったというほかない。白川静も批判の趣旨は理解しえただろう。だが、白川静と近似した場にいたはずの貝塚茂樹もまた、白川静にはほとんど言及していないのである」とした後に、『貝塚茂樹著作集』第九巻（中央公論社）の月報に寄せた赤塚忠の文章を引用しつつ、明言されてはいないが、白川が貝塚の着想を盗んだと貝塚夫妻が信じていたことが、互いに黙殺しつづけた理由ではなかろうか、という暗示をしている。

この着想の盗用という観点を読んで、私は中国古代において都市国家が存在したとする説に関する話柄に言及せざるをえなくなった。一般には、中国古代都市国家説は宮崎市定と貝塚茂樹によって唱道されたと理解されているが、古代史の専門家は貝塚なので、論文などでは都市国家説を主張する貝塚と宮崎、と書かれることが多い。

ところで貝塚が中国の古代を封建制ととらえてきた立場から都市国家説に転じたのは、貝塚自身が回顧したように、一九五一年五月に出版された『孔子』（岩波新書）においてである。その都市国家説は、宮崎が「私の中国古代史研究歴」（『古代文化』三七―四・五合併号、一九八五年。全集第五巻、岩波書店）で回顧したように、一九三四年に『歴史と地理』三四―四・五合併号の内藤湖南追悼記念論文「遊侠に就て」（全集第一七巻）においてはっきり公言し、時代区分としては、一九四〇年に出版した概説書『東洋に於ける素朴主義の民族と文明主義の社会』（冨山房）で言及、さらに「中国上代は封建制か都市国家か」（『史林』三三―二、一九五〇年四月。全集第三巻）で、ギリシャ・ローマの都市国家と比較しつつ論じていた。要するに、中国古代に都市国家があったことを、世界で初めて主張したのは宮崎であった。そして宮崎は中国古代史の展開に関して、殷周時代の都市国家↓戦国時代の領土国家↓秦漢時代の古代帝国という図式を提示するのである。

ところが貝塚は、宮崎説に従って都市国家説に転じたとは言わず、『孔子』の中で「この中国における都市国家形成の過程は、近代フランスの大史学者ヒュステル・ド・クーランジュがその名著『古代都市』において見事に描き出したギリシャ・ローマの都市国家の成立の過程との間に、ほとんどその差異を見出すことができない」（『貝塚茂樹著作集』第九巻、中央公論社、二七頁）と書いたりするばかりであった。宮崎は文字に表すことはなかったが、貝塚に不信感を抱きつづけたのは間違いない。都市国家論者が編集した論集が『古代殷帝国』とは、と〈都市国家〉時代と〈帝国〉時代を平然と同一視するかのごとき認識を、皮肉っぽく語ったりしていたのである。

念のために申し添えると、吉川が学問観のことなる白川に博士号請求を勧めたことを異例のように三浦が述べることに違和感を抱いた。少なくとも私の知るかぎり、これはごく普通の例で、京都大学文学部では立場の違いによって博士の学位審査が拒否されることはないし、またあってはならないからである。

●――『大航海』六六、二〇〇八年四月

あとがき

二〇〇一年春、満六三歳で京都市左京区の京都大学を停年退官した際、記念として前著『京洛の学風』を中央公論新社から上梓した。それから九年間、北区の大谷大学に勤務した。本書は大谷大学在職中に各種の誌紙に寄稿した文章を中心に、前著に未収・以後の雑文多数を収めた。前半の〈第Ⅰ部　敦煌から奈良へ〉と〈第Ⅱ部　大谷の響流〉はタイトル通りの配列であるが、後半の〈第Ⅲ部　京洛の書香〉〈第Ⅳ部　先学の顕彰〉〈第Ⅴ部　京都の中国学〉は、かなり便宜的に配列した。

昨二〇一五年一二月に、大谷大学で開催された、〈中国古代史及び敦煌・トルファン文書研究〉と銘打つ、中国社会科学院との国際シンポジウムで、「敦煌と京都の五台山」と題する報告をし、東アジアにおける五台山信仰に焦点を合わせて、敦煌の五台山図壁画、五台山巡礼記と京都嵯峨野の釈迦堂、清涼寺の仁王門の額の題が「五臺山」であることに注意を喚起した。その折、本書七〇ページで言及したオーレル・スタインの個人的体験記『キャセイ砂漠の廃墟』を京都大学附属図書館に寄贈していたのが、一四六ページで話題にしたE・A・ゴルドン女史であることを披露した。ゴルドン女史は、高野山の奥の院の参道に景教碑の模造石碑を建立した人物で、生前に「日英文庫」とよばれた厖大な洋書を日比谷図書館に寄託し、早稲田大学に「ゴルドン文庫」が設立され、没後に高野山大学に「ゴルドン文庫」が収蔵されていることは承知していたが、スタインの著書を京都大学に寄贈していたことを、私は知らなかったのである。

本書の表紙の装丁に用いた錦文様について。『「生誕120年記念展――初代龍村平蔵　織の世界」図録』（朝日新聞社、一九九六年）の［三］美の探求とその復元の「1　漢錦韓仁繡文《かんにしきかんじんしゅうもん》」と題された錦である。解説によると、原品の「雲気動物文経錦」は、スタイン探検隊によって中国の楼蘭で発掘された三世紀の錦で、現在はニューデリー国立博物館に収蔵されている。雲気文のなかに龍、虎など六種の動物文を配置した具象的な図様で、動物文の間には「韓仁繡文広者子孫無極」の文字が織り出されている。そして、龍村は京都大学教授の内藤湖南からこの錦の写真を預かり、それだけを頼りに組織を研究し、奈良の正倉院御物裂研究の基礎をもとに復元にあたったもので、平蔵が海外に原品のある復元を手掛けた唯一の事例である、と特記している。『敦煌から奈良・京都へ』と題する本書の表紙に最適であろう。使用を快諾された京都の龍村美術織物のご好意に篤く御礼を申し上げます。

本書の出版は、先行して刊行した学術論文集『隋唐佛教文物史論考』『隋唐都城財政史論考』ともども、大谷大学の受業生で、法藏館編集部の今西智久君の企画で実現した。今西君は地図や表の作成もして下さった。今回は、京都大学の受業生森華さんが、ブックデザインから挿画まで、協力を惜しまれなかった。隋唐史を専攻されたお二人の合作で、見事な造本となった。また編集校正の段階で、今回も大谷大学図書館の会議室を使わせて頂いた。手配をして下さった図書・博物館の山内美智課長は、東洋史を専攻され、私が非常勤として出講した時の受講生です。有り難うございました。

二〇一六年九月六日

礪波　護

礪波　護（となみ・まもる）

一九三七年、東大阪市生まれ。八尾高校をへて、六〇年、京都大学文学部史学科東洋史学専攻卒業。同大学大学院博士課程を了え、京都大学人文科学研究所助手、神戸大学文学部助教授、京都大学人文科学研究所教授、同大学大学院文学研究科教授を歴任し、二〇〇一年、停年退官。京都大学名誉教授。その後、大谷大学文学部教授、同大学博物館長を勤める。文学博士。専門は中国の政治・社会・宗教史。

著書に『隋唐佛教文物史論考』『隋唐都城財政史論考』（ともに法藏館）、『唐代政治社会史研究』（同朋舎出版）、『地域からの世界史② 中国 上』（朝日新聞社）、『世界の歴史6 隋唐帝国と古代朝鮮』（共著、中央公論社。のち中公文庫）、『馮道——乱世の宰相』、『唐の行政機構と官僚』、『隋唐の仏教と国家』、『唐宋の変革と官僚制』（ともに中公文庫）、『京洛の学風』（中央公論新社）、編著に『中国貴族制社会の研究』、『中国中世の文物』（ともに京都大学人文科学研究所）、『京大東洋学の百年』（京都大学学術出版会）、『中国の歴史』（全12巻、講談社）、『中国歴史研究入門』（名古屋大学出版会）。ほかに編集・監修・解説多数。

敦煌から奈良・京都へ

二〇一六年一〇月一三日　初版第一刷発行

著　者　礪波　護

発行者　西村明高

発行所　株式会社　法藏館

京都市下京区正面通烏丸東入
郵便番号　六〇〇－八一五三
電話　〇七五－三四三－〇〇三〇（編集）
〇七五－三四三－五六五六（営業）

ブックデザイン・各部扉挿画　森　華

印刷・製本　中村印刷株式会社

ISBN 978-4-8318-7710-9 C1022